JEON
MINWOO

대표저자

전 민 우

- 現) World Taekwondo Poomsae Trainer Association 대표
- 現) 경희대학교 겸임교수
- 現) 경희대학교 품새부 감독
- 경희대학교 체육학 박사
- 2018 자카르타-팔렘방 아시안게임 한국대표팀 코치(종합1위)
- 제5회 아시아 태권도 품새 선수권 대회 한국대표팀 코치(종합1위)
- 2017 타이페이 하계 유니버시아드 대회 한국대표팀 코치(종합1위)
- 제13회 세계 대학 태권도 선수권 대회 한국대표팀 코치(종합1위)
- 제12회 세계 대학 태권도 선수권 대회 한국대표팀 코치(종합1위)
- 제1회 세계 태권도 품새 선수권대회 이란대표팀 코치(종합2위)
- 태권도7단 / WT 국제심판 3급
- 1급전문스포츠지도사(태권도) / 1급생활스포츠지도사(태권도)

공동저자

김무성

現) World Taekwondo Poomsae Trainer Association 사무국장
2018 아시아 태권도 선수권 대회 국가대표 품새팀 AT
2017 하계 유니버시아드 대회 국가대표 태권도 품새팀 AT
前) 경희대학교 품새팀 선수 트레이너
건강운동관리사

김채린

現) World Taekwondo Poomsae Trainer Association 교육이사
現) 경희대학교 품새팀 선수 트레이너
前) 서울체육고등학교 선수 트레이너
2급 생활스포츠지도사 보디빌딩
경희대학교 태권도학, 스포츠의학 학사

정지운

現) 염광여자메디텍고등학교 체육교사
現) 한국과학창의재단(STEAM) 감수위원
前) 경희대학교 국제교육원 태권도강사
前) 경희fc 축구팀 재활코치

백형진

現 국민대 스포츠문화산업 건강관리(헬스케어) 지도교수
現 한양대 미래인재교육원 체육학 겸임교수
現 KBS 스포츠예술과학원 재활스포츠 총괄 지도교수
現 바디메카닉 총괄이사 BM Pilates & PT
'프리햅 운동'(Prehab Exercise) 대표저자 이외 다수 공역

최동훈

現) HTS한스포테인먼트 대표
現) 우석대학교 품새단 감독
現) 전국품새지도자 협의회 부회장
제10회 세계태권도품새선수권대회 한국대표팀코치 (종합1위)

전은총

現) 한힘태권도 대표
前) 스리랑카 겨루기국가대표팀 코치
제 8회 전국 태권도장 경영 및 지도법 경진대회 은상
2015 영국 전통태권도협회 초청 세미나 강사
2019 이탈리아 시칠리아 초청 세미나 강사

정현철

現) Assistant Professor, California State University-Chico
前) Assistant Professor, University of Louisiana at Monroe
前) Post-doc fellow, Texas A&M University-San Antonio
前) 국기원 성인 태권도 시범단원
前) 경희대학교 태권도 시범단원

서문

태권도인의 부상예방 및 운동수행력 향상을 위해

두근거리는 마음으로 경기장에서 품새를 했던 1997년 어느 겨울날, 태권도를 시작한지 6개월 만에 1단을 취득하고 참가하였던 "태권도 한마당" 대회.
그 대회에서 입상한 것이 필자의 품새 경기인으로 첫 시작이 되었습니다.
이듬해 대한태권도협회의 첫 공인 품새 대회인 "용인대 총장기 전국 남녀 고교 태권도 대회" 품새 부문이 개최되었고 그 이후 경희대총장기, 우석대총장기 등 품새 경기가 하나, 둘 늘어나면서 품새 경기는 겨루기 일변도의 태권도경기를 탈피하고 경기의 한 분야로 자리 잡기 시작하였습니다. 이러한 흐름 속에 품새 선수 활동을 하다 보니 필자의 선수 경력은 대부분 1회 대회가 많습니다. 품새 경기가 활성화 되면서 많은 혜택이 생기기 시작 하였는데 그 중 하나가 대학입시였습니다. 필자 역시 그 혜택으로 첫 품새특기생이 되어 대학 진학을 할 수 있었습니다.
대학에서도 크고 작은 대회에서 선수생활을 이어오다가 군 전역 후 2006년, 품새경기인들의 염원 이었던 제1회 세계 태권도 품새 선수권 대회가 개최되었습니다. 필자는 이란태권도국가대표팀 코치로 참여하여 종합2위의 성적을 거두는데 일조하였습니다. 졸업 후 경희대학교 품새 코치로 부임하여 현재 감독으로서 근 10여년을 모교에서 후배들을 이끌고 있습니다. 재직 중 경희대학교에서 배출된 수많은 국가대표선수들과 함께 하계유니버시아드대회, 아시안게임 등에서 국가대표팀 지도자를 역임하며 품새 경기의 역사와 궤를 함께하고 있습니다.
이처럼 태권도 품새 경기는 1992년 개최된 "태권도 한마당"을 모태로 하여 현재 "세계 태권도 품새 선수권대회", "아시아 태권도 선수권대회", "아시안 게임", "하계 유니버시아드 대회" 등 다양한 국제경기의 정식종목으로 발돋움 하고 있습니다.
또 많은 선수들이 배출되어 경쟁하는 가운데 지도법 또한 다양하게 개발되어 선수들의 기량은 날로 발전되고 있는 추세입니다.
근래에는 자유 품새의 도입으로 선수들은 예전 보다 더 많은 기술들을 발휘해야 되는 상황에 놓여 있고 그만큼 부상의 위험도는 높아졌습니다. 하지만 훈련시간과 장소는 늘 제한적인 것이 현실입니다.
따라서 지도자는 같은 시간을 훈련하더라도 전문성과 효율성을 더욱 고민해야 되며 이는 저 뿐 아니라 많은 지도자들의 숙제이기도 합니다. 만일 나에게 2시간의 훈련시간이 주어졌다면 어떻게 그 시간을 효율적으로 활용하여 선수들의 경기력 향상에 도움을 줄 것인가?
그 숙제에 조금이나마 도움이 되고자 본 책을 제작하게 되었습니다.
본 책의 저자들은 태권도, 트레이닝, 재활 등 각 분야의 전문가들로 구성되었습니다.
저자들이 저마다 경험적 지식을 최대한 발휘하여 현장에서 실제로 효과가 검증된 다양한 트레이닝 방법과 부상 예방 운동 등을 본 책에 담았습니다.
매일 밤 유투브를 검색하며 선수들을 위해 밤새는 지도자분들과 부상을 염려하며 훈련에 주저하는 선수들, 0.01점을 극복하기 위해 고통을 무릅쓰고 훈련하는 선수들에게 도움이 되기를 바랍니다.

2019년 9월 1일

대표저자 전 민 우

목차

Chapter 1 태권도 품새 선수를 위한 컨디셔닝의 필요성
- 품새란 무엇일까?
- 품새 경기력 향상을 위한 트레이닝 전략의 중요성
- 품새 지도자라면 기본적으로 알아야할 트레이닝의 원리
- 품새 선수들의 Self 심리기술훈련
- 시합 전 긴장을 최소화 할 수 있는 효과적 방법
- 왜 태권도 품새 선수들이 부상이 많이 있을까?
- 태권도 국가대표 선수단의 부상과 관리는?
- 품새 선수를 위한 체계적인 선수관리를 위한 AT 시스템
- 선수트레이너의 필수품은 무엇이 있나요?
- 선수트레이닝에서 회복 및 영양 섭취의 중요성
- 통증 없이 운동 할 수 없을까?
- 통증의 원인과 분류
- 품새 선수의 주요 통증 발생 부위
- 품새를 위한 최적화된 움직임을 위한 프로그램 구성법
- 품새 선수에게 자가근막이완법의 장점은 무엇인가?
- 셀프근막이완(SMR) 적용 방법 가이드
- 품새 선수의 부상예방을 위한 스트레칭 방법이 무엇일까?
- 유연성 증진을 위한 스트레칭 지침 및 주의사항
- 통증 관리의 이점에는 어떤 것들이 있을까?
- 여기서 잠깐! 수 많은 도구 중 어떠한 도구를 골라야 할까?
- 자가 근막이완 운동을 할 때 주의사항은 무엇인가
- 근막이완 또는 운동 후 '아이싱'을 해야 하는 이유?

Chapter 2 태권도 품새 선수를 위한 케이스별 셀프근막이완법(SMR)
- 목 부상 및 목 디스크 예방을 위한 근막이완법
- 어깨 부상 및 어깨 충돌 증후군 예방을 위한 근막이완법
- 외측상과염 (테니스엘보) 예방을 위한 근막이완법
- 손목 부상 및 손목건초염 예방을 위한 근막이완법
- 내측상과염 (골프엘보) 예방을 위한 근막이완법
- 허리 부상 및 요통 예방을 위한 근막이완법
- 무릎 부상 및 슬개대퇴 동통 증후군 예방을 위한 근막이완법
- 무릎 외측 및 장경인대 증후군 예방을 위한 근막이완법
- 햄스트링 부상 예방을 위한 근막이완법
- 서혜부 통증 증후군 예방을 위한 근막이완법
- 둔근 부상 및 이상근 증후군 예방을 위한 근막이완법
- 발목 부상 및 아킬레스건염 예방을 위한 근막이완법
- 발바닥 부상 및 족저근막염 예방을 위한 근막이완법

Chapter 3 부상예방 및 관리를 위한 테이핑 방법
- 태권도 품새 선수의 테이핑 효과
- 테이핑 사용방법
- 테이핑 주의사항 및 금기증
- 부위별 부상예방 테이핑 방법
  1. 목 부위의 통증 테이핑
  2. 어깨 부위의 통증 테이핑
  3. 회전근개 손상 테이핑
  4. 어깨뭉침 & 어깨결림 테이핑
  5. 팔꿈치와 손목 부위의 통증 테이핑
  6. 내측상과염(골프 엘보) 테이핑
  7. 외측상과염(테니스 엘보) 테이핑
  8. 손목 통증 테이핑
  9. 허리 부위 통증 테이핑
  10. 천장관절 통증 테이핑
  11. 대퇴부와 하퇴부의 통증 테이핑
  12. 장경인대염 통증 테이핑
  13. 내전근 염좌 통증 테이핑
  14. 무릎 통증 테이핑
  15. 거위발 건염 통증 테이핑
  16. 오스굿 슐레터병 테이핑
  17. 햄스트링 염좌 통증 테이핑
  18. 신 스프린트 통증 테이핑
  19. 종아리 통증 테이핑
  20. 발목과 발가락의 통증 테이핑
  21. 아킬레스건염 통증 테이핑
  22. 족저근막염 통증 테이핑
  23. 발목 불안정성 테이핑
  24. 무지외반증 테이핑

Chapter 4 부상예방 및 관리를 위한 예방운동법
- 태권도 품새 선수의 운동 수행력 향상과 부상 예방을 위한 운동
- 태권도 품새 선수의 가동성과 안정성 트레이닝의 필요성
- 태권도 품새 선수의 코어와 안정화 트레이닝의 필요성
- 태권도 품새 선수의 스피드, 민첩성, 순발력 트레이닝의 필요성
- 태권도 품새 선수의 밸런스 트레이닝의 필요성
- 태권도 품새 선수의 펑셔널 트레이닝의 필요성
- 태권도 품새 선수의 플라이오 메트릭 트레이닝의 필요성
- 태권도 품새 선수의 서스펜션 트레이닝의 필요성

칼럼
- 자유품새, 애매한 경기규정과 기술... 과연 '태권도'인가?

Chapter 1

태권도 품새 선수를 위한 컨디셔닝의 필요성

품새란 무엇일까?

태권도에서 공격과 방어의 기술을 규정된 형식에 맞추어 지도자 없이 수련할 수 있도록 이어놓은 동작을 말하며, 품새는 겨루기 기술 향상과 동작 응용 능력 그리고 기본 동작에서 익힐 수 없는 특수 기술을 연마할 수 있는 장점이 있다.

'품새'는 순수한 우리말인 '품'과'새'의 합성어이며, '품' : 불완전한 명사로 동사 밑에 붙어서 동작이나 모양을 나타내는 말이며, '새' : 모양상, 맵시 등을 의미한다.

품새를 할 때 발의 위치와 그 이동방향을 선으로 표시한 품새 선에 따라 수련하며 1장부터 8장까지의 태극품새와 고려, 금강, 태백, 평원, 십진, 지태, 천권, 한수, 일여까지 9가지의 유단자 품새가 있다.

품새대회가 점점 발전하여 전문화되는 추세임에도 불구하고 단순히 동작을 하는 방법에 관해서는 있지만, 품새 선수를 위한 특화된 프로그램이 존재하지 못한 실정이다. 그렇기 때문에 이 책은 품새의 각 동작을 더 잘 할 수 있는 방법과 반복적인 동작으로 발생하는 통증이나 부상의 문제를 해결하기 근막 이완 방법과 테이핑 법, 트레이닝 방법에 대해 국가대표 태권도 품새 감독 및 국가대표 선수들을 관리하는 AT 와 교수, 국가대표 선수들이 직접 참여하여 만들어 낸 프로그램이다.

품새 경기력 향상을 위한 트레이닝 전략의 중요성

태권도 품새 종목이 채택된 이후 품새 경기는 기존 공인 품새와 더불어 경기용 새 품새 그리고 자유 품새를 도입하면서 대중들로부터 재미와 흥미를 이끌어 호평을 받았다.

특히, 경기용 새 품새와 자유 품새가 경기에 미치는 비중이 더욱 더 높아져, 이를 향상 시킬 수 있는 새로운 품새 훈련 프로그램이 필요해졌다.

기존의 품새 경기 훈련 유형은 반복·독습 형태가 대부분이었다고 볼 수 있다. 그러나 경기용 새 품새의 세부 기술과 자유 품새는 고난이도 아크로바틱 체조 동작이 주를 이루고 있으며, 기술 성공여부에 따라서 경기 승패가 결정된다. 또한, 약 60초 동안 폭발적인 움직임을 시연해야 하는 경기 특성으로 파워, 민첩성, 그리고 무산소성 능력이 필요하다. 결승전까지 하루 4-5 경기를 수행해야 하는 토너먼트 방식 진행으로 진행되기 때문에 피로도 축적을 효율적으로 제거할 수 있는 높은 피로저항능력이 최상의 경기 수행을 위한 중요한 체력 요인일 수 있다.

새로운 트레이닝 전략과 방법 수립의 전제 조건은 품새 경기 특성 및 운동 강도의 분석이 선행적으로 이루어져야 하지만, 아직까지 기초 자료가 부족한 실정이다. 이를 보완하기 위하여 실시한 2018 아시안 게임에 출전한 국가대표 A선수를 대상으로 경기용 새 품새 4개(비각, 나르샤, 힘차리, 새별)와 자유 품새의 운동 강도를 기존 공인 품새와 단순 비교한 결과, 연무 시간, 경기 중 최대 및 평균 심박수가 높은 것으로 나타났다. 물론, 대상자 1명의 데이터를 단순 비교하여 통계적 차이를 검증 할 수는 없었지만, 경기용 새 품새와 자유품새는 보다 높은 운동 강도를 신체에 요구하는 것으로 나타나 기존의 트레이닝 방식에서 벗어나야 할 것으로 생각되어 진다.

스포츠 선수들의 트레이닝은 종목 특성에 요구되는 신체구성, 체력, 기술 그리고 심리적 요인 등을 향상시켜 최상의 경기력을 발휘하기 위함이다. 앞으로 각 목표 시합에 맞춰 품새 선수는 훈련 프로그램에 트레이닝 강도와 양을 조절하는 주기화 등의 스포츠 과학 이론을 도입한다면, 효율적인 운동수행능력 향상과 경기 당일 선수들의 컨디션을 최적화 시킬 수 있을 것이다.

즉, 주먹구구식 훈련 계획이 아닌, 체계적이고 과학적인 트레이닝 전략과 계획은 매우 중요한 부분으로, 대한민국 효자 종목으로서 자리를 굳건히 지킬 수 있도록 하는데 일조할 것으로 믿어 의심치 않는다.

— 글 — 서명원 [현) World Taekwondo Poomsae Trainer Association 교육이사] —

품새 지도자라면 기본적으로 알아야 할 트레이닝의 원리

1. 안정성

훈련 환경은 안전해야 합니다. 선수들 본인 스스로가 본인 상태에 따라 운동 강도를 더 강하게 혹은 더 약하게 조절할 수 있는 능력을 가질 수 있도록 충분히 교육해 주어야 합니다.

예를 들어 훈련 분위기가 '오늘 컨디션이 별로 좋지 않아서 이 기술을 연습하면 다칠 것 같은데 말씀드리면 혼나겠지?' 이런 환경에서 운동을 하게 된다면 부상의 위험은 높아지겠죠?

또한, 도장 바닥이 꺼지거나 튀어나온 곳이 있다면 이 역시 부상을 유발할 수 있는 위험 요인입니다.

2. 준비운동과 정리운동

운동 시작 전에는 충분한 시간의 준비운동이 있어야 하며, 트레이닝 직후에도 정리운동을 게을리하지 말아야 합니다.

준비운동이 필요한 이유!

첫째, 부상의 위험성을 낮춥니다.
둘째, 본 운동에서 운동의 효과 및 반응 속도를 향상시킵니다.
셋째, 심장의 과부하 위험성을 낮추고 원활한 혈액순환을 돕습니다.

정리운동이 필요한 이유!

첫째, 운동 중 내장으로 보내는 혈액을 최소한으로 줄이고 근육으로 보내거나, 빠르게 근육으로 영양과 산소를 공급하기 위해 심장이 더 빨리 뛰는 등 리듬이 바뀌어 지는데 이런 부분을 안정적으로 운동 전의 신체 리듬으로 되돌립니다.
둘째, 근육을 풀어주지 않으면 노폐물이 쌓여 알이 배기는 근육통이 올 수 있습니다.
셋째, 노폐물이 쌓이는 양이 줄어들어 부산물이 적게 쌓여 회복 속도가 빨라집니다.

3. 동기화

선수들은 경기에서 이기고자 하는 높은 동기로 인해 매우 열심히 운동을 하게 됩니다.
트레이닝 프로그램의 변화와 주기화 기법을 통해 운동이 보편적이거나 지루해지기보다는 즐거운 것으로 지속될 수 있도록 합니다.
트레이닝 프로그램이 항상 같은 것보다는 여러 변화가 있는 것이 더 효과적이겠죠?

4. 과부하

생리학적 요인의 개선을 위해서 운동의 부하는 기존의 운동량보다 더 강해야만 합니다.
이를 적응 또는 특이성의 원리 (SAID principle : Specific Adaptation to Imposed Demands)라고 합니다.

즉, 신체가 스트레스에 노출되거나 다양한 강도의 과부하 상태에 이르게 될 때, 시간이 흐름에 따라 점차적으로 그것을 극복함으로써 적응이 일어나게 하는 것입니다.
웨이트 트레이닝을 예로 들면, 점진적으로 무게를 늘려 가면 그 무게 증가에 적응하려는 경향을 보이겠죠?? 하지만 이때 주의해야 할 점은, 과부하의 정도를 신체가 증가된 운동 수요에 특별히 적응할 수 있는 기회를 제공하되, 신체의 손상을 일으킬 수 있는 정도 이상이 되지 않도록 해야 합니다. 한 가지 더 예를 들어보겠습니다.
옆차기를 강하게 차기 위해 옆으로 다리 들어주기를 10회씩 5세트를 했습니다.
2주 뒤 이 강도에 적응을 하여 이 강도로는 더 이상 자극을 받지 않고, 더 이상 퍼포먼스의 향상이 없었습니다. 이를 해결하기 위해 횟수나 세트수를 늘리거나, 모래주머니를 이용하여 과부하를 줄 수 있습니다. 하지만 이때, 과부하의 정도가 대상자가 버틸 수 없는, 신체의 손상을 일으킬 수 있는 정도 이상이 되면 안됩니다. 모래주머니로 과부하를 준다고 했을 때, 갑자기 바로 7kg의 모래주머니로 과부하를 준다면 부상의 위험이 있겠죠?

5. 점증 부하

트레이닝 프로그램의 강도는 점차 증가되어야 하지만 선수 개인이 증가하는 운동 부하에 적응할 수 있는 범위 안에서 증가되어야 합니다. 앞에 말한 과부하의 원리와 비슷합니다.
증가하는 운동 부하가 선수 개인이 적응할 수 있는 범위 안에서 증가되며 점차적으로 증가해야 합니다. 앞에 옆차기를 강하게 차기 위한 것을 예로 들었습니다.
이때, 모래주머니가 1kg에서 적응 후 2kg, 다시 적응 후 3kg 이런 식으로 점차적으로 증가해야 합니다.

6. 일관성

선수는 효과적인 트레이닝 프로그램을 규칙적이고 일관적인 스케줄로 수행해야 합니다.
3일 동안 오전에 훈련을 하다, 5일간 훈련을 하지 않고, 다시 5일간 저녁에 훈련을 하고, 이런 식으로 훈련을 한다면 효과적이지 않겠죠?

7. 강도

운동량뿐만 아니라 운동강도 역시 중시하여야 합니다.
간혹 장시간의 운동이 힘든 운동인 것으로 혼동하여 운동강도의 증가보다는 운동을 장시간 지속하게 하는 실수로 인해 피로해진 선수가 손상을 입게 되는 경우가 있습니다.
운동 횟수를 늘리고, 훈련시간만 많이 늘린다고 해서 퍼포먼스 향상이 있는 것이 아닙니다. 훈련시간을 많이 늘리지 않더라도, 앞의 원리를 잘 적용하여 운동강도를 적절히 늘려주는 것이 퍼포먼스 향상에 더 효과적입니다.

8. 특수성

트레이닝 프로그램은 특수한 목적이 있어야 합니다.
다시 말해 트레이닝 프로그램은 선수의 해당 경기종목과 관련성을 갖는 체력 요인을 고려하여 구성되어야 합니다. 품새 선수가 축구나 양궁 선수들의 트레이닝 프로그램으로 운동을 한다면 비효율적이겠죠?

9. 개별성

선수 개개인의 욕구는 매우 다양합니다.
훌륭한 지도자는 선수들이 최적화될 수 있도록 선수들의 이러한 차이를 인식하고 트레이닝 프로그램을 조절하거나 변화를 줄 수 있어야 합니다.

10. 스트레스의 최소화

선수들의 생활에서 발생하는 여타 스트레스를 고려하여, 자신의 시간을 충분히 가질 수 있도록 배려해야 합니다.

- 글 - 김무성 [현] World Taekwondo Poomsae Trainer Association 사무국장] -

품새 선수들의 Self 심리기술 훈련

품새 선수의 멘탈 컨트롤을 위한 작은 실천

경기력의 향상은 모든 엘리트 스포츠인들의 고민거리이다. 특히, 상위권으로 갈수록 육체적 능력보다는 정신력, 심리기술 등으로 표현되는 멘탈의 중요성이 부각된다.

그러나 선수나 현장지도자들은 심리기술훈련이 필요하다고 느끼면서도 (심리기술 훈련을 지도하는)상담사의 존재를 모르거나 알고 있다고 해도 심리기술훈련에 시간을 할애하는 것은 신체적인 훈련시간이 줄어들게 된다는 사실이 불안해져 상담의뢰에 조심스러워 진다. 하지만, '실수'로 표현되는 압박감과 높은 집중력을 요하는 품새 경기에서 자신의 멘탈을 컨트롤하는 심리 기술훈련은 매우 필요한 과제임이 틀림없다. 심리기술 훈련은 목표설정, 긍정적 자화, 인지 재구성 등등 여러 가지 프로그램이 존재하고 있으며, 지도자(상담사)가 없이는 시작하기 힘든 점들이 많다. 때문에 현장에서 특별한 상담사 없이 적용하기 좋은 훈련법을 하나 소개하고 싶다. 훈련일지 쓰기이다.

"음? 우리 하고 있는데? 이게 왜 심리기술 훈련법이야?"라고 생각하시는 분들이 많을 것 같다. 그래서 지금부터 차근차근 설명해보도록 하겠다.

사실 매일매일 훈련 일지를 작성하는 것은 쉬운 일은 아니다. 꽤 높은 성실도를 요구한다. 때문에 매일 일지 쓰기를 하게 된다면, 매일매일 정해진 과제를 해결해 나가며 스스로 작은 성취감을 맛볼 수 있고, 좋은 습관으로 자리 잡게 된다면, 좋은 습관이 있다는 것 하나만으로도 위기 상황에 도움을 주는 요소로 작용한다. 또한 지속적인 글쓰기는 학업에도 도움을 준다! 그리고 재미있는 점은 매일 쓴 일지를 모으다 보면, 나중에 읽어보기 좋은 자료가 되어준다는 점이다. 마치 어린 시절의 일기를 보는 재미가 생긴다. 하지만 이것이 끝이 아니라, 글쓴이의 취약점, 위기 시 극복 방법, 사고의 변화 등을 확인할 수 있는 자료가 된다.

하지만 이런 이점을 얻을 수 있는 일지 작성법은 주의할 점이 몇 가지 있다. 일반적으로 우리가 쓰는 일지들은 '오늘은 ~운동을 했다. 힘들었다. 내일은 더 열심히 해야지!' 같은 방법으로 쓴다. 사실 이 정도도 잘 쓰는 편이다. 보통은 "오전 운동: 체력 운동, 오후 운동: 기술 훈련" 이런 식으로 작성한다.

이런 방법이 잘못 되었다는 것은 아니다. 분명 훈련을 무엇을 하였는지에 대한 기록은 필요하다. 하지만 단순 기록일 뿐 작성자에게 어떤 도움을 주기는 힘들다. 그래서 잘 훈련 일지를 쓰는 방법을 4단계로 제시하고자 한다(선행단계가 익숙해지면 다음 단계의 내용도 함께 쓰는 방식을 취한다).

1단계 : 오늘 훈련에서 배운 점과 이유, 어려웠던 점과 이유, 개선 방법을 쓴다.

오늘 한 모든 운동 내용을 쓰는 것은 아니다. 오늘 가장 특징적이었던 일만 쓰는 것이다. 아직은 길게 쓰지 않아도 좋으며, 한 단어나 한 문장이어도 괜찮다. 여기서 말하는 배운 점은 기술적인 것일 수도 있고, 인간관계나 훈련법 등의 다른 것일 수도 있다. 어려웠던 점도 마찬가지. 그리고 이를 해결하기 위한 개선방안을 쓴다. 이는 자기 스스로 생각해서 적용해보겠다는 다짐도 좋고, 동료나 지도자의 도움을 얻어서 알게 된 방법도 좋다. 그리고 다음날에는 시행한 것에 대한 반성도 있어야 할 것이다.

이 과정을 통해 훈련 일지를 쓰는 선수는 오늘 하루 있었던 훈련 내용들을 머릿속에서 정리하며 반성하는 시간을 가지게 된다. 이는 스포츠심리학적 용어로 귀인 활동에 해당하는 것인데, 오늘 하루를 반성하며 자신의 성공 혹은 실패에 대한 원인과 결과를 추론하는 과정이 된다. 그리고 개선 방법을 찾는 노력을 통해 자기 주도력과 문제해결능력을 기를 수 있게 해 준다.

2단계: 문장 완성 (오늘의 나는 _____.)과 긍정적 혼잣말

1단계를 쓰는 것이 익숙해지면, 일지의 맨 앞에 문장 완성, 맨 뒤에 긍정적 혼잣말을 추가한다. "오늘의 나는 _____."라는 문장은, 빈칸을 채우게 하는 문장완성검사의 일종으로 빈칸을 채운 단어가 오늘 선수의 상태를 대변해 준다. 장난처럼 쓴다면, 장난처럼 쓰게 된 이유가, 진지하게 쓴다면 진지하게 쓴 이유가 선수의 오늘의 상태를 이야기해준다. 그리고 일지의 마무리의 긍정적 혼잣말은 자신을 칭찬하는 내용으로 되도록 구체적인 내용을 쓰는 것이 좋다. 예를 들어 "난 오늘 멋졌어!"보다는 "난 오늘 열심히 해서 멋졌어!"가 좋은 긍정적 혼잣말이다. 긍정적 혼잣말은 여러 분야에서 많이 쓰이는 인지 재구성 방법으로 자신을 칭찬하기 위해서 자신의 좋은 부분을 찾아내게 되고, 쓰고 생각함으로 긍정적 마인드를 만들게 해 준다.

3단계: 전체적 감상, 컨디션, 부상 여부, 재활방법

2단계까지 썼다면, 전체적인 감상(느낀 점)과 자잘한 것을 기록하기 시작한다. 전체적 감상(느낀 점)은 오늘 훈련에 대한 전체적인 느낀 점 등을 기록하는 것으로 자신의 감정과 생각을 솔직하게 기록하는 것이다. 푸념이나 넋두리여도 좋고 의식의 흐름에 따라 써도 좋다. 이 과정을 통해 자기 자신의 생각과 감정을 정리하는 훈련을 하게 되며, 횟수를 거듭할수록 자아성찰능력이 성장할 것이다. 또한 자잘한 문제들, 오늘의 컨디션은 어떤지, 부상 부위는 있는지, 재활 훈련은 무엇인지 등을 기록한다. 이것들을 길게 장황하게 쓸 필요는 없고 단답형으로 충분하다. 이를 기록하는 이유는 다음 4단계에 있다.

4단계: 쌓인 자료의 분석

앞서 이야기 한 것처럼 훈련 일지가 쌓이면 좋은 분석 자료가 된다. 특히 컨디션, 부상 여부, 만족 여부의 경우 컨디션 좋은 날들의 특징, 자주 다치는 부상 부위와 재활방법은 무엇이 효과적이었는지 자체적으로 통계가 가능하고, 1단계의 자료를 통해 자신의 취약점을 분석하고 문제 해결 시 어떤 방법을 주로 사용하는지를 알 수 있게 된다. 그리고 이러한 분석 자료를 통해 앞으로 어떤 방향을 제시해주고 어떤 훈련을 제공해야 되는지에 대한 근거가 되어준다.

사실 제대로 심리기술 훈련을 진행하기 위해서는 전문가의 도움이 필요하다. 개개인이 가지고 있는 문제는 각기 다르고 문제가 같아 보여도 그 내면의 문제나 해결방안은 사람마다 다르기 때문이다. 하지만 자기 자신을 성찰하는 훈련 일지를 지속적으로 쓴다면, 몇 가지의 간단한 문제는 해결이 될 것으로 생각된다.

― 글 ― 석류 [현] World Taekwondo Poomsae Trainer Association 교육이사 ―

시합 전 긴장을 최소화 할 수 있는 효과적 방법

태권도 품새 경기는 대기시간에 비해 경기 시간이 매우 짧다.
경기장에 도착하면서부터 시작되는 긴장은 경기 번호 호명을 통해 선수 대기실에 가고 코트 대기를 하는 그 순간까지 이어진다. 그리고 팽팽한 긴장상태는 경기 중에도 이어져 선수의 정신을 마모시켜 정신력을 고갈시키고 높은 불안 반응을 불러일으킨다. 그리고 1품새가 끝난 후 주어지는 약간의 쉬는 시간은 팽팽한 긴장을 늘어뜨리고 다시 2품새에 집중하는 것을 방해하기도 한다. 이러한 점 때문에 품새 선수들에게 필요한 심리 기법들 중 하나는 긴장의 스위치를 '올렸다, 내렸다' 하여 정신력 소모를 적게 하고, 최상의 컨디션으로 경기에 집중하게 하는 기술일 것이다.

이를 위해 오늘 소개하고 싶은 기법은 인지 재구성 기법 중 하나인 앵커링(anchoring)이다.
앵커링은 설정한 심리적 상태와 감각을 현재 문제 상태에 재빨리 가져와 사용할 수 있도록 훈련하는 것으로 어떤 특정 생리적 상태와 연결되어 있어 그것을 일으키는 자극으로 불안이 높아졌을 때, 자동적으로 불안을 낮추고 주의 전환을 할 수 있도록 프로그래밍 하는 것이다.
프로그래밍에 필요한 것은 조건적 자극인 촉발제와 인출할 심리적 상태와 감각이다. 그중 촉발제, 트리거로 사용될 동작은 평소에 자주 사용되지는 않지만 신체적 이완을 도울 수 있는 방법으로 한두 동작이 좋다.

허벅지를 두들기거나, 박수 또는 양손으로 양 볼을 짝! 소리가 나게 치는 동작 등이 그 예다.
그리고 긍정적인 단어나 문장과 함께 하는 것도 좋을 것이다. 하지만 생리적인 자극에 정신적인 이완과 주의 전환을 연결하는 것이기 때문에 평소에 부단한 연습과 노력이 필요하다. 그럼 이제부터 앵커링을 연습하는 법을 이야기해보도록 하자.

1단계 : 트리거와 긍정적 자화 정하기

먼저 트리거로 사용될 동작과 함께 외칠 긍정적인 혼잣말을 정한다. 이 혼잣말은 꼭 소리 내서 이야기하지 않아도 되며, 너무 길지 않아야 할 것이다. '파이팅!', '연습한 대로!', '집중하자!'와 같은 짧고 굵으며 의미를 부여할 수 있는 것이 좋다. 그리고 트리거 동작은 선수가 어색해 하거나 부끄러워할 만 한 동작을 피하고, 평소에 무의식중에 잘 하는 동작을 설정하는 것이 좋다. 무엇이든 익숙한 것이 최고다.

2단계 : 최상의 컨디션과 떠올리기

선수가 생각했을 때 가장 좋았던 경기 시의 컨디션을 떠올린다. 여기서 말하는 컨디션은 신체적인 것도 있지만, 정신적으로 자신감이 충만하고 불안과 스트레스가 낮을 때를 이야기한다. 경기 때의 최상의 컨디션이 없다고 생각되면, 훈련 시 또는 평상시의 최상의 컨디션도 괜찮은 선택이다.

3단계 : 앵커링 형성하기

최상의 컨디션의 느낌을 찾아냈다면, 그 느낌과 함께 트리거 동작, 긍정적 자화를 동시에 행한다. 이는 조건화- 자극을 형성하는 것으로, 트리거 동작에 최상의 컨디션 심상을 덧입혀 동작만으로도 최상의 컨디션을 불러일으키는 것이다. 그리고 반복한다. 여기서 중요한 것은, 최고의 컨디션 느낌에 동작을 연결시키는 것이다.

형성된 앵커링 기법을 사용하는 시점은 경기장에 들어가기 직전을 추천한다. 앵커를 이용하여 이전에 있던 불안은 경기장 밖에 놔두고 경기장에 들어가는 '나'는 신체도 정신도 리셋하고 새로운 마음으로 경기에 임하게 해 줄 것이다.

앵커링 기법은 시합 전후 언제든지 사용할 수 있는 간단한 불안 감소 기법으로 익숙하게 사용할 수 있을 때 까지는 시간과 노력이 투자되어야 한다. 그러나 잘 형성된다면 투자비용 회수는 가뿐한 기법으로 빠르게 불안을 감소시켜 최상의 컨디션으로 경기에 임할 수 있게 해 줄 것이다.

― 글 ― 석류 [현] World Taekwondo Poomsae Trainer Association 교육이사] ―

왜 태권도 품새 선수들에게 부상이 많이 있을까?

태권도뿐만 아니라 운동에서 부상이 일어나는 대표적인 이유는 바로 반복된 과사용으로 인한 피로 누적과 이로 인한 스트레스로 인한 근육과 근막의 경직과 손상이 원인이 돼서 부상이 발생하게 되는데 초기 이러한 문제는 적절한 휴식과 간단한 스트레칭과 근막 이완만 해주어도 충분히 통증을 감소시키고 움직임을 개선할 수 있다. 하지만 몸에서 보내는 피로와 경직, 통증이라는 신호를 무시하고, 반복적으로 동작을 참고 연습하게 되면 통증에 대한 적응이 반복되게 되면서 몸은 더 큰 통증에만 반응하도록 변화하게 되고, 더 큰 문제는 이 과정에서 일시적으로 병원에서 핫팩이나 마사지 또는 근육 이완제나 주사제 같은 것에 의존하고 원인을 파악하지 못하고 보상작용이 일어나 움직임에 변화가 일어나 통증의 악순환이 계속되며, 결국에는 부상 문제뿐만 아니라 선수로서는 품새 동작의 변화로 제대로 된 자세가 나오지 않는 문제를 겪게 되는 것이다.

결국에 이러한 누적된 손상과 부상으로 수술을 하게 되고, 2차, 3차 수술로 이어지게 돼서 선수 생명이 짧아 지거나 끝이 나게 되고 마지막에 가서야 후회하면서 관리와 움직임에 중요성에 대한 중요성을 다시 인식하고 깨닫게 된다.

그렇기 때문에 이 책에서는 주로 품새에서 반복되는 동작에서 어떤 근육이 과사용 되고 이를 예방할 수 있는 셀프 스트레칭과, 간단한 도구를 활용한 근막 이완 법과 부상 예방 및 서포터를 할 수 있는 테이핑 방법과 운동수행력 향상을 위한 맞춤형 트레이닝 노하우에 관해서 실제 국가대표 품새 선수들의 프로그램을 공유하도록 하겠다.

태권도 국가대표 선수단의 부상과 관리는?

대한민국 태권도 국가대표 의무 트레이너(AT)로서 훈련과 경기 중 발생하는 상해의 특징과 선수촌 내에서 치료와 재활 과정에 대해서 공유하고자 한다.

태권도 경기 중 부상률

태권도는 무도 스포츠로서 수련과 경기 중 크고 작은 부상에 노출된다. 최근 연구에 따르면 2016 리우 올림픽 경기 중 발생한 부상은 BMX Cycling(참가 선수의 38%), 복싱(30%), 산악자전거(24%) 그리고 태권도(24%)로 나타났으며 태권도 경기 중 많은 부상이 발생한다는 것을 확인 할 수 있다.

부상 종류

부상의 종류는 크게 급성과 만성으로 나뉜다. 급성 부상은 타박상, 골절, 염좌와 같은 부상이며, 물리적인 충돌이나 힘에 의해 발생한다. 만성 부상은 염증, 뻣뻣함, 위축 등 오랜 시간 동안 미세한 자극/충격이 축적되어 발생하게 된다. 대표팀에서 흔히 발생하는 부상으로는 햄스트링 염좌, 발목 염좌, 근육 타박상, 손가락 탈구와 같은 급성 부상이 자주 발생하며, 아킬레스건염, 슬개건염, 장경인대염증, 햄스트링 위축 그리고 요통을 호소하는 선수들이 많다. 그 외에도 선수촌 입촌 생활 중 감기 몸살, 장염, 두통 등 질병도 자주 발생한다.

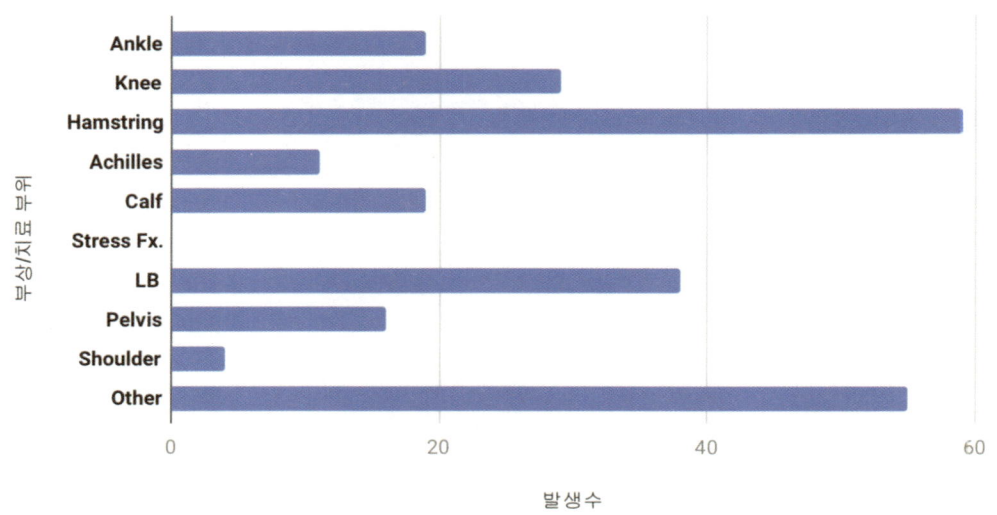

2018 태권도 국가대표팀 부상 및 치료부위

훈련 중 부상

2018년도 태권도 국가대표 선수단의 훈련 중(선수촌) 부상 또는 부상에 다른 치료 빈도를 살펴보면 햄스트링(59건) 관련이 가장 높았으며 요통 39건, 발목 28건으로 나타났다. 햄스트링 파열로 인해 치료와 재활 과정을 진행 한 경우와 과거 부상 후유증으로 통증과 위축이 동반하여 통증관리와 유연성 회복을 위한 조치가 많았다.

선수촌 내에서 부상이 발생하면 현장에서 간단한 의학적 검사를 진행하고 부상 정도에 따라 즉시, 선수촌 내에 있는 메디컬 센터에서 진료를 본다. 의사와 함께 뼈나 인대 등 구조적인 문제가 있는지 확인하고 부상 정도에 따른 재활 과정 중 운동 강도와 시기 등을 담당의사와 상의하여 결정한다. 선수촌 메디컬 센터는 가정의학과, 재활의학과, 정형외과 등 4명의 의사가 상주하고 있으며, X-ray, CT촬영 장비를 갖추고 있고, 간단한 시술과 주사, 링거를 맞을 수 있다. 또한 국내 최고 시설의 물리치료실과 운동재활실이 있기 때문에 처방에 따라 이용 가능하다.

대부분의 선수들은 저녁 식사 후 태권도장 내에 마련된 치료실에서 의무트레이너를 통해 치료와 보강 운동을 진행하고 있다. 대회 기간 중 현지에서도 선수들이 편안하게 치료 받을 수 있도록 대부분의 장비와 용품을 가지고 출국한다.

치료 이외에도 오전 웨이트 훈련 때 간단한 컨디셔닝 운동이나 보강운동 등 필요에 따라 개별 훈련이 진행되는 경우가 많다.

경기 중 부상

경기 중 부상은 크게 경기를 진행할 수 있는 경우와 그렇지 못한 경우로 나누어 볼 수 있다. 넉아웃이나 골절 등 시합 중 부상으로 경기가 중단되고 병원으로 후송되는 경우는 1년에 1~2건 정도 발생한다. 경기장에 의무위원장(의사)과 각 코트 별로 응급 구조사 1팀, 그리고 현지인 의사 등 만일의 사태에 대비하여 응급의료체계를 잘 갖추고 있다.

그 외에 타박상이나 손가락 탈구와 같은 경우는 즉각 아이스 처치를 하고 테이핑 등으로 경기를 계속 진행하는데 초점을 둔다.

숙소에서 발생할 수 있는 응급상황에 대비해 조직위와 연맹은 호텔에 의사와 엠뷸런스를 24시간 대기 시켜둔다.

사후 관리

경기 중 거의 모든 선수들은 크고 작은 부상을 겪기 때문에 귀국 즉시 선수촌 메디컬 센터를 방문하여 진료를 본다. 정확한 상태를 알아야 치료 또는 재활을 신속하게 진행할 수 있고 또 다음 대회를 준비할 수 있기 때문이다.

지금까지 대한민국 태권도 국가대표 선수들의 부상과 관리, 그리고 시합과 훈련 중 발생한 부상이 어떻게 관리되고 있는지 간략하게 공유해 보았다.

태권도 국가대표팀 의무 트레이너는 활동과 관련한 모든 자료를 보관하고 있으며, 분석을 통해 더 효과적인 선수 관리를 하고 있다.

— 글 — 김동휘 [현] World Taekwondo Poomsae Trainer Association 교육이사] —

품새 선수를 위한 체계적인 선수 관리를 위한 AT 시스템

품새 종목 입상을 위해 선수들이 표현해야 하는 동작들은 관절에 상당한 무리를 주고 있으며, 자유 품새 도입과 동시에 발휘해야 하는 기술의 난이도는 점점 높아져 그에 따른 부상이 잦아지고 있는 현실입니다. 따라서 선수들은 조금이나마 안전한 선수 생활을 위해 그 종목에 맞는 체력수준을 갖추어야 하지만 기술만을 우선으로 훈련하여 부상을 초래하는 안타까운 모습들이 종종 보입니다. 태권도 품새 전문 AT로서 이런 오류를 최대한 줄이고자 전문적인 지식을 바탕으로 훈련할 수 있는 시스템을 만들고자 했습니다. 그렇게 저와 같은 AT가 매 훈련시간, 경기장을 함께하며 도움을 주고 있습니다. AT가 어떤 일을 하고 있는지 그 일을 하는 목적은 무엇이며, 선수들과 어떻게 호흡을 맞추고 있는지, 그리고 태권도 선수들에게 있어 AT가 왜 필요한지에 대해 이야기하고자 합니다.

체력관리

훈련시간 중 체력훈련 파트는 AT가 담당해서 진행합니다. 체력 훈련의 프로그램은 트레이닝의 원리를 바탕으로 경기 일정을 파악하여 선수들의 컨디션을 반영해 설계하고 있습니다. 공인 품새, 자유 품새 기술에 도움이 될 수 있는 프로그램을 꾸준히 연구하여 개개인의 체력과 기술능력 향상에 힘쓰고 있습니다.

부상 관리

부상은 선수 생활의 질을 떨어뜨리는 악영향을 초래합니다. 물론 피할 수 있는 부분은 아니지만 처음 부상이 발생했을 때 초기 대응을 어떻게 하고 그 후의 관리를 어떻게 하는지에 따라 회복 속도가 달라지며, 회복했을 때 정상적인 컨디션으로 복귀가 수월해집니다. 따라서 부상 부위, 타입, 원인 등을 바탕으로 운동을 처방하고 있습니다. 그 외에 선수들의 몸 상태를 파악하여 본인에게 맞는 부상 예방을 위한 보강 운동을 진행하고 있습니다.

경기장

경기장에서 선수들 컨디션은 최상 이어야 합니다. 하지만 선수들이 경기장은 평상시 훈련을 하던 익숙한 공간이 아니므로 평소보다 몸이 잘 풀리지 않는 등 컨디션이 악화될 수 있습니다. 다양한 테크닉을 통해 선수들의 경기력 향상에 도움을 주고 있습니다. 그 외에도 경기장 내에서 발생할 수 있는 부상에 항상 대비하여 선수들의 경기 모습을 지켜보면서 가장 빠르고 올바른 대응을 위한 준비를 하고 있습니다.

AT의 필요성

선수들의 기량은 날이 갈수록 향상되고 이에 따라 기술의 난이도 역시 높아져 불과 몇 년 전과 비교해 품새 선수들의 급성 부상은 증가했습니다. 따라서 더 과학적이고 전문적인 이론과 노하우를 바탕으로 선수들을 지도해야 할 필요성이 보이며, 선수들의 지속적인 컨디션 관리와 높은 난이도의 기술을 구사하기 위한 체력 수준을 꼭 만들어주는 것이 중요합니다.

이렇게 경기 수준, 선수들의 기량, 기술의 난이도 등이 날이 갈수록 증가하고 있기 때문에, 이제는 태권도만 하는 선수, 태권도만 지도하는 지도자가 아닌, 태권도 경기력향상과 부상예방을 위한 여러 전문성과 지도력을 갖춘 선수 및 지도자가 필요합니다.
이에 세계태권도품새트레이너협회는 선수트레이너 자격과정을 개설하였습니다.

선수트레이너 자격 과정은 등록번호 제 2019-003972 호로서 '자격기본법'에 따라 한국직업능력개발원에 정식 등록된 자격증으로 2급과 1급으로 나누어져 있으며, 교육내용은 〈부록〉 파트에서 자세히 안내 하도록 하겠습니다.

– 글 – 김채린 [현] World Taekwondo Poomsae Trainer Association 교육이사 –

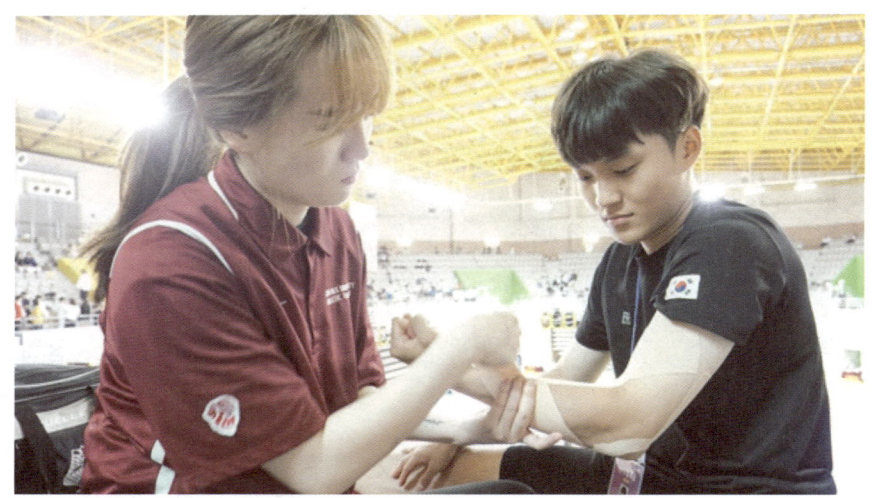

선수트레이너의 필수품은 무엇이 있나요?

선수트레이너가 항상 챙겨야 하는 첫 번째 필수품은 바로 AT Bag 입니다.

AT Bag 은 다양한 용도에 따라 캐리어형과 백팩, 크로스백, 힙색 등 다양하게 있지만 필수적으로 챙겨야 하는 용품들이 있습니다. 처음 AT가 되면 이 가방 안에 무엇을 챙겨야 할지도 따로 배운 적이 없기 때문에 제대로 준비하지 못해 헤매던 기억이 떠오르네요. 전쟁에 나가는 군인이 군장을 챙기듯이 이제 AT로서 어떠한 물품들을 챙겨야 하는 필수품인지 알아보도록 하겠습니다.

가방 안에는 상비약과 부상 관리 및 컨디셔닝 용품들로 채워지게 됩니다.
상비약에는 소염제(이부프로펜), 에니펜(아스피린), 애드빌(진통제), 타이레놀(진통제), 엑소페린(근이완제), 리리카 캡슐(신경진통제), 오라비텐(비타민), 소독약(포비돈, 과산화수소), 소독솜, 메디폼, 반창고, 일반밴드, 방수밴드, 드레싱 밴드, 바이오프리즈, 코반, 약통 등이 준비되어야 하고 부상 관리를 위해서는 아이스 봉지, 아이스 랩, 에틸클로라이드(냉각스프레이), 체온계, C테이프, 언더랩, 키네지오 테이핑, 테이핑 가위, 핀셋, 손톱깎기, 거즈붕대, 알콜스왑 등이 있습니다.

트레이닝의 교과서 23

두 번째 필수품은 컨디셔닝 용품입니다.

AT의 업무 중에 항상 함께하는 두 번째 필수품은 바로 마사지 베드입니다. 여기서 선수들 스트레칭도 시키고, 마사지도 하고, 테이핑도 감아주고, 아이싱도 해주기 때문에 전지훈련이나, 시합장에 갈 때도 필수 적으로 챙겨서 다녀야만 합니다.
그래서 너무 무겁지도 않고 이동이 용이한 접이식을 많이 사용합니다.

베드를 반으로 접어 케리어 백에 담아서 한쪽 어깨에 주로 매고 다니지만, 개인적으로는 별도 옵션이지만 바퀴가 달려있는 케리어 백을 추천합니다. AT 가방뿐만 아니라 별도로 챙겨야 하는 짐이 많고 여러 명에 AT가 함께 근무한다면 나눠서 들면 되겠지만 주로 혼자인 경우가 많고, 스탭이 별도로 존재하지 않는 경우가 많기 때문에 최대한 이동이 용이해야 AT의 업무 효율이 높아지겠죠.

이외에도 다리 베개, 가슴 배게 등을 준비한다면 베드 없이 매트 위에서도 효율적으로 선수의 컨디션을 관리해줄 수 있습니다.

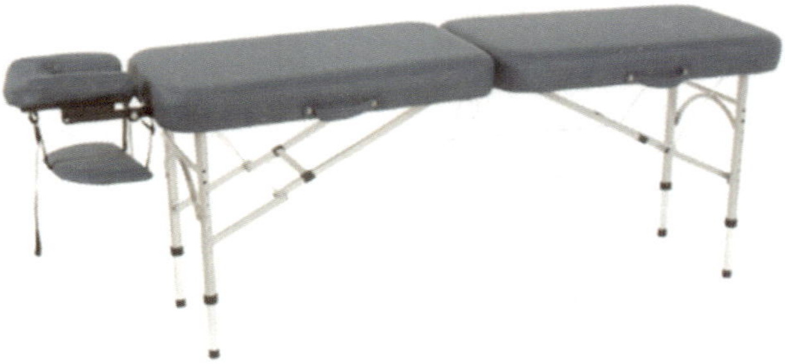

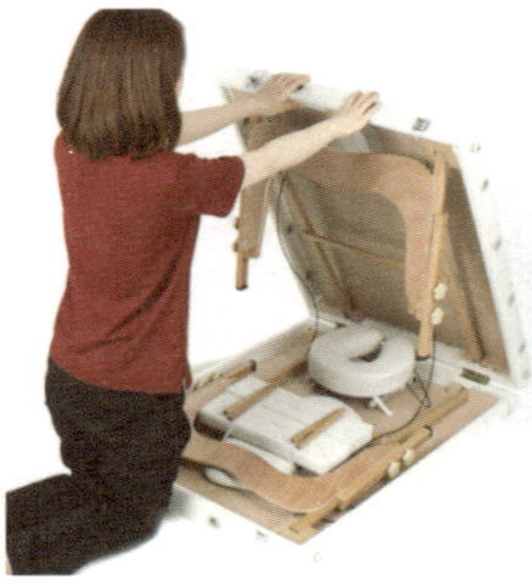

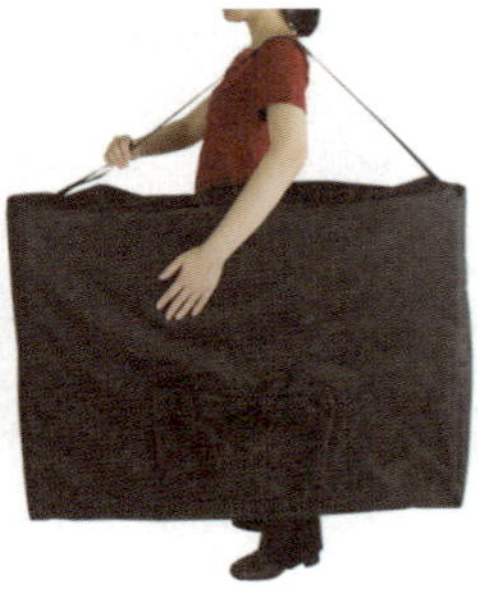

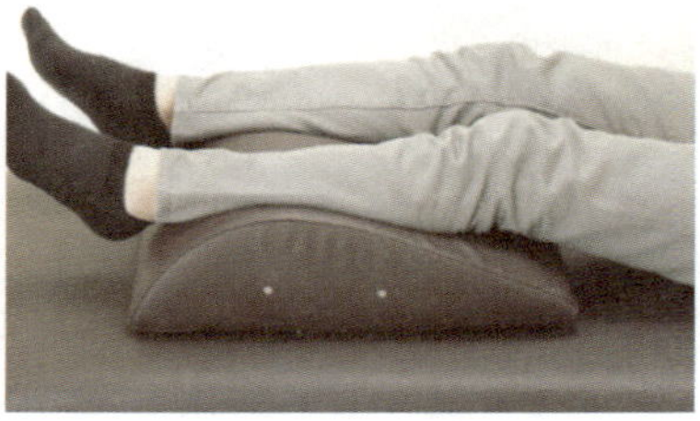

세번째 필수품은 소도구 입니다.

AT는 혼자서 수많은 선수를 관리해야 되기 때문에 소도구를 활용해서 업무 효율을 200% 높여 주어야 AT의 피로도를 낮추어 더 많은 선수들을 효과적으로 관리해 줄 수 있습니다.

AT의 손이 되어 주는 기본 아이템은 바로 마사지 볼과 마사지 스틱, 폼롤러 근막이완 도구가 있습니다. 손을 가지고도 대부분 할 수 있겠지만 선수에 부상보다 AT의 손가락과 손목 피로 누적으로 인한 부상으로 AT를 그만 두는 경우도 많습니다. 그렇기 때문에 적절한 도구를 활용 할 수 있어야 하는데 요즘은 마사지볼도 5단계로 강도별로 나오기도 하고, 안에 모터가 들어있어 진동이 되는 진동볼(스피어), 진동 땅콩볼(엑티브볼) 등이 출시 되어 현장에서 업무 부담을 줄여 주고 있고, 기존 폼롤러도 발전하여 진동 폼롤러(더바이퍼2.0) 등이 현장에서 많이들 활용 되고 있습니다.
이외에도 마사지 스틱드 수십종류의 브랜드가 있고, 길이, 강도 등이 모두 다르기 때문에 적절한 도구를 준비 하는것도 중요한 요소가 되고 있습니다.

또한 진동 마사지 건(하이퍼볼트) 나 선수들 부상 관리 및 재활에 용이한 진동과 히팅 기능이 들어간(베놈), 부분형 EMS 장비 등이 현장에서 많이 활용되고 있으며, 얼음 봉지 만들기도 AT의 업무 중 고단한 부분중 하난데 이러한 부분을 많이 덜어 주게 된 아이싱 전용 보호대 또한 현장에서 많이 활용 되고, 이외에도 기초 재활 운동과 근력운동을 위한 세라밴드, 루프 밴드 등도 있습니다.

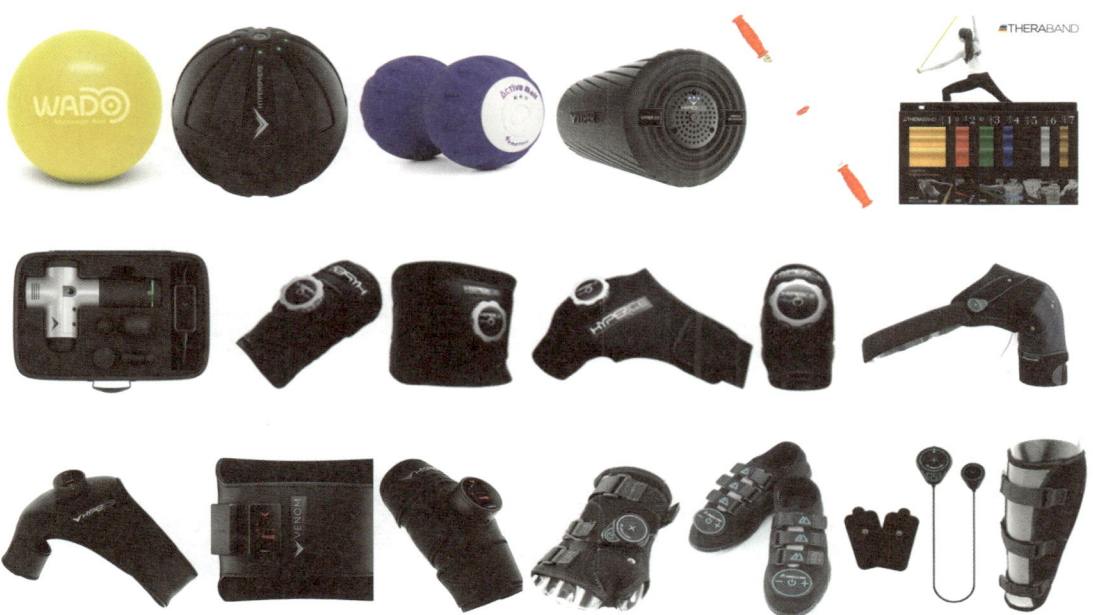

네 번째 필수품은 보호대입니다.

선수들이 개인용 보호대를 가지고 다니는 경우도 물론 있지만, 언제 어느 상황에서 부상이 발생할지 모르기 때문에 각종 관절별, 부위별 보호대를 챙겨 다니는 것 또한 필수품 중 하나입니다.

약국에서 파는 일반 보호대도 물론 사용은 가능하지만 목적성이 다르기 때문에 선수들을 위해서는 선수에 퍼포먼스에 방해가 되지 않고, 통증을 줄여주고, 경기에 참여할 수 있게 특수 제작된 전문 보호구 들이 많이 출시되고 있습니다.

특히 선수에게 적용할 제품을 선정할 때는 얼마나 잘 보호해 줄 수 있는지, 착용감은 편안한지, 미끄럼 방지 처리가 잘 되어 있어 운동 중간에 흘러내리거나 하지는 않는지, 통풍은 잘되어 장시간 착용이 용이한지, 예민한 피부를 가진 경우 소재의 문제는 없는지 등을 체크하는 것이 필요하며, 운동으로 발생하는 다양한 충격을 완화시켜 줄 수 있는 제품으로 선정하는 것이 필요합니다.

이외에도 아이스박스 몇 각종 트레이닝 용품 및 재고 관리 비품 관리 선수 관리뿐만 아니라 이러한 간접적인 업무 또한 능숙하게 처리할 수 있어야 합니다.

선수트레이너는 얼마나 준비를 많이 했느냐가 곧 현장에서 실력을 발휘할 수 있는지를 결정합니다.
관련 공부도 꾸준히 열심히 해야 하고, 이러한 필수품들에 대한 준비도 철저히 하시기 바랍니다.

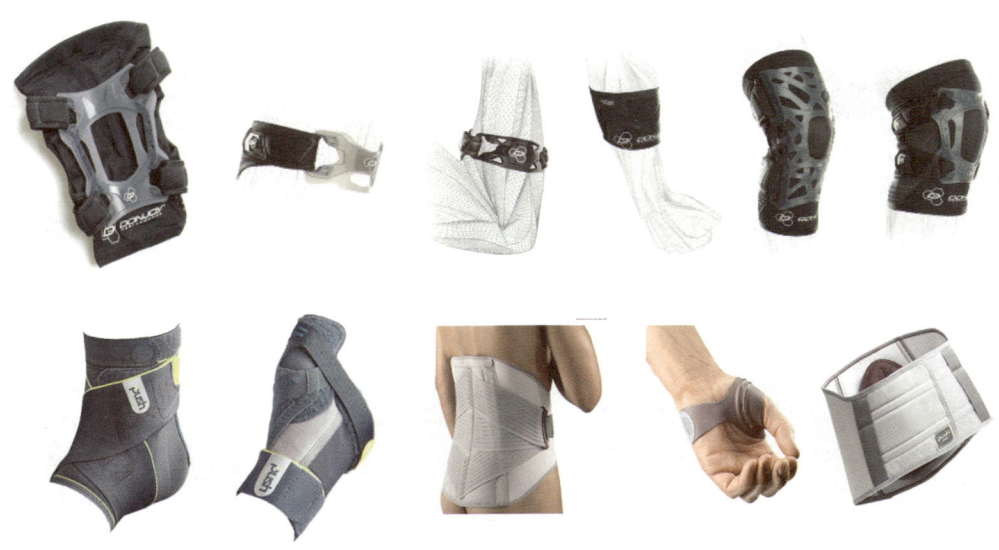

선수 트레이닝에서 회복 및 영양 섭취의 중요성

훈련에 의해 얻을 수 있는 가장 큰 효과는 인체의 '적응(Adaptation)'입니다. 적응을 한다는 것은 새로운 자극에 대한 스트레스를 이겨내고 인체가 더 효율적으로 변화한다는 것을 의미합니다. 우리는 훈련을 할 때 이러한 적응을 극대화하기 위해 과부하 및 점진성의 원리를 기초로 해서 선수 개인에게 적합한 훈련 프로그램을 설계하고 적용합니다. 선수에게 적응은 운동수행력 향상, 더 나아가 최상의 경기력 발휘를 가져오게 합니다. 이러한 사실은 그동안 많은 운동생리학, 운동생화학, 그리고 분자생물학 연구 등을 통해 증명되어 왔습니다.

훈련에 의한 적응을 잘 이루어내기 위해서는 회복이 중요합니다. 훈련은 우리 인체의 항상성(Homeostasis)에 혼란을 가져다주는 행위입니다. 항상성은 우리 인체가 가진 내부 환경을 일정하게 유지하려는 성질입니다. 운동으로 인해 흐트러진 항상성을 다시 되돌리는 것이 바로 회복입니다. 회복을 통해서 낮아져 있는 신체의 상태를 원래대로 다시 끌어올리거나 이전보다 훨씬 더 강화시켜 다음의 훈련을 준비하는 것입니다. 아무리 좋은 훈련 프로그램이라고 할지라도 그 이후에 따르는 회복이 적절하지 않거나 충분하지 않다면 우리가 바라는 효과를 기대하기는 매우 어렵습니다. 오히려 선수의 컨디션 저하와 함께 잦은 부상, 그리고 길고 긴 슬럼프를 가지고 올 수 있게 하는 잠재적인 요인이 됩니다. 컨디셔닝 과학에서 주의시키고 있는 선수의 '과훈련 증후군(Overtraining Syndrome)'의 시작이 바로 훈련 후 회복을 사소하게 여기는 인식 및 태도입니다. 이러한 위험성에도 불구하고 아직까지 선수와 지도자는 훈련의 중요성에 대해서는 잘 이해하고 있지만 회복에 대해서는 간과하고 있는 경우가 많습니다. 회복의 유무가 단기간에는 크게 영향을 주진 않겠지만 우리는 한 번의 훈련만을 하지 않기 때문에 회복의 소홀함이 누적 되서 나타나는 부정적인 영향에 대해서 고려해야 합니다.

그럼 회복에서는 무엇이 중요할까요? 회복을 위해서 중요한 요소는 아주 많지만 대표적으로 크게 두 가지입니다. 바로 영양 섭취와 수면입니다. 이 두 가지는 아무리 강조해도 지나치지 않습니다. 이 두 가지만 규칙적으로 잘한다면 이미 선수에게 충분한 회복 프로그램이 실행되고 있는 것입니다. 실제로, 프랑스 프로축구팀의 회복 담당자들을 대상으로 진행된 '최적의 회복 전략이라고 생각되는 것은?'과 같은 주제의 설문조사에서 영양 섭취(97%)와 수면(95%)이 가장 높은 비율로 응답되었고, 현재 잉글랜드 프리미어리그 맨체스터 시티의 조셉 과르디올라 감독이 선수들에게 경기가 끝난 직후 반드시 식사를 마친 뒤 퇴근을 하도록 하는 규율을 제시한 일화는 잘 알려져 있습니다.

최적의 회복을 위해서는 네 가지가 요구됩니다. 이것을 '회복의 4R 원칙'이라고 합니다. 회복의 4R 원칙에는 Rehydrate, Refuel, Rebuild, 그리고 Reduce가 포함되어 있습니다. 모든 원칙이 영양 섭취와 관련된 내용을 담고 있습니다.

첫째, Rehydrate (수분 보충)입니다. 훈련 이후 우리 인체는 탈수가 된 상태이므로 수분을 보충하여 수화(수분이 충분한 상태)가 될 수 있도록 해야 합니다. 수분은 운동 수행력 향상이나 근육 형성, 근육통증의 자각 정도와도 밀접한 관련성이 있기 때문에 더욱 신경 써야 합니다. 신체를 건조하지 않게 하고 잘 마시는 것만으로도 분명 다른 컨디션을 경험할 수 있습니다.

둘째, Refuel (글리코겐 재충전)입니다. 종목마다 차이가 있겠지만 일반적으로 선수는 글리코겐이라고 하는 에너지원을 많이 사용합니다. 훈련 후에는 글리코겐 감소가 뚜렷하게 나타납니다. 쉽게 말해서 자동차에 연료가 부족한 상태입니다. 탄수화물 공급원의 섭취를 통해 근육에 연료(글리코겐)를 다시 채워 넣는다면 그다음에 이루어지는 훈련에서 피로감 없이 더 좋은 운동 수행력을 보일 수 있을 것입니다.

셋째, Rebuild (손상된 근육 복구)입니다. 훈련에서의 반복적인 근육 수축은 근섬유에 미세한 손상을 일으킵니다. 건물이 무너졌다고 상상해보면 됩니다. 무너진 건물(손상된 근육)에 다시 새로운 벽돌(단백질의 필수아미노산)을 쌓아 올려야 합니다. 질 좋은 단백질은 손상된 근육을 잘 복구시켜 이전보다 더 크고 단단한 근육으로 만들어 줄 것입니다. 이런 근육은 부상을 예방하는 효과도 있습니다. 마지막으로 Reduce (근육 스트레스 감소)입니다. 훈련을 통해 선수는 근육에 스트레스를 많이 받습니다. 이러한 스트레스를 일으키는 원인에는 통증, 염증, 그리고 산화 스트레스 등이 있습니다. 이러한 것들을 감소시키는 노력이 필요합니다. 필수지방산(오메가-3 지방산)과 함께 과일 및 야채를 충분하게 섭취한다면 근육이 받는 스트레스를 줄여 선수의 신체적 또는 심리적 컨디션을 향상시킬 수 있습니다. 이러한 4R 원칙에는 언제나 충분한 수면이 함께 해야 합니다. 수면은 선수를 위한 최고의 단일 회복 전략이라고도 얘기합니다. 충분하지 않은 수면은 에너지원 저장량을 감소시키고 근육의 회복을 방해하는 여러 염증성 사이토카인과 스트레스 호르몬의 증가를 가져옵니다. 선수는 수면의 질과 양을 충분하게 확보해야 합니다. 잘 자는 것은 잘 먹는 것만큼 아주 중요합니다.

회복은 특별한 것이 아닙니다. 고도의 테크닉을 요구하지도 않습니다. 아주 기본적이며 간단합니다. 왜 우리는 신체를 움직이는 훈련에만 관심이 있을까요?. 선수 자신에게 필요한 영양소를 충분하게 섭취하고 잘 자는 것을 습관화하여 자신의 신체에 최적화시키는 과정도 하나의 훈련이 될 수 있지 않을까요?, 회복은 선수에게 필요한 '습관'이자 또 다른 의미의 '훈련'으로 기억되어야 할 것입니다. 앞으로 선수 트레이닝 현장에서 '훈련 방법론'과 함께 '회복 방법론'에 대해서도 중요하게 다뤄지면 좋겠습니다. 그리고 '회복 방법론'의 긍정적 효과와 그에 따른 희열이 커지기를 진심으로 바랍니다.

통증 없이 운동할 수는 없을까?

전문적인 운동선수로 살아가는 사람들은 근육의 경직과 피로와 통증 없는 사람이 없을 만큼 여기저기 쑤시고, 아픔을 호소하는데 어느 날 갑자기 아프게 된 것일까, 이러한 통증을 관리하기 위해서는 왜 이러한 통증이 생겼는지 이해하는 것도 필요하다.

스트레스를 받으면 피로가 쌓이게 되고 이는 근막과 근육에 경직을 유발하고, 누적되어 쌓이면 통증이 발생하기 시작하는데 이러한 통증에 대해 부정적으로만 생각해서는 안 된다. 신호등처럼 신호를 보내주는 것인데 통증은 이차적인 손상을 억제하기 위한 인체에 방어 시스템으로 통증이 계속되면 오히려 내성이 생겨 통증을 느끼지 못하게 된다. 이러한 몸 상태는 좀비와 같고 좀비는 아프지 않다.

초기에는 간단한 스트레칭과 근막 이완, 운동을 통해 문제를 해결할 수 있지만 무시하고 계속해서 잘못된 움직임을 반복한다면 더 큰 통증과 2차 손상이 발생하게 된다.

통증이 발생하면 스트레스 호르몬이 분비되며, 면역이 약해져 몸이 허약해지는 악순환에 고리에 빠지게 되는데 우리들은 원래 누구나 다 자연 치유력을 가지고 있으며, 이 자연 치유력을 담당하는 것은 몸의 면역 담당 세포인 백혈구이다. 백혈구의 작용을 돕기 위해서는 더러워진 혈액을 깨끗이 해 둘 필요가 있는데, 소위 체내의 청소부라 불리는 백혈구는 혈액을 정화하는 역할을 하며, 이러기 위해서는 산소 공급 능력이 중요하다. 그렇기 때문에 혈류의 흐름 개선을 위해서 스트레칭과 근막 이완, 운동을 통해 관리해주어야 한다.

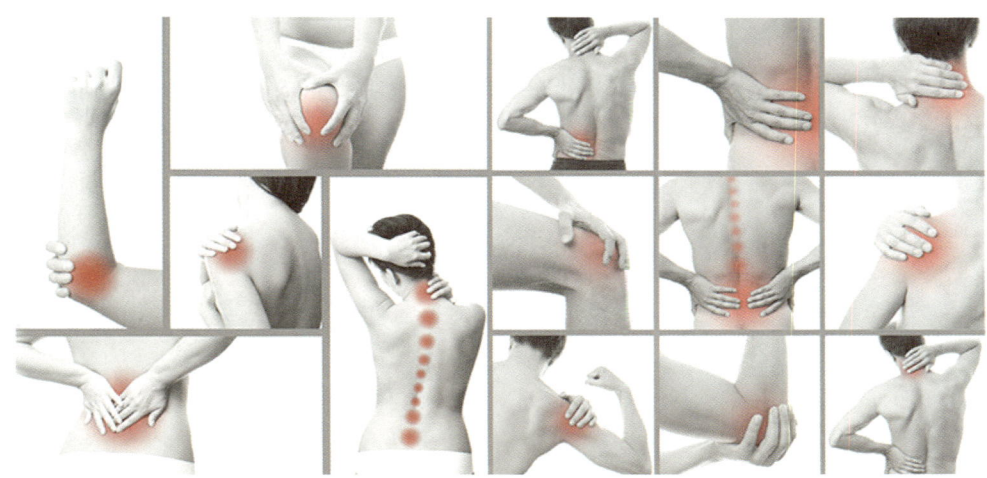

통증의 원인과 분류

통증 유발점(T.P)이란 Trigger(방아쇠) + Point(지점)을 합친 합성어로써 방아쇠를 당기면 총알이 발사되어 표적에 맞으면 시작점에선 통증이 없지만 맞은 부위가 구멍이 더 크고 아픈 것처럼 통증이 방사가 일어나는 원인 되는 지점을 말한다.

이러한 트리거 포인트라는 용어는 미국에서 존 F. 케네디, 린든 존슨 정부의 백악관 의사였던 자넷 트라벨이라는 의사에 의해 창시되었으며 이 치료법과 학문은 근막통증과 기능장애를 해결할 지침서가 되고 있다.

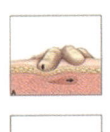
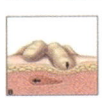
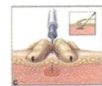
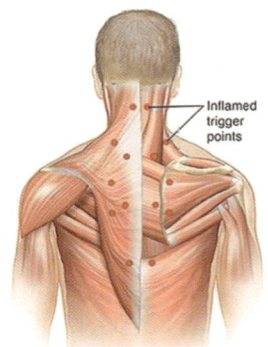

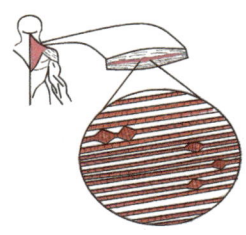

통증 유발점(TP)은 단단하고 통증이 발생하는 근육에 위치 점으로 압력에 국소적으로 민감하고 신체의 다른 부위에 증상(통증)을 가져오는 과흥분 되어 있는 국소적인 부위를 말하는데 TP는 신체의 근육, 근막, 골막, 인대, 피부 등을 포함한 모든 연부 조직에 분포한다. 골격근 조직의 통증 점은 골격근의 긴장된 띠 안에 위치하여 근육에 향상된 긴장성이 국소적으로 과흥분을 일으키는 지점을 말한다.

촉진하면 국소적으로 압통을 나타내는 "과민 반응점"들이 있고, 인체에 문제가 발생한 근육 내에 T.P가 활성화되면, "연관통"과 "기능부전"을 발생시킨다. 그러므로 주로 근육의 부착점(기시, 정지)에 많이 형성되며, 근육의 움직임에 따라 스트레스가 가장 강하게 발생하는 중앙 부위 들에 누적된 손상이 쌓이게 된다.

누적된 손상이 역치를 넘으면 통증이 발생하고 이를 활동성 T.P 라고 한다. 잠재성 T.P는 아직 역치를 넘지 않아 통증이 발생하지는 않지만, 적절한 관리가 없다면 결국 활동성 T.P로 발전하게 되며, 압력이 가해지면 통증이 유발된다.

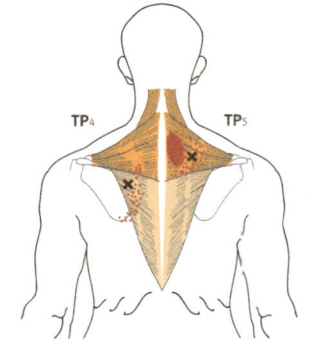

품새 선수의 주요 통증 발생 부위

목

- 목 염증, 염좌 : 품새 동작 수행 시 시선 이동을 위한 목의 회전이 급하게 이루어져 발생. 공중 동작 후 발이 아닌 목으로 떨어지며 발생.

고관절

- 고관절 염증, 염좌 : 1.앞차기, 옆차기로 인한 앞(대퇴사두근), 바깥(고관절 외전근) 근육들이 뒤(햄스트링), 안쪽(고관절 내전근) 근육들에 비해 상대적으로 더 발달하는 근육의 불균형. 2. 고관절 과사용. 3. 반복적인 착지.

- 서혜부 염증, 염좌 :
  1. 외 발턴 시 찬 발로 떨어지기 위해 발을 빠르게 가져오며 고관절 내전근에 순간적인 스트레스가 걸리며 발생.
  2. 옆차기 시 지지하는 발에 체중이 순간적으로 실리며 고관절 내전근이 확 늘어나는데 못버티는 경우.
  3. 옆차기 혹은 뒤 후리기, 540도 발차기 시 차는 발 고관절 내전근이 확 늘어나는데 못 버티는 경우.

경골, 비골

- 피로골절 : 1. 갑자기 훈련량이 많이 지는 경우. 2. 딱딱한 바닥에서의 잦은 점프 및 착지 동작 3. 피로한 상태의 근육이 뼈를 정상적으로 받쳐주지 못하는 경우

어깨

- 어깨 염증, 염좌, 회전근개 손상 : 1. 어깨의 과사용. 2. 공중 동작 후 발이 아닌 팔로 떨어지는 경우.

팔꿈치

- 팔꿈치 염증, 염좌, 내측상과염, 외측상과염, 내외측측부인대 염좌 :
  1. 측전을 하다 접질리는 경우.
  2. 팔의 과사용(반복적인 굽힘, 폄, 회내, 회외 및 측전).
  3. 반복적인 강한 지르기 동작(특히 팔꿈치 과신전 되는 선수).
  4. 공중 동작 후 발이 아닌 팔로 떨어지는 경우.

손목

- 손목염증, 염좌 : 1. 측전을 하다 접질리는 경우. 2.손목의 과사용(반복적인 굽힘 ,폄, 회내, 회외 및 측전). 3. 공중 동작 후 발이 아닌 팔로 떨어지는 경우.

발목

- 발목 염증, 염좌 : 1. 중심이동을 하다 꺾이는 경우. 2. 착지를 잘 못해 꺾이는 경우. 3. 반복적인 착지 동작으로 인한 손상.

- High Ankle Sprain : 1.측전 동작이나 석고와 같은 공중 기술 동작 후 착지 시 발목이 과하게 배측굴곡 되며 경골과 비골이 벌어져 사이에 있는 인대가 손상.

몸통

- 허리 염증, 염좌 :
  1. 반복적인 한쪽으로만 회전 발차기 후 착지
  2. 반복적인 몸통 사용
  3. 반복적인 고관절의 굴곡으로 인한 장요근의 단축

햄스트링

- 햄스트링 염증, 염좌, 파열 :
  1. 앞차기 및 옆차기 시 차는 발의 햄스트링이 순간적으로 늘어나는데 버티지 못하는 경우.
  2. 옆차기 시 지지하는 발에 체중이 순간적으로 실리며 햄스트링이 확 늘어나는데 못 버티는 경우.

무릎

- 무릎 염증, 염좌, 반월상 연골판 손상 :
  1. 무릎 과사용.
  2. 반복적인 착지 동작
  (사진 : 1.모든 발차기 사진. 2.모든 착지 동작 사진)
- 무릎 인대 파열 (특히 전방십자인대) :
  1. 가위차기, 돌삼 등 도약발차기나 회전 발차기 후 착지시 무릎이 안쪽으로 쏠린 상태에서 잘못 떨어지거나 밀리는 경우.

부상 및 통증의 원인 분석

품새의 손과 팔, 다리 동작 들은 유연성과 순간적으로 강한 회전과 힘을 필요로 하기 때문에 반복적인 동작은 결국 누적된 피로와 스트레스로 손상을 야기하게 될 수밖에 없다. 특히 창작 품새의 발전으로 고난도 동작이 많아지면서 부상률은 날이 갈수록 높아지고 있고, 쉬면 낳겠지만, 실제 현장에서는 시합 스케줄 상 연습을 계속해야 되기 때문에 적절한 휴식을 취하기 어렵다. 그렇다면 어떻게 해야 할까 모자란 휴식을 대체할 수 있도록 컨디션의 회복력을 높여 주기 위에 이에 맞는 근막이완법과 스트레칭 및 예방 운동(Prehab Exercise)이 필요하다. 또한 당장 시합을 나가야 한다면 이를 보조해줄 수 있는 테이핑 방법을 숙지하고 있다면 도움이 될 수 있기 때문에 이 책에서는 품새를 잘 할 수 있는 컨디셔닝부터 트레이닝 방법까지 모든 노하우를 공유하고자 한다.

품새를 위한 최적화된 움직임을 위한 프로그램 구성법

품새 선수를 잘하기 위해서 어떠한 프로그램이 필요할까 그 정답은 바로 프리햅 운동(Prehab Exercises) 에 있다. 프리햅(Prehab) 이라는 말은 예방(Prevention) + 재활(Rehabilitation)의 합성어로 사전 재활 또는 예방 운동으로 풀이가 되는데 이러한 프리햅 운동에 목표는 선수들의 부상 방지와 더 나은 퍼포먼스 향상을 추구한다. 이러한 목표를 달성하기 위해서는 첫 번째 완전한 생체역학적인 상태를 만들어야 하는데 품새 선수의 체형 평가를 통해 틀어진 체형을 바로잡아 품새에 최적화될 수 있게 만들어 줘야 하며, 두 번째 프리햅 운동의 연습을 통해 양질의 움직임을 만들어 줘야 한다. 세 번째는 미래에 발생할 수 있는 부상을 예측하고 개인별 특성에 맞춘 프로그램을 만들어 주어야 하며, 네 번째 이러한 과정을 통해 최적화된 품새의 퍼포먼스를 수행할 수 있게 트레이닝을 해주어야만 한다. 그렇기 위해서는 단계별 프로그램이 필요한데 첫 번째 단계가 바로 스스로 문제를 해결할 수 있도록 셀프 근막 관리법(SMR)을 배우는 것이고, 그 다음 단계가 가동성(Mobility)을 향상시켜야 하는 단계이다. 그 다음이 정적, 동적 모터 컨트롤 훈련이며, 그 다음 근력과 근지구력, 스킬 훈련의 과정을 거치는 것이 움직임을 향상해주고 최적화된 결과를 만들어 준다.

지금부터 이러한 단계에 맞춰 이제부터 하나씩 알아가 보도록 하자.

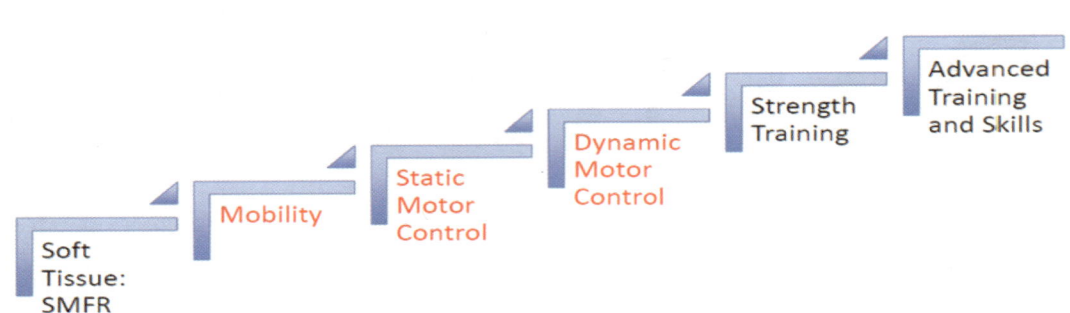

Improve Movement and Maximize Results

품새 선수에게 자가근막이완법(SMR)의 장점은 무엇인가?

마사지란 말은 아라비아어의 압박(Mass)과 그리스 어의 '주무른다'에서 기원한 것으로 피부, 근육에 적당한 자극을 주어서 치료하는 방법이다. 마사지는 혈액, 림프액, 등 체액의 흐름을 촉진하여 국소의 신진대사를 활발하게 함으로써 피로 물질을 제거하는 효과가 있다. 운동선수라면 대부분 가지고 있는 근육통과 목, 어깨, 허리 통증, 두통, 다리 부종 등을 완화하기 위해 매번 병원이나 마사지 샵을 찾을 수는 없는데 히포크라테스는 '모든 이들의 내면에는 의사가 살고 있으며, 우리는 단지 그의 직업을 도울 뿐이라고 했다. 우리 각자의 몸 안에는 면역력과 같은 스스로 자연 치유의 능력을 갖추고 있기 때문에 건강을 회복시켜주는 가장 큰 힘이 바로 이 자연치유력'이라고 했다.

여기서 이 자연 치유력을 높이는 가장 좋은 방법은 통증 부위를 자주 마사지 해주고, 스트레칭을 해주는 것이다. 그래서 필요한 것이 셀프 마사지인데 스스로 몸을 관리하고, 질병과 부상을 예방하기 위한 마사지 방법을 말하며, 손으로는 할 수 있는 부위가 한정적이기 때문에 우리가 여기서 손쉽게 사용할 수 있는 도구가 있는데 바로 마사지 볼이나 폼 롤러를 활용하는 것으로 이러한 소도구 들은 우리 몸을 풀어주고 품새 선수가 운동 하는데 도움을 주는 아주 훌륭하고 적합한 도구이다. 그래서 통증이 생기는 원인을 배우고, 가장 효과적으로 부위별 적절한 도구를 고르는 방법과 운동하는 방법을 공유하고자 한다. 잘 숙지하여, 운동 전/후 도장뿐만 아니라 시합장, 집, 장소에 상관없이 휴대하고 다니면서 스트레칭 전에 수시로 실시 하기를 권장한다.

셀프 마사지와 자가 근막 이완법은 같은 뜻인데 여기서 '근막'이라고 하면 낯설게 느껴질 수 있는데 쉽게 설명하면 우리의 몸에 피부와 근육 사이에 있으며 근육과 신경, 인대, 건 등을 감싸고, 몸의 구조물을 지지하고 보호하는 역할을 하는데 이러한 근막에 스트레스를 받아 긴장하면 짧아지고 유착되면 문제가 발생한다. 근육의 기능은 수축인데 문제가 발생하여 단축되면 더 이상 작용을 하지 못하게 되고 품새선수에게 완성도 높은 동작이 안 나오는 이유가 바로 여기에 있다. 이러한 문제를 가장 손쉽게 해결하는 방법이 바로 자가근막이완법으로 품새 선수가 근육의 경직이나 통증을 호소 한다면 이러한 과활성화된 상태를 억제하기 위한 방법으로 근막이완을 적용 하면 연부 조직에 있는 신경계의 골지건기관(GTO)의 자극으로부터 근방추(Muscle Spindle)의 흥분 감소 때문에 이루어지게 된다. 이 반사적 이완은 자가발생억제(Autogenic Inhibition)의 이론과 연관되며, 쉽게 설명하자면 근육을 스스로 눌러주게 되면 압박력에 의해 주변 혈관들의 혈액이 비워지고, 누른 손을 떼면 순간적으로 혈액이 몰려 들어와 순환을 촉진하며 그 결과로 근육과 근막의 이완을 유발하며, 근육 내에서 발생한 과 긴장 상태를 감소시키며 만성적인 근골격계 질환의 예방 및 근육 통증으로 인해 발생하는 다양한 근막 통증 증후군을 해결하는 데 도움을 줄 수 있다.

셀프근막이완법 (SMR)

폼롤러나 마사지 볼을 이용하여 근육과 근막을 이완하는 운동 방법으로 다른 이의 도움 없이 스스로 근육과 근막을 이완시킬 수 있다는 장점을 가지고 있다. 또한 근막 이완 과정에서 근육수축과 함께 근육의 움직임을 일으키기 때문에 이완과 움직임의 개선을 가져오는 효과가 있다. 그러나 근막이완을 할 때 난이도 조절에 실패하면 압통이 심하면 근육긴장을 유발하고 이로 인해 오히려 통증을 증가시킬 수도 있어 적절한 난이도를 선택하는 것이 중요하다.

마사지 도구의 기본 사용법

우리의 몸은 고유감각수용기를 통해서 일정한 근육 길이를 유지하려는 성질과 스스로 회복하는 치유 능력을 가지고 있다. 그러나 잘못된 동작과 자세, 스트레스 등은 이러한 근육에 긴장을 유발해 통증을 일으킨다.

근막과 근육에 일정한 압력을 지속적으로 자극을 주면 근육의 길이를 감지하는 근방추와 근육의 장력을 감지하는 골지건의 상호작용으로 인해 근육은 이완하게 된다.

1) 정지 상태로 이완하기

도구를 이용한 근육과 근막이완을 할 때 통증이 느껴지는 압통점에 압력을 주어 유지하면 앞서 말한 골지건과 근방추의 상호작용으로 인해 근육의 이완이 된다.

2) 굴리면서 이완하기

압통이 나타나는 범위의 근육을 굴리며 동작을 하면 근육과 근막에 마사지 효과가 더 나타나 효율적인 이완 운동을 할 수 있다.

셀프근막이완(SMR) 적용 방법 가이드

1. 근육의 통증 유발점이 형성된 위치에 도구를 적용하여 압력과 자극을 가한다.

2. 폼롤러나 마사지 볼은 느린 속도로 10~20회 정도 가벼운 압력과 함께 롤링 한다.

3. 근막이완은 운동 전-후에 실행하는 것이 좋으며 스트레칭과 운동과 병행해야 효과적이다.

4. 근막이완은 어느 정도 기존 강도에 대상자가 적응 후 압력의 정도를 증가시킨다.

5. 근막이완은 근육 길이 전체에 마사지를 적용하도록 한다.

6. 근막이완 실행 후 정적 스트레칭을 적용하게 되면 유연성의 향상에 더 효과적이다.

7. 근막이완 후 통증의 강도가 낮아지지 않고, 통증이 날카롭게 변하거나 멍이 들고, 붓는다면 마사지를 멈추고 얼음찜질을 하는 것이 좋다.

8. 근막이완 후 24~36시간 내에 통증 반응이 점점 감소하는 것이 정상이다.

9. 근막이완 후 몸살처럼 아프거나 뻐근하게 아픈 느낌은 자연스럽게 회복을 위한 과정이다.

10. 근막이완을 각 부위에 맞게 강도, 길이, 센치, 두께를 고려하여 선택해서 적용해야 한다.

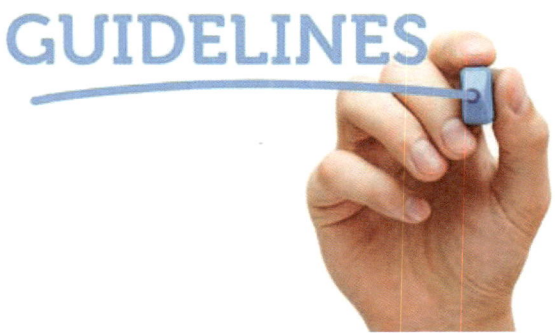

품새 선수의 부상예방을 위한 최적화된 스트레칭 방법이 무엇일까?

기본적으로 태권도 품새를 하기 위해서는 정확한 발차기 동작을 위해 유연성이 필요하다. 그런데 억지로 굳어진 근육을 잡아 당겨 찢어야만 할까 이러한 방법은 오히려 선수의 퍼포먼스 향상이 아니라 부상을 야기하는데 그렇다면 어떻게 해야 효과적으로 스트레칭을 할 수 있나요 라는 질문을 많이 받는데 정확한 스트레칭의 종류와 목적을 이해하고 이를 통해 적절한 시기별 적용을 해보기를 바란다. 먼저 운동전 워밍업으로 '정적 스트레칭 ' 을 일반적으로 사용하는데 오히려 이러한 운동 전 과도한 정적 스트레칭은 고유수용성감각기를 자극하여 신장반사가 일어나게 된다.

근육을 늘리기 위한 목적과 반대로 오히려 근육을 더 수축시키는 격이 된다. 그렇기 때문에 오히려 워밍업으로 한 '정적스트레칭'이 오히려 퍼포먼스를 더 저하시키는 요인이 될 수도 있는 것이다.

우리는 스트레칭 종류에 따른 특수한 장점 및 위험인자를 파악하고 지도하고 행해야 한다. 지금부터 제시할 7가지의 스트레칭 기법들은 크게 정적, 동적 두 가지 분류로 나뉘게 된다. 어떤 동작은 운동전에 실시하면 부정적인 효과를 가져 오지만 어떤 스트레칭은 이점을 가져오기도 한다. 이렇듯 단순히 한 가지 종류의 스트레칭만을 적용시키는 것보다 여러 스트레칭기법을 숙지한 뒤 때와 용도에 따라 여러 스트레칭을 적용시켜 효율성과 효과를 동시에 가져가는 것이 가장 중요하다.

정적 스트레칭(Static Stretching) 은 스트레칭이 될 근육이 당겨져 장력이 발생하는 자세를 취함으로 수행된다. 길항근과 목표근 모두 이완 시킨다. 이 때 스트레칭 되는 근육의 장력이 증가되도록 천천히, 조심스럽게 움직인다. 이 시점에서 근육이 늘어날 수 있도록 자세를 고정하고 유지한다. 이러한 정적스트레칭은 초심자에게 훌륭한 스트레칭 기법이지만 과도한 정적 스트레칭은 오히려 신장 반사 수축을 일으키게 됨으로 운동전 과도한 스트레칭은 삼가야 한다.

그리고 **수동적 스트레칭(Passive Stretching)** 은 정적스트레칭과 아주 유사하지만, 좀 더 스트레칭 하는데 도움이 되는 파트너 혹은 기구를 통해 스트레칭의 범위를 넓히는 기법이다. 따라서 근육에 가해지는 저항이 정적스트레칭보다는 더 강하기 때문에 도전적인 형태의 스트레칭 기법이라고 할 수 있다. 이러한 스트레칭 기법은 넓은 운동 범위를 확보하는데 유용하지만, 손상의 위험이 높기 때문에 반드시 전문성 있는 파트너를 채택해야 하며 안정성이 높은 기구를 사용하도록 해야 한다. 또한 근육의 손상이 있는 인자에게는 특별히 근육에 가해지는 저항의 강도나 기구의 상태에 심혈을 기울여야 한다. 수동적 스트레칭 역시 정적스트레칭과 같은 연유로 운동 전 과도한 스트레칭은 삼가해야 하지만 재활과정이나 운동 후 회복단계에서는 상당히 효과적이다.

능동적 스트레칭(Active Stretching) 은 외부의 개입 없이 자신이 근육을 능동적으로 늘리는 기법을 뜻하며 이러한 형태의 스트레칭은 목표근육 집단 내의 신장력을 생성시키기 위하여 길항근의 수축력을 이용하는 기법이다. 능동 스트레칭은 재활 도구로서 유용하고 동적 스트레칭 운동으로 이행하기 전에 수행하는 아주 효과적인 신체 조절 프로그램이다. 이러한 유형의 스트레칭 운동은 보통 꽤 긴 시간 동안 한 자세로 고정하고 유지하는 것이 어렵기 때문에 한 자세를 보통 10~15초 정도 유지하도록 한다.

고유수용성신경근촉진법 스트레칭(PNF Stretching)은 목표 근육 집단의 스트레칭과 수축을 포함하는 좀 더 진전된 형태의 유연성 훈련이다. PNF 스트레칭은 원래 재활 프로그램의 한 형태로 개발되었으며 그 기능은 아주 효과적이다. PNF 스트레칭은 근육의 신장과 수축을 통한 신경 교란을 일으켜 고유수용성감각기의 상호억제작용을 일으키는 기법이다. 즉각적으로 유연성이 높아지는 효과를 볼 수 있으며 유연성훈련과 근력 증진의 효과를 동시에 얻을 수 있다. 하지만 PNF 스트레칭 기법을 정확히 숙지하고 있는 파트너를 선정해야 하며 손상이 있는 부위에 시행할 시 자칫하면 손상된 부위의 추가적인 상해를 불러일으킬 수 있기 때문에 강도 설정과 파트너 설정에 심혈을 기울여야 한다. PNF 스트레칭은 유연성과 근력을 동시에 성장시킬 수 있기 때문에 재활훈련이나 운동 후 회복 단계 그리고 노인들에게 제격이다.

폭발적 스트레칭(Ballistic Stretching)은 통상적인 운동 범위를 지날 때까지 신체 부분에 힘을 가하는 빠른 흔들기, 탄력 있는 움직임을 뜻한다. 폭발적 스트레칭과 관련된 위험은 다른 유형의 스트레칭으로부터 얻을 수 있는 이득보다 너무 크다.

폭발적 스트레칭의 단점은 잠재적 손상 위험 외에 스트레칭 반사를 반복적으로 유발시킴으로써 근육이 경직되어 있음에도 불구하고, 스트레칭 된 근육이 스트레칭 자세에 적응할 시간을 충분하게 주지 않는다는 것이다. 또한 가동범위를 지나치게 넘어가는 동작들로 인해 근육과 건에 지나친 스트레스를 주어 상해의 위험에 노출된다.

동적 스트레칭(Dynamic Stretching)은 운동 범위의 제한 지점까지 신체 부분을 움직이기 위하여 잘 조절된 부드러운 탄성 운동을 이용하는 기법이다. 탄력 있는 동작이 점진적으로 증진되어야 하지만 무분별한 증진이 아닌 조절된 움직임에 의한 증진 이여야 한다. 매우 부드럽고 느린 동작에 의한 목적성 있는 신장성 동작이며 유연성, 코어 근력 증진에 의한 안정성 그리고 신경근의 조절능력까지 향상 시킬 수 있다. 따라서 운동 혹은 스포츠 동작 전 종목 또는 유형별 개별성을 살려 운동 동작과 유사한 동작을 통해 워밍업에 사용하도록 한다.

마지막으로 **능동적 고립 스트레칭(Active Isolated Stretching)**은 목표 근육의 길항근을 수축함으로써 목표 집단이 이완하도록 하는 기법이다. 이러한 AIS 기법은 유연성 향상 및 연부조직의 신장성 증가, 길항근의 단축성 운동을 통한 근력 향상 까지 얻을 수 있다. 이러한 동작들 역시 유연성과 근력 훈련을 동시에 진행하기 때문에 운동이나 스포츠에 들어가기 전 워밍업동작으로 제격이다.

유연성 증진을 위한 스트레칭 지침 및 주의사항

반동을 주지 않는다.

반동을 이용해 상체를 일으키거나 반동을 주어 다리나 허리를 갑작스럽게 늘이는 스트레칭은 많은 주의가 필요하다. 반동을 이용한 탄성 스트레칭은 힘줄이나 근육을 찢는 손상을 입힐 수 있기 때문이다. 수축된 근육이 제대로 이완되지 않아 스트레칭 동작을 취하는 목적이 무의미해질 수도 있다. 스트레칭을 할 때는 동작을 보다 천천히 자신이 할 수 있는 범위까지 한 다음, 그 상태에서 10~15초간 정지해 있는 자세를 취하는 것이 보다 효과적이다.

살짝 당기는 느낌이 들게 스트레칭 한다.

스트레칭을 하고 있지만 몸이 시원하게 늘어나거나 당기는 느낌이 없다면 자세가 잘못됐을 확률이 있다. 무릎이나 팔꿈치를 쫙 펴야 함에도 불구하고 구부러져 있다거나 몸의 방향을 반대로 잘못 비틀 경우 이러한 현상이 일어난다. 잘못된 자세로 스트레칭을 하면 반동을 이용할 때와 마찬가지로 스트레칭을 통한 효과를 제대로 누리기 어렵다. 스트레칭을 할 때는 산만한 자세로 하지 말고 자신의 몸에 집중해 어느 부위가 당기고 힘이 드는지 체크하며 운동하는 것이 바람직하다.

충분한 준비운동 후에 한다.

달리기나 축구와 같은 스포츠 경기를 할 때만 준비운동이 필요한 것이 아니다. 스트레칭을 하기 전에도 준비운동이 필요하다. 근육이 차가운 상태에서 곧바로 스트레칭을 하면 근육이 파열될 우려가 있기 때문이다.

요즘처럼 날이 추울 때는 더욱 위험하므로 가볍게 달리면서 몸을 덥히는 것이 좋다. 따뜻한 샤워나 열 패드를 붙여 몸을 따뜻하게 만드는 경우도 있는데 이러한 방법은 직접 근육을 움직여 몸을 데우는 방식이 아니기 때문에 효과가 미약할 수 있다.

과도하게 스트레칭 하지 않는다.

모든 운동이 그렇듯 스트레칭 역시 사람마다 능력 차이가 있다. 체조선수처럼 자유자재로 다양한 스트레칭 동작을 구사할 수 있는 사람이 있는가 하면 무릎을 편 상태에서 손으로 발을 잡는 동작조차 하기 어려운 사람도 있다.

스트레칭은 자신의 능력에 맞춰 해야 한다. 그렇지 않으면 근육 파열의 위험이 높아진다. 몸이 너무 편안해서도 안 되고 과도한 통증을 느껴서도 안 되고, 약간의 불편함을 느끼는 수준에서 여러 차례 동작을 반복하면서 서서히 유연성을 늘려나가야 한다.

통증 관리의 이점에는 어떤 것들이 있을까?

1. 근육 및 체형 불균형의 교정
근막과 근육의 장력에 의해 체형이 결정되는데 과도한 긴장은 근육의 단축을 만들고 체형 불균형의 원인을 제공되는데 이러한 문제를 해결하는 데 도움이 된다.

2. 관절 가동범위의 증가
잘못된 움직임의 반복으로 근육의 긴장된 띠를 형성하게 되고 이로 인해 유연성 및 관절의 가동 범위가 감소하는 데 이를 효과적으로 개선할 수 있고 이를 통해 품새 동작을 더 잘 할 수 있게 만들어 준다.

3. 통증의 손상 후 회복 촉진
근육의 긴장과 통증을 감소 시키며 혈액 순환 개선으로 회복을 촉진한다. 그래서 품새 선수의 부상 후 빠른 현장 복귀를 도와준다.

4. 관절에 부하되는 스트레스의 감소
관절에 가해지는 손상과 문제가 움직임에 이상을 만들고 이로 인해 만성적인 관절 통증과 과부하가 생기는데 이를 효과적으로 개선할 수 있어 부상을 예방하고 컨디션을 향상시켜 준다.

5. 근육 내의 길이 회복으로 인한 내적 긴장 감소
손상된 근육은 더 심한 손상을 막기 위해 수축 반응이 일어나는데 이러한 지속적인 근육 긴장이 스트레스와 염증 반응이 일어나 상태를 악화시키기 때문에 꾸준한 SMR을 통해 이러한 문제를 감소시킬 수 있다.

6. 부종 감소 및 노폐물 제거
움직임을 방해하던 부종과 노폐물 제거로 근육의 체인의 기능이 향상되고 근력이 증가하고, 몸을 가볍게 만들어 준다.

여기서 잠깐! 수 많은 도구 중 어떠한 도구를 골라야 할까?

마사지 도구는 도대체 어떤 것을 써야 할까? 막상 마사지 볼만 해도 라크로스 볼, 테니스 공, 골프 공, 나무로 만든 것도 있고 스테인레스로 된 볼도 있다. 각자 재질도 소재도 강도도 다르며, 이외에도 마사지 스틱도 수십 종류이며 마사지 볼, 땅콩볼 또한 마찬가지다. 그리고 폼롤러 또한 그 종류도, 브랜드도, 가격도 천차만별일 것이다. 길이가 긴 것부터 짧은 것, 둥근 원형과 반원짜리 형태도 있고, EVA 재질과 EPP 재질 등 매끈한 폼롤러부터 도깨비방망이 같은 돌기형 제품까지 매우 다양하다.

먼저 아래의 표를 참고해서 내가 어느 부위에 통증이 있는지에 따라 적용이 손쉽고 효율적인 도구가 되는지 보기 편하게 표로 정리해 두었다. 각종 근막 이완 도구는 크기와 강도가 모양이 다르므로 자신에게 적절한 것을 고르는 것이 필요하다.

	제품명	폼롤러	마사지 스틱	세라케인	릴리즈볼	땅콩볼
	사용방법	체중을 이용해서 체부위에 굴리기	근육결에 따라 스틱을 손으로 잡고 굴리기	원하는 근육부위를 꾹꾹 눌러주기	원하는 부위에 제품을 놓고 체중으로 꾹꾹 눌러주기	
상체세트	목	45cm 원형		Good!	Good!		Good!
	어깨			Good!	Good!	Good!
	등	90 / 60cm 원형		Good!	Good!	Good!
	팔	45cm 원형	Good!		Good!	Good!
하체세트	허리/엉덩이	60cm 굴곡형		Good!	Good!	Good!
	허벅지	60cm 원형	Good!			
	종아리	60cm 굴곡형	Good!			
	발			Good!	Good!	Good!	
운동목적	웜업	Good!	Good!		Good!	
	쿨다운	Good!	Good!			Good!
	리커버리	Good!	Good!			Good!
	유연성	Good!				
	부드러운압박	Good!			Good!	
	강한압박		Good!	Good!	Good!	Good!
	트리거포인트 (아픈근육)			Good!	Good!	Good!
	특정부위 근육			Good!	Good!	Good!
	큰근육	Good!	Good!			
	비용	Good!	Good!		Good!	Good!

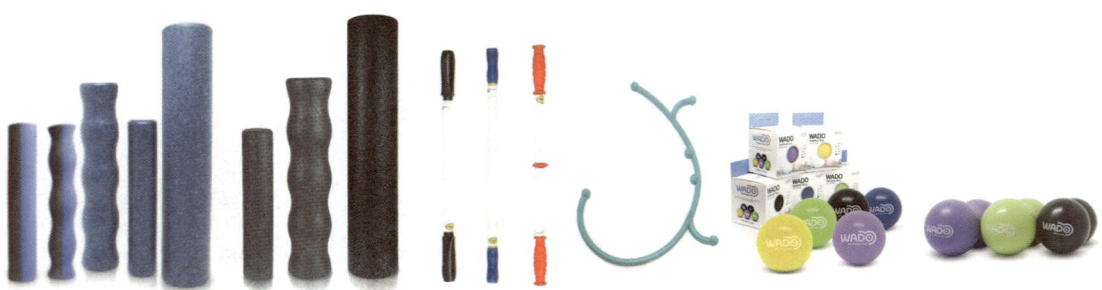

나에게 맞는 마사지 볼 고르는 Tip

각종 자가근막이완 도구, 크기와 강도가 다르므로 신체 부위별 기능별 적절한 도구를 고르는 것이 필요하다. 그런 점에서 와두볼은 매우 유용한 대 기존 마사지 볼은 대부분 테니스 공이나, 라크로스 볼이 많이 활용되었는데 테니스 공은 터지기도 하고, 표면이 오염되는 문제가 많이 있었고, 라크로스 볼은 너무 딱딱해서 예민한 부위에 적용이 매우 어려웠다.

하지만 와두볼은 5단계 강도와, 3단계의 피넛볼로 구성되어 있기 때문에 예민한 얼굴이나 통증이 심한 부위에는 1단계 와두볼을 전완, 팔과 같은 작은 근육들과 전면 부위를 적용할 때는 2~3단계 와두볼을 활용하는 것이 좋고 상완이나, 발바닥과 같은 두꺼운 근육 부위에는 4~5단계 와두볼을 활용하면 효과적이다.

피넛볼은 측면이나, 대원근, 소원근 작지만 예민한 부위를 1단계 피넛볼을 활용해 관리해주고, 중부 승모근이나 능형근 같은 부위는 2단계 피넛볼을 하체와 같은 부위는 3단계 피넛 볼을 활용하는 것이 좋다.

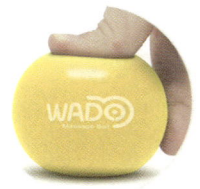
1단계 옐로우
매우 가볍고 부드러우며, 모든 근육 부위에 마사지가 가능하며, 척추등 충격에 민감한 부위나 노약자 분에 추천 드리는 1단계 옐로우 마사지볼

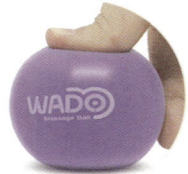
2단계 퍼플
가볍고 부드러운 촉감으로, 모든 근육 부위에 마사지가 가능하며, 어깨 허리 손목, 목 부위에 추천드리는 와두 2단계 퍼플 마사지볼

3단계 그린
가볍고 단단한 촉감의 중간 단계 마사지볼로 모든 부분의 마사지가 가능하며, 등, 엉덩이 팔 마사지에 추천드리는 와두 3단계 그린 마사지볼

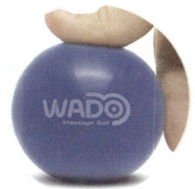
4단계 블루
가볍고 단단한 촉감으로 운동량이 많으신 분들이나 덜 민감한 부위인 허리, 엉덩이, 발, 종아리, 발마사지에 추천드리는 와두 4단계 블루 마사지볼

5단계 블랙
무게감있고 매우 단단한 촉감으로 기존의 라크로스볼 효과가 나며 종아리, 발바닥 마사지에 추천드리는 와두 5단계 블랙 마사지볼

와두 땅콩 마사지볼의 강도를 확인하세요

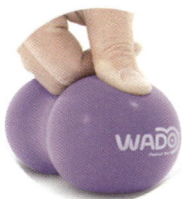
SOFT 퍼플
매우 가볍고 부드러우며, 굳어있는 모든 근육 부위에 마사지가 가능하며, 척추등 충격에 민감한 부위나 노약자 분에 추천 드리는 와두 땅콩 마사지볼 1단계 퍼플 마사지볼

MEDIUM 그린
가볍고 단단한 촉감의 중간 단계 마사지 볼로 모든 부분의 마사지가 가능하며 특히 등, 엉덩이, 팔마사지에 추천드리는 와두 땅콩 마사지볼 2단계 그린 마사지볼

HARD 블랙
무게감있고 매우 단단한 촉감으로 기존의 라크로스볼 효과가 나며 종아리, 발바닥 마사지에 추천드리는 와두 땅콩 마사지볼 3단계 블랙 마사지볼

나에게 맞는 폼롤러 고르는 Tip

마사지 도구에서 가장 중요한 점은 일단 소재라고 할 수 있다. 몸에 직접적으로 접촉 후 문지르기 때문에 위생적이고 친환경적인 소재로 만들었는지 확인해야 한다. 요즘 저가의 중국산 폼롤러들에서 유해 물질이 많이 나와 폼롤러 후 피부 발진으로 고생하고 있는 경우도 많이 볼 수 있기 때문에 신중하게 골라야 하는데 바디맵(BODYMAP)의 웨이버 폼롤러는 메이드인 코리아 제품으로 그 섬세한 디자인과 퀄리티를 자랑하고 친환경 소재를 사용하여 인체에 적용해도 안전하며 다양한 용도에 맞는 다양한 규격을 가지고 있다.

웨이버 폼롤러는 3가지 길이를 가지고 있고, 각각 지름이 다르다 왜 이렇게 만들었을까?

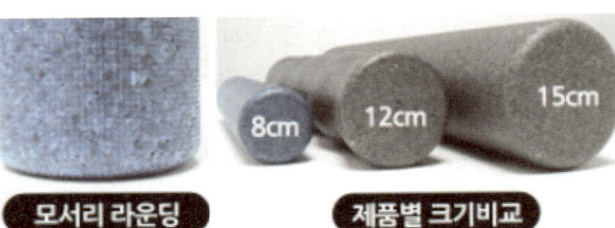

A. 폼롤러 길이 90cm 지름 15cm

기존 가장 일반적인 폼롤러 사이즈로 길이가 길어서 누워서 하는 균형성 운동을 수행할 때 다양한 자세와 지지, 조절이 가능하여 운동 및 큰 근육을 관리하는데 유용하다.

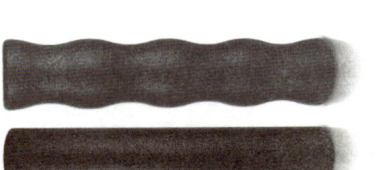

B. 폼롤러 길이 60cm 지름 12cm

기존 A 폼롤러는 운동이나 큰 근육을 적용하기에는 적합하지만, SMR 을 하기에는 체격이 작은 여성이거나, 허리와 같은 부위에는 부담이 되었는데 지름과 길이를 줄여 휴대성과 부하를 줄였다는 점이 B형 폼롤러의 장점이며 또한 곱창 모양의 폼롤러는 척추에 적용 시 굴곡이 있어 롤링 시 부담이 적고 안정성이 높다. 운동과 SMR 두 가지를 하기에는 B형이 가장 효율적이다.

C. 폼롤러 길이 45cm 지름 8cm

C형 폼롤러는 목이나 겨드랑이, 허리같이 예민하고, 어린이와 노약자, 임산부와 같은 대상자에게 적합한 형태로 부피와 크기도 작기 때문에 선수들이 항상 휴대하고 다니기를 권장한다.

폼롤러 강도 조절 방법

폼롤러를 이용한 근막 이완은 너무 높은 강도로 하면 근육의 긴장을 유발하여 통증을 증가시키고, 너무 낮은 강도로 하면 효과가 떨어진다. 따라서 적절한 강도 설정이 중요한데 이러한 강도를 조절하는 방법에는 폼롤러에 길이, 두께, 밀도, 접촉 면적, 지지 면적, 속도, 체중, 자세, 스트레칭 등 다양한 요소가 있다.

강도를 약하게 조절하는 방법.(DOWN)

근육의 긴장과 통증이 심하면 높은 강도로 근막 이완 시 오히려 통증이 심해진다. 따라서 강도를 낮춰야 하는데 이를 조절하는 방법은 다음과 같다.

- 긴장된 근육에 가벼운 스트레칭 후 근막 이완을 한다.
- 얇은 폼롤러를 사용하여 체중 부하를 감소시킨다.
- 길이가 긴 폼롤러(90cm)를 활용하여 안정성을 높인다.
- 체중 부하를 줄이기 위해 팔꿈치나 무릎 등을 활용하여 자세를 바꾼다
- 적용 부위를 나눠서 하고, 부드럽게 롤링 한다.

강도를 강하게 조절하는 방법. (UP)

- 바닥에 닿는 기저면을 감소시켜 안정성을 줄이고 체중 부하를 높인다.
- 동작을 바꿔 신체 일부를 올려 체중 부하를 높여서 실시한다.
- 특정 부위에 자극이 집중될 수 있는 자세로 바꿔서 실시한다.
- 속도를 줄이고 눌리는 압력이 생기는 시간을 증가시킨다.

자가근막이완 운동을 할 때 주의사항은 무엇인가.

1. 몸에 붙는 옷을 입고, 액세서리를 빼고, 머리카락을 묶고 한다.
2. 관절 가동범위를 넘는 과도한 스트레칭을 하지 않는다.
3. 호흡을 편안한 상태에서 정상적으로 한다.
4. 허리와 복부의 긴장이 풀려 과도한 아치나, 배가 나오지 않게 한다.
5. 척추와 골반, 어깨가 틀어지지 않은 상태에서 한다.
6. 체중을 이용해 적절한 압박을 취할 수 있는 자세로 변형해 실시한다.
7. 압통이 50~75% 감소를 목표로 하며, 압통이 너무 심하면 효과가 없다.

유의사항 및 금기증

악성종양	출혈성 장애
골다공증	갑상선 비대
골수염(뼈조직의 감염)	습진 또는 다른 피부질환
정맥염(피하정맥의 감염)	과민한 피부상태
세포염(연부조직의 감염)	열린 상처
급성 류마티스 관절염	골절이 회복 중인 상태
혈병	폐쇄성 부종
동맥류	진행된 당뇨병
항응고요법치료	혈종, 전신성 또는 국소 감염
정액낭염	발열상태
봉합부위	진행된 퇴행성 변화
울혈성 심장기능 상실	장기 기능 상실

근막이완 또는 운동 후 '아이싱'을 해야 하는 이유?

태권도 품새 및 시범 선수들의 운동 강도가 날이 갈수록 높아지고 있습니다. 선수들은 일반적인 관절 가동범위를 훨씬 넘어서는 발차기를 차야 합니다. 또한 고난이도 발차기도 차야 하며, 많은 회전과 높은 곳에서 떨어지면서 몸에 많은 무리를 일으킵니다. 특히 허리, 골반, 무릎, 발목이 받는 부하는 엄청나며 통증, 염증 및 붓기를 동반하기도 합니다. 이렇게 운동 후 손상이 오면, 세포는 유산소성 대사에서 무산소성 대사로 전환을 합니다. 이는 세포 내 산성화를 야기하고 세포막을 손상시킵니다. 또한 세포 내 나트륨 농도를 증가시켜 세포가 팽창하여 파열되게 합니다.

 이럴 경우 통증이 발생하고 붓기를 동반하는 염증반응이 일어나게 됩니다. 그리고 이는 모두 2차 손상을 야기합니다. 운동 후 아이싱을 하는 것은 통증을 조절하고 세포의 대사율을 낮춰 부종 및 염증을 최소화 하고 2차 손상을 예방합니다. 마지막으로 아이싱을 하는 몇 가지 방법에 대해 소개해 드리며 마무리 하도록 하겠습니다.

1. 비닐봉지와 얼음
비닐봉지에 얼음을 넣고 입구를 잡고 안에 있는 공기를 뺀 후 얼음을 평평하게 해서 비닐봉지를 닫은 후 실시하면 됩니다.

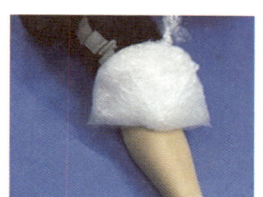

2. 종이컵을 이용한 방법
종이컵에 2/3 정도 물을 담아 얼린 뒤 찢어서 아이싱과 마사지를 동시에 할 수 있습니다.

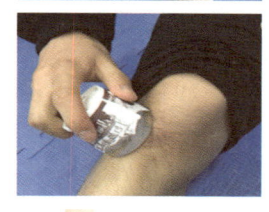

3. 아이스 찜질팩
젤형태의 아이스 찜질팩을 냉장고에 얼린 후 사용합니다. 오랫동안 사용 시 구멍이 생겨 화학물질이 새어나올 수 있기 때문에 조심해서 다루어야 합니다.

4. 얼음통을 이용한 방법
얼음과 물을 같은 용기에 넣어 담그는 방법입니다.

일반적으로 아이싱은 환부에 따라 적용시간이 다르지만 보통 약 15분 전후로 하는 것이 좋으며, 허리주변과 둔부나 허벅지같이 두꺼운 경우에 냉각 효과가 깊숙이 들어가기 위해서는 적용시간을 길게 하는 것이 좋습니다.

― 글 ― 김무성 [현) World Taekwondo Poomsae Trainer Association 사무국장]

Chapter 2
태권도 품새 선수를 위한 케이스별 셀프근막이완법 (SMR)

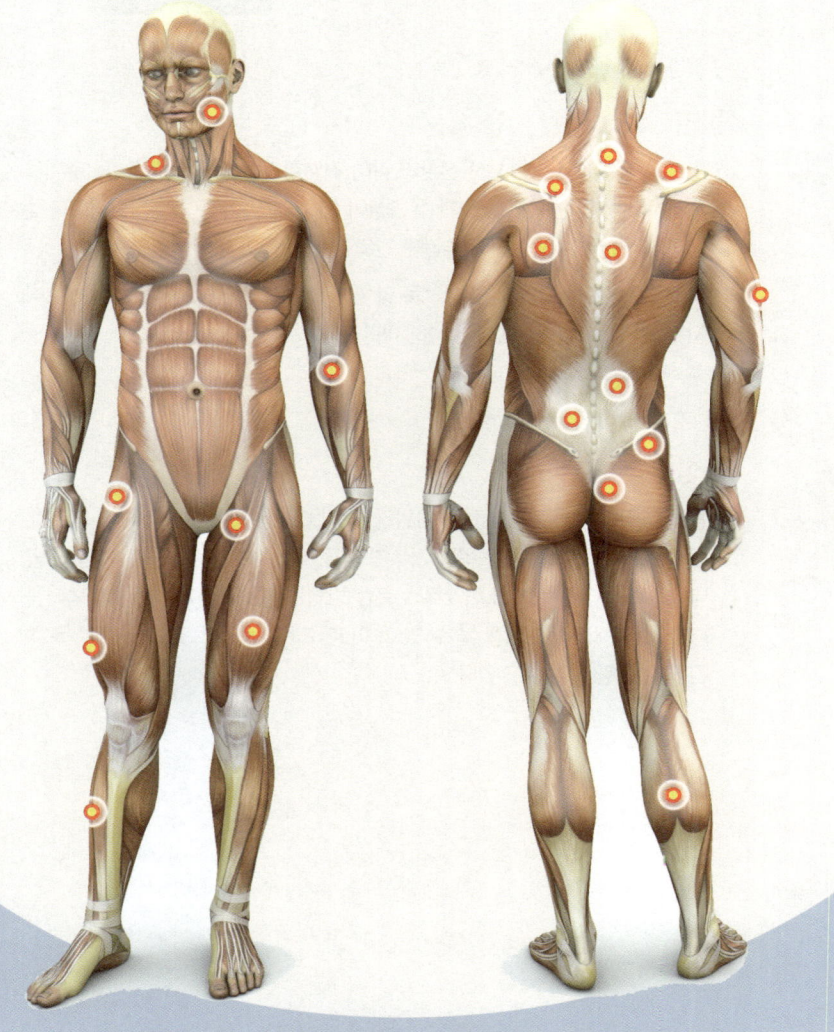

목 디스크 (Cervical Herniated Nucleus Pulpususdisc)

태권도 선수가 목의 통증을 호소하는 경우 이를 어떻게 관리해 주어야 할까?

품새 수련 시, 시선의 방향 전환이나 고개숙이기, 넘기기, 돌리기 등 통증을 동반하며 동작이 어려운 경우가 있다. 이런 경우는 거북목이나 목 주변 근육의 불균형에 의한 통증이 대부분이며 방치했을 경우 목 디스크로 발전할 수 있다. 목의 경추뼈 사이에는 쿠션 역할을 해주는 원반 모양의 디스크가 있는데, 목 주변 근육에 스트레스가 축적되어 경직되면 이 디스크가 변성되고 손상되면서 돌출되어 신경을 압박하게 된다. 신경압박의 정도에 따라 통증의 정도도 달라지는데, 심한경우에는 목 후면부, 어깨 상부, 견갑부, 팔까지도 통증이 유발 될 수 있다. 이를 목 디스크로 진단하며 주로 경추4-5, 경추5-6, 경추6-7위치에서 빈번하게 발생한다.

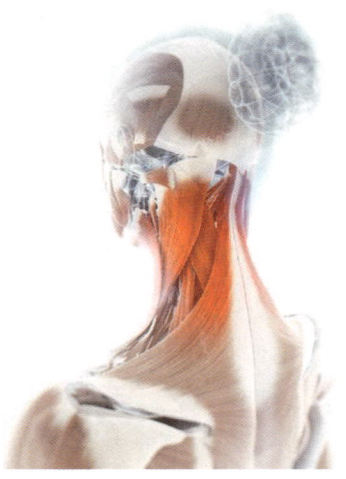

원인

- 긴장된 상태에서 강한시선 전환과 같이 격렬한 동작의 반복으로, 목 주변을 지지하고 있던 근육의 근력과 유연성이 저하되고 차츰 디스크에 성화학적, 형태학적 변화가 발생되어 추간판 간의 간격이 좁아져 발생한다.
- 퇴행으로 인한 디스크의 변성으로 발생하기도 하고, 공중 동작 후 잘못된 착지 등과 같은 외상에 의해 발생하기도 한다.

증상

- 목을 움직이는 동작에서 가동 범위가 줄어들고, 통증이 심하고 팔이 저린다. 목 디스크로 인한 통증은 목을 가누기 힘들고 팔이저린 증상을 동반한다. 압박테스트(머리를 위에서 아래로 누르는 방법)를 통해 팔 저림증상이 나타난다면 목 디스크를 의심해 볼 수 있고, 이 때 저릿저릿한 느낌이 있다면 목 추간판 탈출 증상일 수도 있다.

Splenius Capitis & Cervicis (두 & 경판상근)

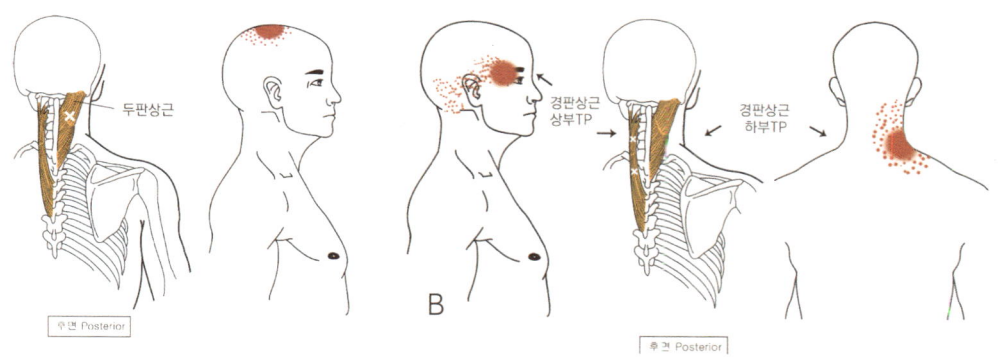

두판상근, 경판상근 문제시 흔한 증상

1. 두판상근의 문제는 정수리 통증과 연관 된다.
2. 경판상근 상부 TP가 형성 시 머리 안쪽 통증이 방사되며, 시야 흐림이 나타난다.
3. 하부 TP 형성 시 목과 어깨의 굴곡에 통증을 방사한다.
4. 공중 동작 후 잘못된 착지 사고 시 두 경부가 충격이 있을 때 TP가 잘 발생

목에서 일어나는 모든 움직임에 관여하는 상부 1,2,3번 경추부 움직임을 향상시켜 줌으로써 하부 디스크에 가해지는 부하를 줄일 수 있다. 마사지 볼이나 폼롤러를 활용하여 고개를 좌/우로 움직이며 부드럽게 풀어준다.

> **Tip** 목을 움직여주면서 마사지하면 목 디스크로 인한 경추 관절 가동범위의 제한을 개선시켜 경추부의 굴곡, 신전 및 회전 범위를 증가시켜 준다.

Sterno Cleido Mastoid (흉쇄유돌근)

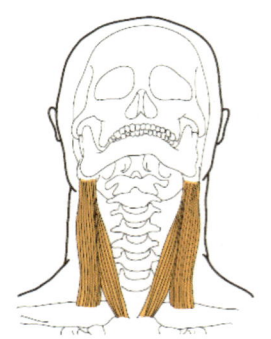 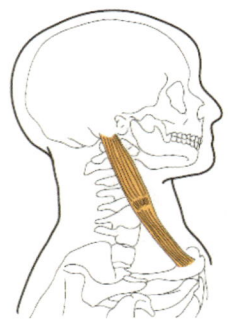 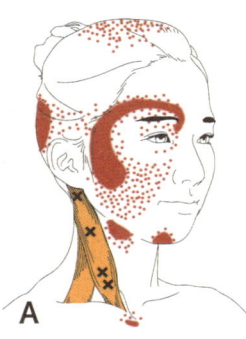 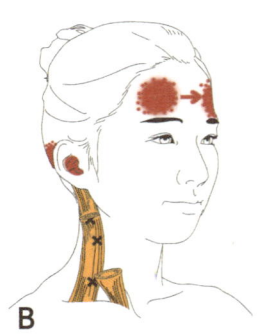

A　　　　　　　　　　　　B

흉쇄유돌근 문제시 흔한 증상

1. 흉골 상부 통증과 마른 기침과 연관되며 고개 회전이 잘 안된다. (하부 T.P)
2. 동측 뺨을 가로지르는 통증, 안와 상부 능선, 눈 깊숙한 통증과 연관된다. (중부 T.P)
3. 뒤통수와 정수리에 통증을 방사한다. (상부 T.P)
4. 전두통 과 귀에 통증을 발생시키며 심해지면 반대쪽에도 영향을 미친다.

목의 회전과 굴곡을 담당하는 근육으로 한쪽만 더 심하게 단축되는 경우가 많으며, 신경이 연결되어 있어, 허리의 유연성도 같이 안 좋아진다. 고개를 들었을 때 턱과 이마가 수평이 되지 않으면 흉쇄 유돌근에 기능장애이니 고개를 살짝 숙이고 좌/우로 회전하면서 마사지 볼을 활용해 가볍게 풀어주거나, 옆으로 누워 요가 블럭을 활용해 마사지를 해주면 증상이 개선된다.

Tip 거북목과 밀접하게 관련된 근육이며, 잘못 풀어주게 되면 기침을 유발하기도 한다.

Scalene (사각근)

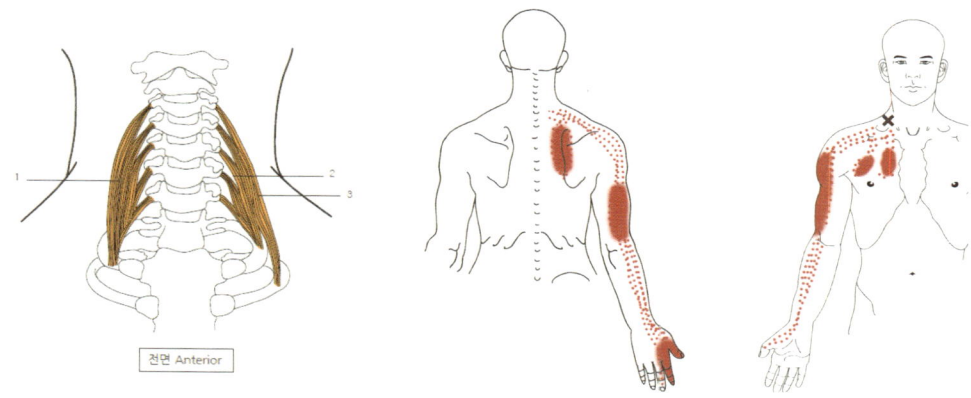

전면 Anterior

사각근 문제시 흔한 증상

1. 가슴과 상지, 견갑골 안쪽까지 통증이 방사된다.
2. 어깨 전면부와 팔의 외측, 전완근의 외측, 엄지, 검지 손가락까지 통증이 방사된다.
3. 사각근 문제시 팔에 힘이 잘 안 들어가고 저리며 뻣뻣해진다.
4. 흉곽출구증후군과 연관되며 잘못된 자세와 호흡에 영향을 미친다.

목 디스크와 사각근 증후군은 연관성이 깊다. 사각근 증후군은 목에 부착된 사각근의 과도한 경직 때문에 생기는 것으로, 사각근 주변을 지나 팔로 가는 신경이 눌리면서 발생한다. 고개를 들어 사각근을 스트레칭 후 가볍게 볼을 이용해 문질러 준다. 깊은 곳을 풀어줄 때는 적용 부위와 턱을 가깝게 붙이고 문질러 주어야 풀어줄 수 있다.

> **Tip** 사각근 아래로 신경이 지나가기 때문에 무리하게 문지르면 오히려 팔 저림 증상이 심해질 수 있으니 조심해야 한다.

Levator Scapulae (견갑거근)

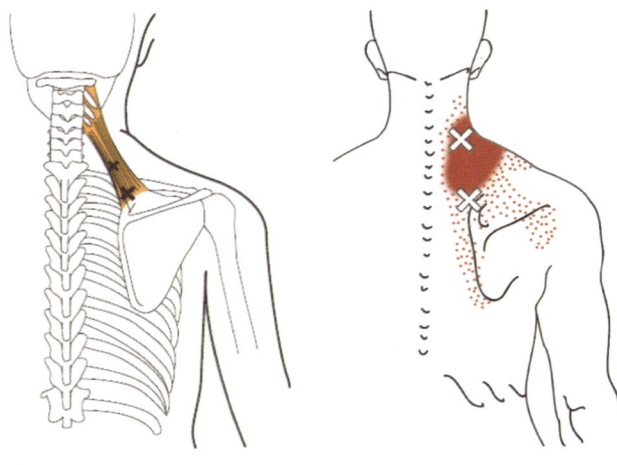

견갑거근 문제시 흔한 증상

1. 견갑골 내측연, 견관절 후부에 통증
2. 어깨와 목이 만나는 교차점에 통증 발생
3. 추위에 민감하고, 피곤할 때 경직이 심하다.
4. 목의 회전을 제한하며, 승모근의 문제 시 뻐근한 통증 양상을 띠는 반면, 견갑거근은 날카롭고 아픈 통증 양상을 띤다.

목을 옆으로 기울이는 동작이 제한되고 어깨가 올라가면서 발생하는 통증과 연관성이 깊은 근육으로, 무거운 물건을 드는 동작들 때문에 목과 어깨 후면에서 통증이 일어난다. 고개를 살짝 기울이고 마사지 볼을 활용해 목 뒷부분부터 시작해서 앞쪽으로 가볍게 문질러 주거나, 어깨를 위아래로 움직이면서 풀어주면 더 효과적이다.

Tip 좌우 어깨 불균형인 사람들은 승모근의 문제보다 견갑거근의 단축으로 인한 경우가 더 많다. 어깨 불균형에 접근할 때 견갑거근을 먼저 체크해 보는 것이 좋다.

어깨충돌 증후군
(Shoulder Impingement)

어깨충돌 증후군은 어깨 힘줄인 회전근개가 그 위에 있는 견봉 뼈와 부딪혀 염증을 일으키는 질환이다. 염증이 생기면 점액낭이 붓고 견봉이 아래로 돌출된다. 회전근개는 어깨 전체를 감싸는 4개의 근육인 극하근, 극상근, 견갑하근, 소원근으로 이루어져 있다.

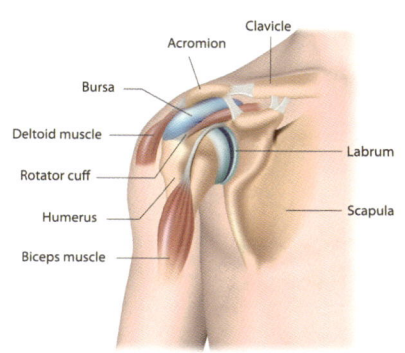

팔을 올릴 때 일차적인 기능을 하는 극상근 힘줄은 동작을 할 때 부리 돌기 밑에서 반복적으로 당겨진다. 이때 기계적 마찰이나 미세 혈류의 장애가 일어나면서 견봉하점액낭염과 회전근개 건염을 발생시킨다. 이러한 염증은 중년에게 흔한 어깨 통증의 원인이다. 회전근개에 생기는 흔한 병리적 소견은 부종, 출혈, 만성 염증, 섬유화, 미세건 파열, 완전 파열 등으로 다양한 범위에서 발생한다.

원인

- 극상근과 삼각근의 밸런스 리듬의 문제, 점액낭의 부종, 라운드 숄더 등 견관절의 구조적인 문제
- 품새의 손동작 들과 같은 반복적인 오버헤드 동작으로 인한 과도한 외회전이 내회전 범위를 감소시켜 구조적 불안정을 유발
- 견관절의 반복적인 상해, 과사용, 노화 등으로 인한 회전근개의 불균형 문제
- 기형적으로 생긴 견봉(갈고리 모양, 평평하고 약간 구부러진 견봉의 경우 정상보다 충돌이 나타날 확률이 약 70% 정도 높음)
- 재발성 아탈구나 탈구에 의한 관절낭 전방 이완은 상완골두의 전방 변위를 야기하여 충돌을 유발한다.

Supraspinatus (극상근)

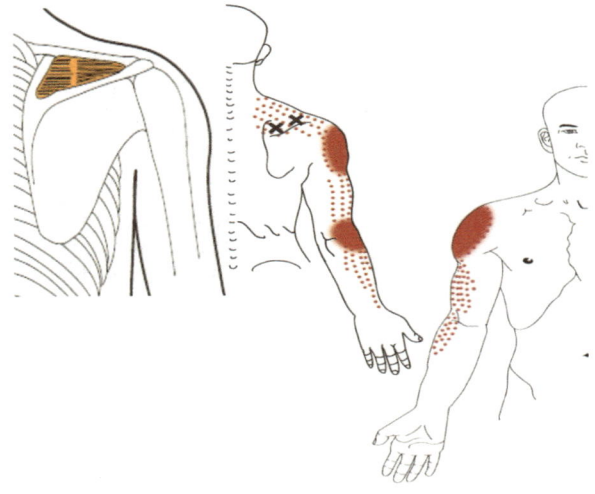

극상근 문제시 흔한 증상

1. 어깨 중 삼각근, 팔꿈치 부분 통증 방사
2. 외전 시 강한 통증과 빗질, 칫솔질 시 심한 통증을 호소한다.
3. 팔을 올릴 때보다 내릴 때 통증이 심하다.
4. 극상근의 문제로 수면장애가 일어날 수 있다.

목 디스크와 유사한 증상인 팔 저림 증상과 팔꿈치에 통증을 느끼는 경우가 많다. 한쪽 팔을 뒷짐 지고 스트레칭할 수 있다. 상부 승모근 아래에 있기 때문에 마사지 볼을 이용해 문지 때 깊게 눌러주어야 한다.

> **Tip** 어깨의 딸깍, 똑소리가 나는 원인으로 팽팽해진 근육이 어깨 관절의 정상적인 미끄러짐을 방해하기 때문이다. 극상근 이완 시 소리가 없어진다.

Trapezius (승모근)

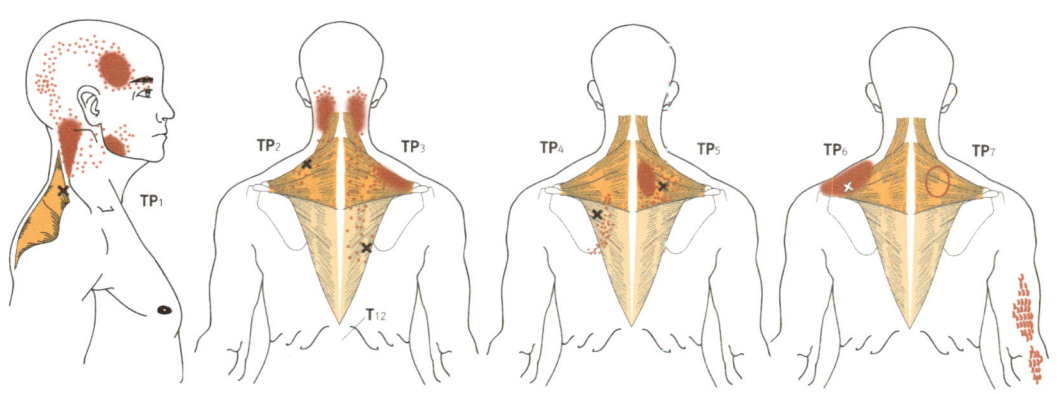

승모근 문제시 흔한 증상

1. TP1 : 후경부 외측, 하악각 부위 통증과 편두통과 연관
2. TP2 : 후두하 삼각 부위 통증과 연관.
3. TP3 : 견갑골 상부지역에 통증(하부 승모근 이완성 긴장)
4. TP4 : 견갑골 내측연 지속적 통증을 유발.
5. TP5 : 거북목증후군, 버섯 증후군과 연관된다.
6. TP6 : 견봉 부위에 통증이 유발.
7. TP7 : 동측 상완 외측에 "소름이 끼치는 듯한" 통증이 나타난다.

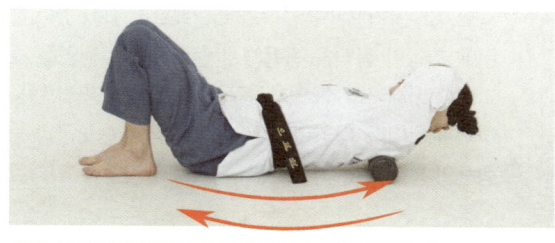

중부, 하부 승모근의 약화는 '라운드 숄더' 와 밀접하게 관련된다. 머리의 위치가 앞으로 1cm 이동할 때마다 목이 받는 부하는 2~3kg씩 증가하는데, 이완성 긴장이 많이 발생하기 때문에 이를 풀어 주고 강화 운동까지 해야 한다. 기본 동작은 폼롤러를 승모근에 위치 후 골반을 살짝 들어 체중을 싣고 롤링한다.

Tip 위의 증상 그림을 참고하여 통증 양상에 따라 폼롤러나 땅콩 볼의 위치를 수정한다.

Rhomboid Major, Minor (능형근)

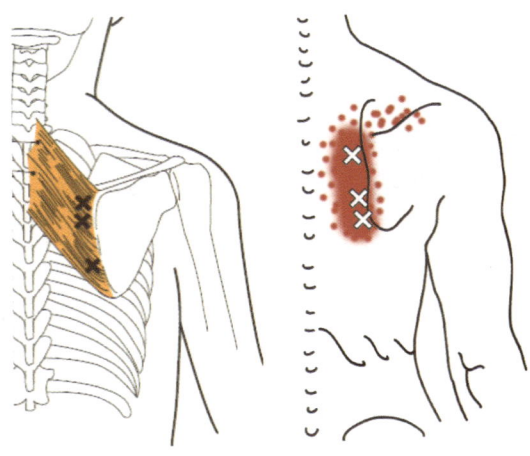

능형근 문제시 흔한 증상

1. 견갑골과 척추기립근 사이에 통증 집중.
2. 견갑거근 통증과 유사하나 목의 통증은 없고 목의 회전을 제한하지 않는다.
3. 대, 소흉근의 단축성 긴장에 의해 계속된 능형근 이완성 통증이 발생.
4. 만성적 근 긴장은 상후거근의 문제 발생
5. 견갑골을 움직일 때 발생하는 소리와 관련된다.

승모근과 능형근은 겉근육과 속근육으로 겹쳐 있기 때문에 다양한 동작을 응용해서 풀어주어야 원인을 효과적으로 제거할 수 있다. 근육은 움직임에 따라 반응하기 때문이다. 다양한 응용 동작을 통해 승모근과 능형근의 통증 유발점들을 효과적으로 제거할 수 있다.

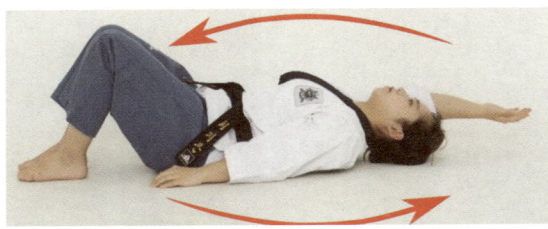

Tip 위의 증상 그림을 참고하여 통증 양상에 따라 폼롤러나 땅콩 볼의 위치를 수정한다.

Pectoralis Major (대흉근)

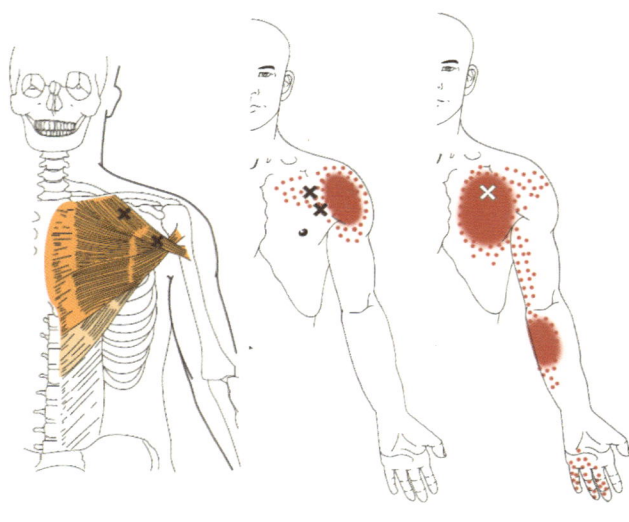

대흉근 문제시 흔한 증상

1. 쇄골지 : 전삼각근 부위와 대흉근 쇄골지 자체에 국소적 통증을 방사한다.
2. 흉골지 : 전흉부와 팔의 내측을 따라 내려가는 통증과 연관된다.
3. 늑골지 : 유두가 과민해지는 유방의 압통을 호소한다.
4. 대흉근의 단축성 긴장이 승모근과 능형근의 만성적인 이완성 긴장을 유발시킨다.
5. 좌측 대흉근 TP는 심장질환이 없는 사람에서도 심장질환과 유사한 통증을 일으킬 수 있다.

대흉근은 총 3가지(쇄골지, 흉골지, 늑골지)로 구분되는데 어느 동작에서 통증을 호소하는지에 따라 동작과 기술이 다르다. 기본적으로 쇄골에서 팔 쪽으로 쓸어내리듯 문지르면 쇄골지가 마사지된다. 가슴 중앙에서 수평으로 하는 기술은 흉골지, 아래 가슴을 대각선으로 쓸어 올리거나 한 쪽 팔을 대각선으로 들고 하는 테크닉은 늑골지를 더 효과적으로 마사지할 수 있다.

> **Tip** 대흉근의 통증은 흉골근과 소흉근의 문제가 동반되는 경우가 많기 때문에 한 세트로 생각하고 근육을 풀어주어야 효과적이다.

Sternalis Muscle (흉골근, 복장근)

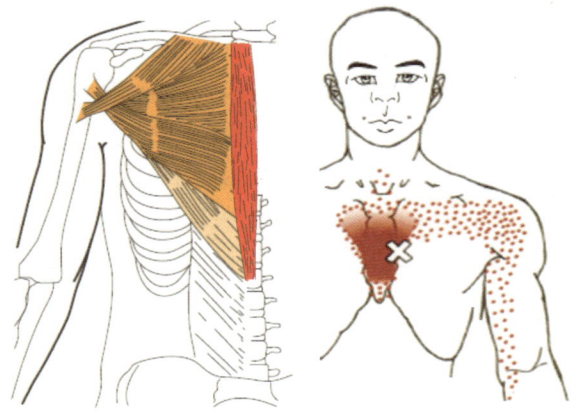

흉골근 문제시 흔한 증상

1. 스트레스 근육이라고 불리며, 화병과 연관된다.
2. 흉골부터 가슴, 팔꿈치 안쪽까지 통증이 발생한다.
3. 복장근이라고도 불리며 "복장 터진다"라는 말이 여기서 유래된 것이다.

스트레스를 받으면 가슴이 답답해지는 이유가 바로 이 복장근 때문인데, 흉골 밑에서 깊숙한 아픔을 호소한다. 상부 가슴을 가로질러 어깨 전면, 위 팔 안쪽부터 팔꿈치 안쪽까지 뻗어가는 통증, 호흡 기능이 떨어지는 증상을 호소한다면 양쪽의 흉골근을 부드럽게 볼 마사지해준다.

Tip 흉골근이 경직되어 있으면 연결된 복직근과 골반의 경사를 확인해보고 대퇴직근과 복직근의 백선을 함께 풀어주어야 더 효과적이다.

Deltoid (삼각근)

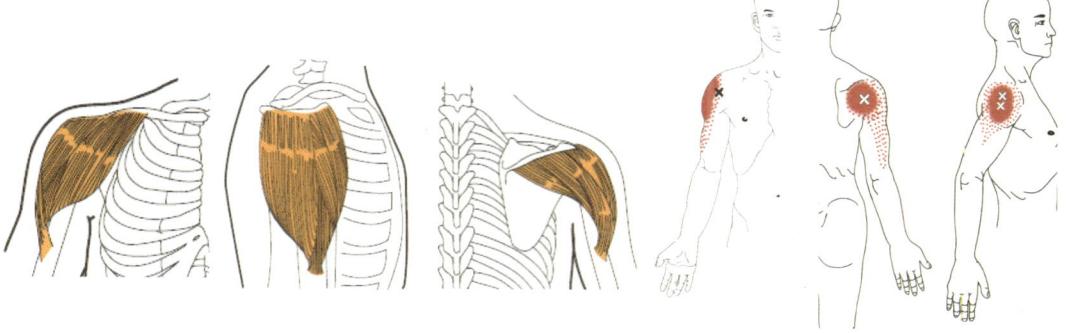

삼각근 문제시 흔한 증상

1. 삼각근은 팔과 어깨를 움직일 때 항상 작용하는 근육이다.
2. 전삼각근, 중삼각근, 후삼각근 자체에 통증을 방사한다.
3. 계속적인 삼각근 사용으로 인해, 항상 통증 유발점과 과민성 띠가 발성한다.
4. 삼각근의 만성적인 긴장 시 정지점에서 강한 경직과 TP를 확인할 수 있다.

통증은 일반적으로 삼각근에 국한되며, 통증은 팔을 움직일 때 심해졌다가 휴식을 취하면 경감되는 경향이 있다. 대부분 과사용이 문제이며 특히 전면 삼각근의 과사용, 상완이두근 기시부 통증 유발점 형성과 연관이 있기 때문에 자주 마사지 볼로 풀어주어야 한다. 측면과 후면 또한 관리가 필요하며 엎드리거나 누운 자세에서 스스로 관리할 수 있다.

Tip 머리가 앞으로 나오면 목이 받는 부하가 커진다. 마찬가지로 상완이두근의 과사용(사람들이 팔을 접고 다니는 것)은 어깨가 받는 부하를 증가시킨다.

Pectoralis Minor, Subclavius (소흉근·쇄골하근)

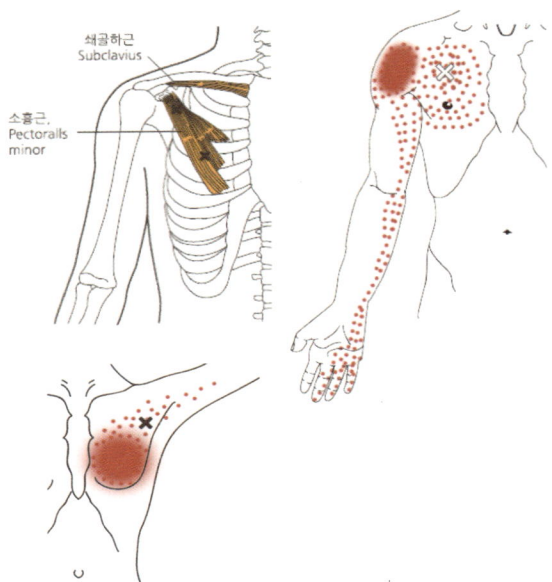

소흉근, 쇄골하근 문제시 흔한 증상

1. 심한 기침 발작시 통증이 악화된다.
2. 전삼각근 부위에 강한 통증을 방사한다.
3. 오훼돌기 촉진 시 통증을 호소한다.
4. 둥근 어깨 체형에서 통증 발생이 현저하다.
5. 쇄골 아래부터 새끼~중지 손가락까지 통증을 방사한다.

어깨 전면 전체로, 가슴 전체, 팔 안쪽 부위에 통증을 호소하는데, 팔을 어깨 높이에서 전상방으로 또는 후방으로 뻗을 때 통증이 심해진다. 소흉근이 짧아지면서 신경혈관 압박 증상이 나타난다.(액와동맥 → 상완동맥 → 요골동맥) 소흉근의 결방향에 따라 가볍게 마사지 볼을 이용해 문질러 준다.

> **Tip** 쇄골 안쪽에 홈이 있고 물이 고인다는 "쇄골 미인"은 잘못된 체형의 예시로 볼 수 있다. 쇄골이 도드라지는 것은 쇄골하근의 단축으로 쇄골이 회전했을 때의 형상이기 때문이다.

Serratus Anterior (전거근)

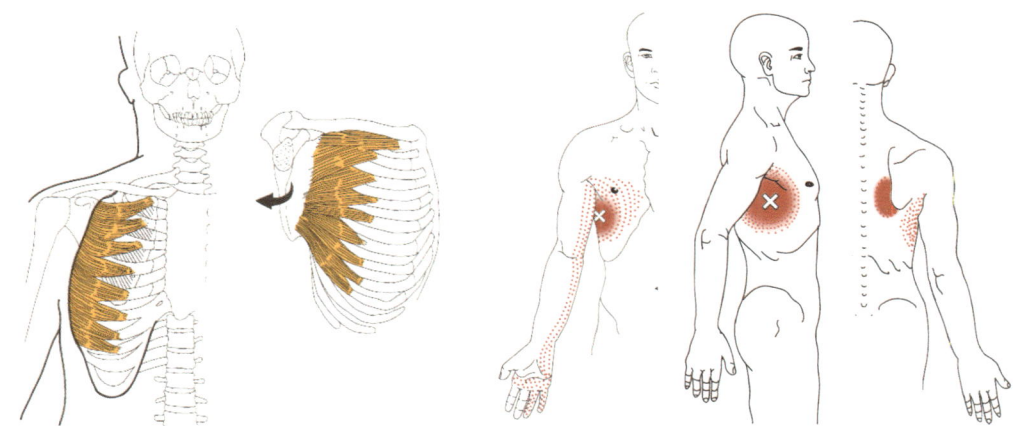

전거근 문제시 흔한 증상

1. 옆구리와 겨드랑이가 쪼이고 불쾌한 느낌(여자들은 속옷의 영향)
2. 숨이 가쁘거나 심호흡을 하면 아프다는 통증을 호소
3. 견갑골 내측에 통증, 척골 쪽을 따라 손가락 3,4지에 통증 호소
4. 이완된 쪽으로 눕는 게 힘들거나 밤에 편하게 잠을 못 잔다.

겨드랑이 부위부터 옆구리까지 통증이 있는 경우가 많은데 전거근 약화가 주로 그 원인으로 뒤에서는 날개뼈가 뒤로 들리는 증상이 나타나며, 앞에서는 갈비뼈 하부가 들리는 증상으로 튀어나와 보이는 문제가 발생한다. 미니 폼롤러를 활용해서 체중이 실리지 않도록 주의하며 부드럽게 롤링해 준다.

> **Tip** 전거근 문제는 익상 견갑의 원인으로 작용하기 때문에 마사지 후 강화 운동을 한다.

Teres Major (대원근)

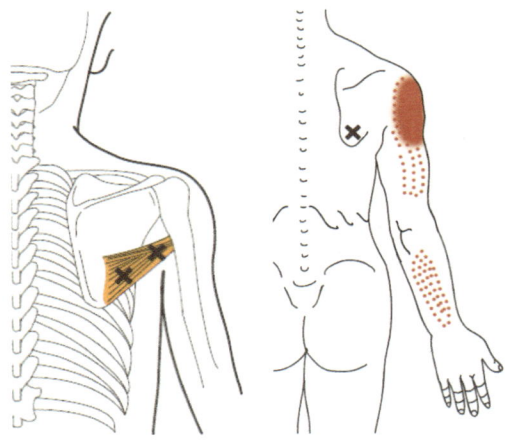

대원근 문제시 흔한 증상

1. 후삼각근 부위와 삼두근 장두 쪽으로 통증 방사
2. 운전 시 오른쪽으로 핸들을 돌릴 때 통증 발생
3. 대원근의 문제 시, 어깨 통증과 멈춤 현상 발생
4. 삼각근의 후부, 소원근, 견갑하근이 함께 병변이 발생
   → 오십견 증상

대원근에 문제가 생기면 머리 위로 팔을 뻗을 때 동작의 제한이 되며, 후면 삼각근, 소원근 아래 쇄골하근 들도 통증 유발점을 같이 만들어 동작 범위가 제한되는 경우가 많음으로 같이 풀어주어야 하는데 겨드랑이 뒤쪽에서 앞쪽으로 감싸듯이 생겼기 때문에 폼롤러나 마사지볼을 활용하여 아래 놓고 몸을 천천히 뒤로 기울이면서 마사지한다.

> **Tip** 통증이 매우 심한 부위이기 때문에 체중이 많이 실리지 않게 주의해서 실시한다.

Subscapularis (견갑하근)

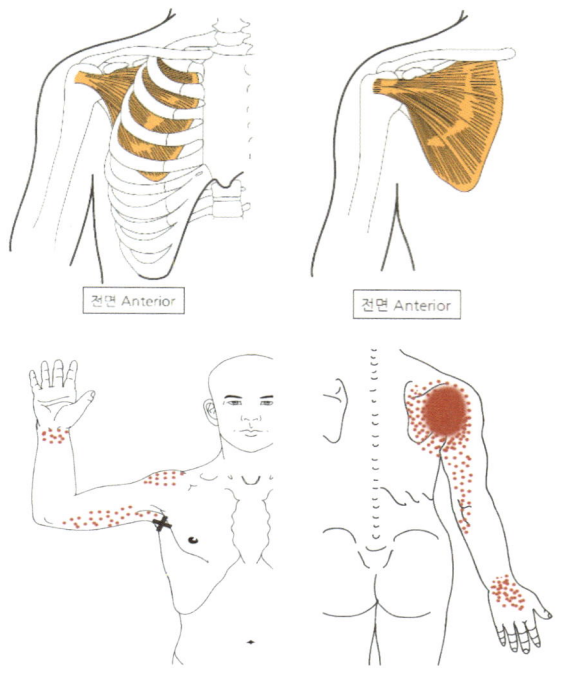

견갑하근 문제시 흔한 증상

1. 견갑골 속, 후면 삼각근 부위, 상완 후면에 대한 통증을 호소
2. 손목 통증이 특징적
3. 문제가 된다면 외전이 45도 이하로 제한
4. 어깨의 외전, 외회전 시 동작 제한과 통증 발생
5. 휴식 시, 활동 시 모두 심한 통증 발생이 특징적

견갑하근은 회전근개를 구성하는 주요 4개의 근육 중 하나로 견갑하신경(C5, C6)으로 지배되는, 회전근개 근육 중 유일하게 안쪽에 있는 근육이다. 어깨 안전화에 큰 영향을 미치는 근육이며 특히 머리 위에서 던지기와 젖히기와 같이 올려진 팔을 아래 방향으로 내리는 움직임을 할 때 중요한 역할을 하므로 마사지 볼을 겨드랑이 안에 넣고 풀어주어야 하며, 깊숙한 위치에 있기 때문에 충분히 압력을 주고 움직이면서 풀어주어야 한다.

Tip 통증이 심하고, 예민한 부분이라 과하게 자극 시 오히려 부종이 발생할 수 있다.

외측상과염 (테니스 엘보) Lateral Epicondylitis

외측상과염은, 흔히 '테니스엘보(Tennis Elbow)'라는 말이 더 익숙한데, 팔꿈치의 바깥쪽 돌출된 부위에 통증과 함께 발생한 염증을 말한다. 손목을 위로 제칠 때 팔꿈치의 바깥쪽에 통증이 발생한다면 외측상과염을 의심해볼 수 있다. 품새의 손동작들에서 바깥막기, 한손날 막기 등과 같이 손목의 회전과 동시에 바깥방향으로 막는 동작들의 과도한 반복 시 팔꿈치 바깥쪽이 무리한 힘을 받게 되어 나타난다. 손목이나 팔의 반복적인 사용이 주원인이기 때문에 품새 선수 대부분이 주로 겪는 증상 중 하나이다.

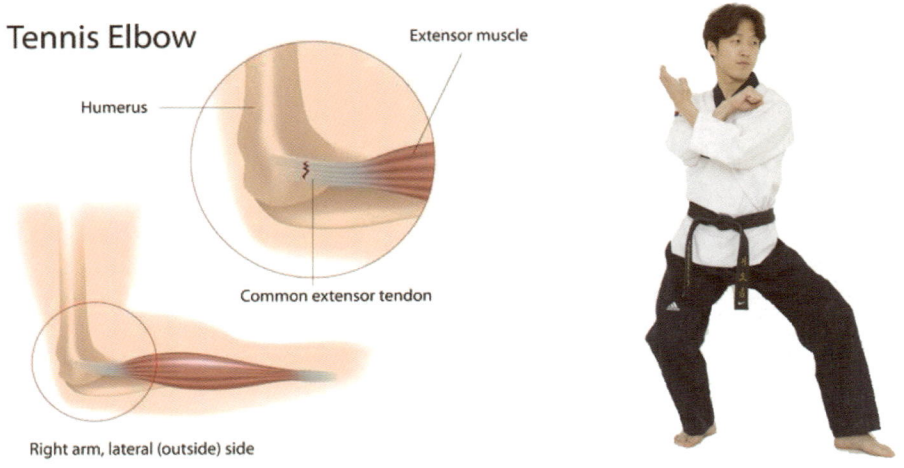

증상

손상이 누적되어 있다가 품새 동작 중 급성으로 나타나는 경우가 많고, 팔꿈치 바깥쪽에 통증, 저림, 민감한 느낌 등을 호소한다. 간혹 경직된 것 같은 느낌을 느끼거나 팔에 힘이 빠지는 경우도 있다. 손목을 위로 젖히는 동작에서 증상이 심해지므로 팔과 손목을 쓰는 모든 동작에서 통증이 발생할 수 있다.

원인

- 인대가 충격으로 인해 손상되거나, 나이가 들어 퇴행성 변화가 일어날 때
- 상완골 외과에 부착된 근육 과사용으로 인해 퇴행성 변화(건염)가 생길 경우
- 손목 신전근과 회외근의 신장성 또는 단축성 과부하로 인한 반복성 미세 외상
- 팔꿈치를 접었다 바깥쪽으로 회전 시키는 손동작과 같은 강한 반복성 손목 신전에 의해 발생

Triceps Brachii (상완삼두근)

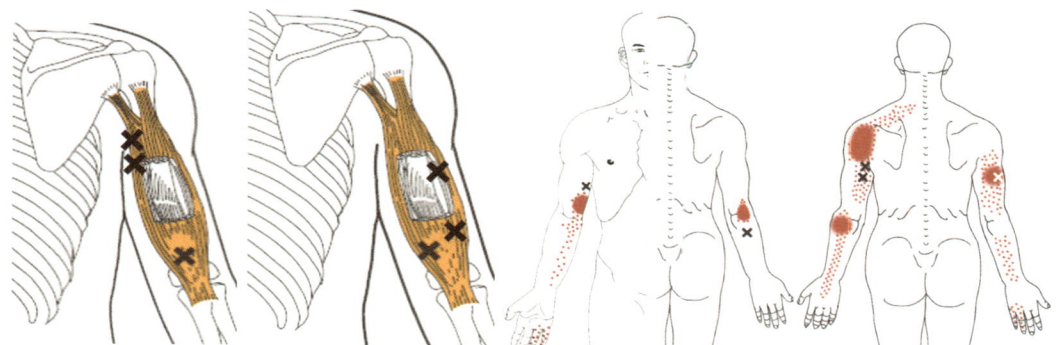

상완삼두근 문제시 흔한 증상

1. 장두 부분에 T.P 형성할 때 상완의 후면에서 어깨 후면까지 통증이 방사된다.
2. 단두 외측두에 T.P 형성할 때 상완의 외측상과, 후면, 전완의 배면이 통증이 방사된다.
3. 단두 내측두 중간 T.P 형성할 때 주두 돌기의 통증이나 압통이 주로 나타난다.
5. 단두 내측두 내측 TP5: 내측상과 부위와 4~5지 장측면 통증이 방사.
6. 주근 : 외측 상과에 국소적 통증이 나타난다.

팔꿈치를 강력하게 또는 완전히 펴게 하는 테니스 또는 골프 같은 스포츠에서 주로 부상이 많이 발생하는 부위로 문제가 발생할 때 노신경을 압박하게 돼서 전완 뒷면 전체 또는 손목 및 중지로 가는 손에 저림 또는 마비 증상이 나오기도 한다. 바닥에 마사지 볼이나 폼롤러를 대고 팔을 접었다 폈다 하고, 좌우로 움직이며 삼두의 3가지 섬유 모두 골고루 마사지 해주는 게 중요하다.

> **Tip** 승모근과 함께 이완성 긴장이 발생하는 대표적 근육이다.

Brachialis (상완근)

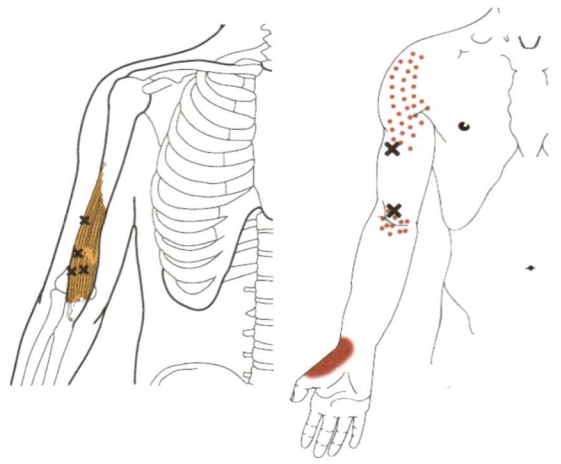

상완근 문제시 흔한 증상

1. 엄지손가락과 주관절 앞쪽 부위로 통증 방사
2. 연관통이 엄지 손가락 기저 부위에 발생
3. 외측상과염에서 회외근의 통증이 발생하고, 상완근과 상완이두근의 통증이 같이 발현

상완근이 과사용 되면 외측 팔꿈치 통증이 연관돼서 발생하기 쉽다. 팔을 한 손으로 들어다 내렸다 할 때 가장 많이 사용되기 때문에 품새의 팔 동작을 하는경우 더 많이 발생함으로 팔의 외측에 있는 상완근은 마사지 볼을 이용해 팔을 접었다 피면서 마사지해주며, 이때 외측 엘보 부위도 같이 풀어주어야 효과적이다.

Tip 품새의 손동작들 중에 외측 팔꿈치 위와 아래로 통증이 있다면 상완근부터 관리해보자.

Supinator (회외근)

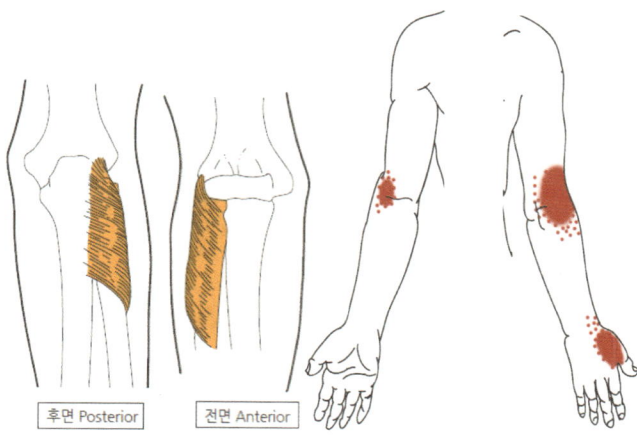

후면 Posterior 전면 Anterior

회외근 문제시 흔한 증상

1. 삼각근은 팔과 어깨를 움직일 때 항상 작용하는 근육이다.
2. 전삼각근, 중삼각근, 후삼각근 자체에 통증을 방사한다.
3. 계속적인 삼각근 사용으로 인해, 항상 통증 유발점과 과민성 띠가 발생한다.
4. 삼각근의 만성적인 긴장 시 정지점에서 강한 경직과 TP를 확인할 수 있다.

엄지손가락이 아프다는 사람들이 많은데 상완요골근을 마사지 이후에도 통증이 계속된다면 의심해 봐야 하는 근육이 회외근이다. 그림에 표시된 부분을 마사지 볼로 문지르면서 손을 회전시키며 움직이며 마사지해야 한다.

Tip 손바닥 뒤집기만큼 쉽다는 말이 있지만, 막상 바닥에 전완을 고정하고 손바닥을 뒤집어 보려면 안되는 경우가 바로 이 회외근에 문제가 생겼을 경우다.

손목건초염(드퀘르뱅 증후군) DeQuervain Syndrome

품새 선수에 손목 부상은 매우 흔하며 주로 손목 건초염이 많이 발생하는데 손목 건초염은은 손목의 내측과 중앙, 외측에 있는 여러 개의 힘줄을 감싸고 있는 막에 생긴 염증을 말하는 것으로 '손목 협착성 건막염'이라고도 한다. 또 이 병을 처음 소개한 스위스 의사 이름을 따서 '드퀘르뱅 증후군'이라고 한다. 손목 건초염은 주로 손을 과도하게 사용함으로써 손목에서 엄지손가락으로 이어지는 2개의 힘줄(장무지외전근, 단무지신근)과 이 힘줄을 싸고 있는 막(건초) 사이에 마찰을 유발하고 이로 인해 발생되는 염증성 질환을 뜻한다.

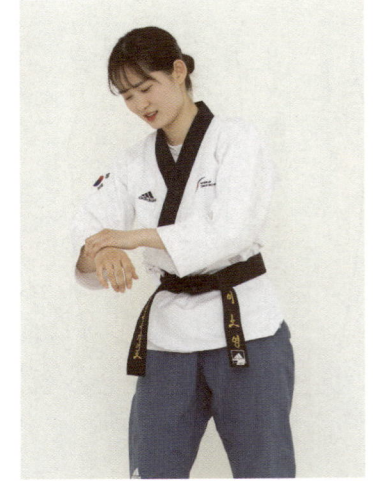

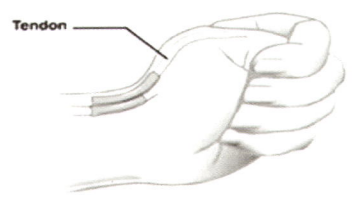
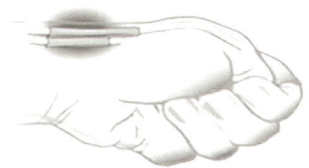

증상

손목 건초염이 생기면 엄지를 움직이는 동작을 할 때 통증이 심하므로 품새에서 손날을 이용한 손동작을 하기 힘들어진다. 통증과 함께 건초 부위가 붓는 종창이 생길 수 있으며 손목 부위를 눌렀을 때 심한 통증을 호소할 수 있다. 손목 건초염이 생기면 품새 동작에서 손가락이 잘 펴지지 않게 되어 큰 불편을 겪게 되고, 통증 때문에 손을 사용하는 것을 두려워하게 된다.

증상이 심해지면 가벼운 움직임에도 심한 통증을 느끼게 되는데 특히 손목 저림이 심해지고 찌릿찌릿한 증상과 함께 물건을 잡기가 힘들어진다. 손목 건초염을 간단히 자가 진단하는 방법으로 엄지손가락을 나머지 손가락으로 감싸 주먹을 쥔 후 아래로 손목을 꺾는 핑켈스타인 검사 (Finkelstein test)가 있다. 이때 심한 통증이나 방사통이 있으면 손목 건초염을 의심해 볼 수 있다.

원인

손목의 지나친 사용으로 생기는 손상 가운데 가장 흔한 것으로 손목을 손날 쪽으로 편향시킨 상태에서 손을 세게 쥐는 동작을 반복적으로 하는 사람에게서 흔히 발생한다.

Brachioradialis (상완요골근)

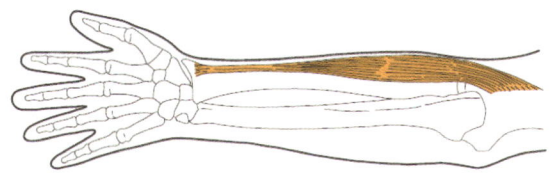

상완요골근근 문제시 흔한 증상

1. 엄지와 검지 사이에서 주로 통증이 방사된다.
2. 주로 외측상과 부위로 통증이 나타난다
3 손등 쪽으로 통증을 방사한다.
4. 손목부터 방사되어 팔꿈치까지 연결되어 통증을 호소한다.

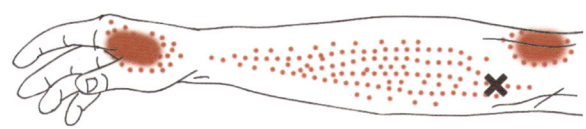

엄지손가락 손목 건초염에 주원인이 바로 이 상완요골근 이다. 엄지를 많이 사용하게 되면 팔꿈치 앞쪽의 윗부분에 X 표시된 곳에 우착과 경직이 발생해서 잡아당기게 되면서 문제가 발생하기 때문에 기시점부터 정지점으로 화살표 방향에 따라 마사지 볼을 이용해 문질러 줘야만 한다.

> **Tip** 간단한 셀프 테스트 방법은 엄지손가락을 집어넣고 주먹을 쥐고 손목을 꺾어 보았을 때 통증이 발생하던 양성이다. 이 근육을 꾸준히 관리하면 금방 호전될 수 있다.

내측상과염 (골프 엘보) Medial Epicondylitis

품새를 할 때 발생하는 팔꿈치 안쪽 통증의 정확한 진단명은 '내측상과염'으로 팔꿈치의 안쪽 돌출된 부위인 팔꿈치 관절에 흔히 발생하는 염증성 질환 중 하나이다. 팔꿈치의 안쪽 뼈에는 손목 관절을 굽히는 근육들이 힘줄에 의해 붙어 있다. 반복적으로 손목을 굽히는 동작을 할 경우, 이들 근육은 무리한 힘을 받게 되고 이에 따라 근육과 뼈를 이어주는 힘줄이 반복적으로 파열되면서 염증이 발생하는 것이다.

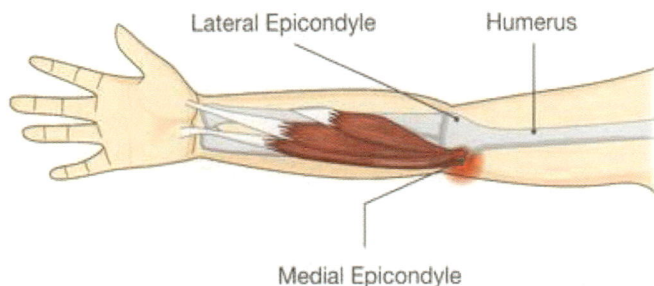

증상

팔꿈치 안쪽에서의 통증과 저림, 화끈거림 등을 호소하며, 질환이 진행되면서 손목까지 이어지는 방사통(Radiating Pain)이 나타난다. 또한, 아래와 같은 증상이 나타나면 내측상과염을 의심할 수 있다.

원인

- 품새 손동작에서 몸통막기나 손날 목치기와 같이 빠른 손목의 회전과 절도 있는 동작을 위한 힘의 제어 단계의 과도한 반복으로 인해 팔꿈치 내측에 무리한 힘이 가해지는 경우가 많으므로 팔꿈치에 붙어 있는 힘줄에 과부하가 가해지면 그 부위에 염증과 미세한 파열이 일어나면서 통증이 생겨나고 증상에 따라 내측상과염을 의심해볼 수 있다.
- 내측상과염의 30%는 급성 손상이며 70% 정도는 점진적으로 누적된 손상으로 진행된다.

Biceps Brachii (상완이두근)

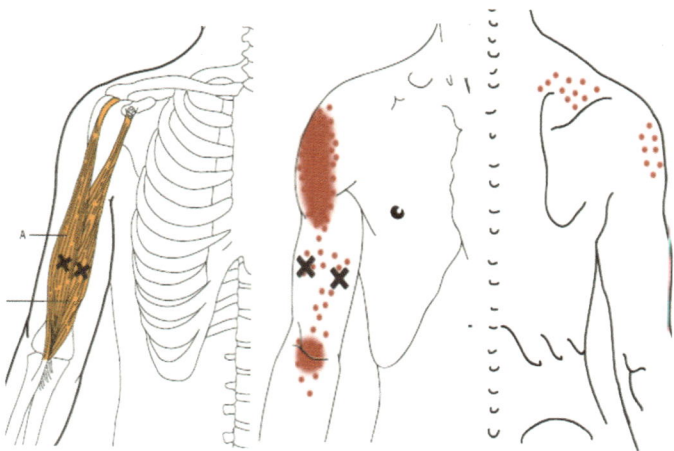

상완이두근 문제시 흔한 증상

1. 팔꿈치와 어깨 통증의 주원인
2. 승모근 상부와 어깨 전면부 통증
3. 내측 전완과 손으로 통증이 방사됨
4. 테니스에서 팔꿈치를 곧게 펴고, 손은 회외된 상태로 백핸드 스트로크를 구사할 때의 통증

우리 몸에서 가장 많이 사용하지만, 관리가 잘 안되는 부분 중 하나가 상완이두근이다. 품새의 모든 팔동작에서 항상 쓰여 과사용으로 중간 부분의 통증과 기시점인 어깨 전면 부위에 표재성 쑤시는 통증과 연관되며, 승모근 결림과 통증과 연관되기 때문에 상완 이두에 장두와 단두 두 가지 모두를 팔을 접어다 피면서 마사지 볼을 활용해 문질러 주어야 한다.

> **Tip** 승모근이 올라가는 많은 원인 중 대주주가 바로 상완이두근이다. 과사용으로 짧아지면 팔의 무게가 증가하면서 부하가 같이 증가해서 승모근에 스트레스를 가한다.

Pronator Teres (원회내근) /
Pronator Quadratus (방형회내근)

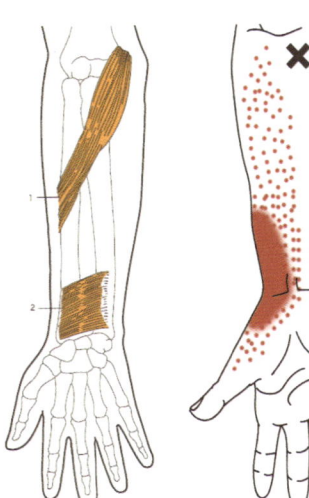

회내근 문제시 흔한 증상

1. 손목과 전완의 내측 깊은 쪽으로 통증을 방사한다.
2. 손목과 손바닥 쪽 외측에 깊숙한 통증을 방사한다.
3. 팔짱을 끼는 습관은 회내근의 단축성 긴장을 유발한다.

장시간 핸들을 잡고 운전을 하거나 마우스 사용을 오랫동안 하면 주로 발생하는 통증 양상들로 우에 보이는 두 가지 근육이 함께 사용됨으로 항상 같이 풀어 주어야만 효과적이다. 마사지 볼을 활용하여 원을 그리며 부드럽게 마사지해보자.

Tip 손목 터널 증후군과도 연관되기 때문에 본인의 손가락을 쳐다보고 좀비처럼 구부리고 있다면 어서 열심히 마사지를 해줘야만 한다.

요통 Low Back Pain

요통은 태권도 품새 선수가 겪는 주요 원인 증상 중에서 가장 큰 빈도를 차지할 정도로 매우 흔한 질환이며 평생 80%의 사람들이 한 번 이상 요통을 경험하고 대부분 요통은 큰 문제나 합병증을 발생시키지 않는 좋은 경과를 보이지만 일부에서는 합병증이나 장애를 유발하는 심각한 질병일 수도 있다.

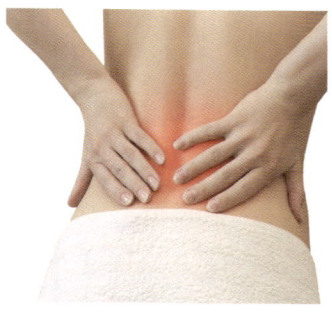 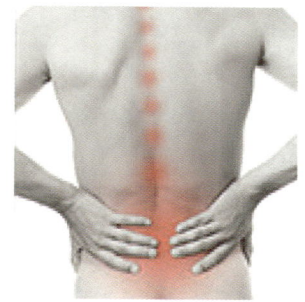

증상

요통은 허리에만 통증이 있는 경우가 가장 많으나 경우에 따라서는 하지의 통증을 함께 호소하거나 하지의 근력 약화, 감각 저하가 함께 나타나는 경우도 있다. 대개 디스크 질환의 경우 허리를 앞으로 숙일 때 증상이 심해지는 양상이고, 척추관 협착증이나 추간관절 증후군의 경우 허리를 뒤로 젖힐 때 증상이 심해지는 경우가 많다.

원인

요통은 척추뼈, 추간판(디스크), 관절, 인대, 신경, 혈관 등의 기능 이상 및 상호 조정이 어려워짐으로써 발생하는 허리 부위의 통증을 말한다. 품새 선수의 경우에는 과장된 서기 자세와 반복적인 발차기 동작으로 인한 대퇴부 근육들의 단축으로 인한 골반의 전방 경사가 통증을 유발할 수 있으며, 무릎을 들어 올리는 동작으로 인한 장요근의 과활성화 및 몸통 회전 동작으로 인한 복사근과 요방형근의 문제, 자유 품새 공중 동작 후 잘못된 착지로 인해서도 발생한다.

Rectus Abdominis (복직근)

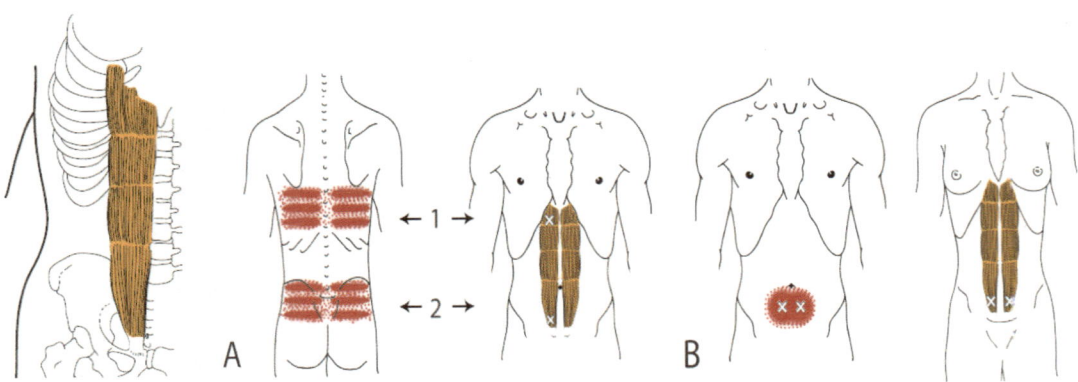

복직근 문제시 흔한 증상

1. 상부 복직근 문제시 수평으로 가로지르는 통증을 호소한다.
2. 복부 경련이나 복통 같은 감각이 나타나면 배꼽 주위의 문제다
3. 천장관절이나 요부에 허리를 가로지르는 통증은 하부 복직근 문제다.
4. 치골결합 부위 하부 복직근에 문제시 생리통이 심해진다.

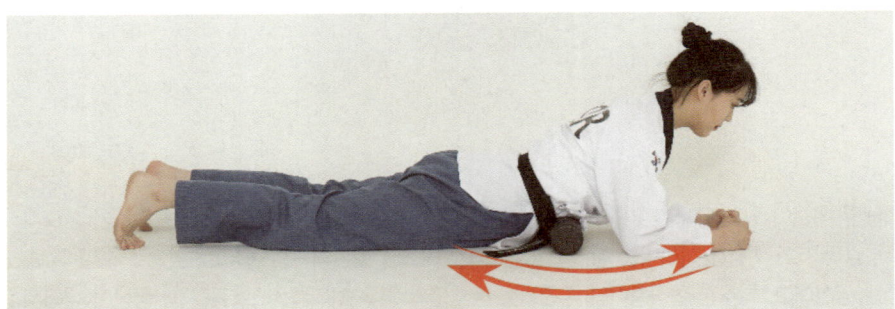

복직근은 운동만 하지 잘 풀어주지 않아 많은 문제를 겪게 되는데 복직근의 단축은 소화불량이나, 호흡의 기능장애, 골반 불균형의 원인이 되기 때문에 복근 운동 후 항상 마사지 볼이나 폼롤러를 활용해서 복직근의 시작점임 흉골에서부터 골반 앞쪽까지 부드럽게 마사지 해주어야 한다.

> **Tip** 골반 양쪽 앞에 튀어나온 뼈가 만져지는 부분과 그 사이를 잘 풀어줘야 한다.

External / Internal Oblique (외/내복사근)

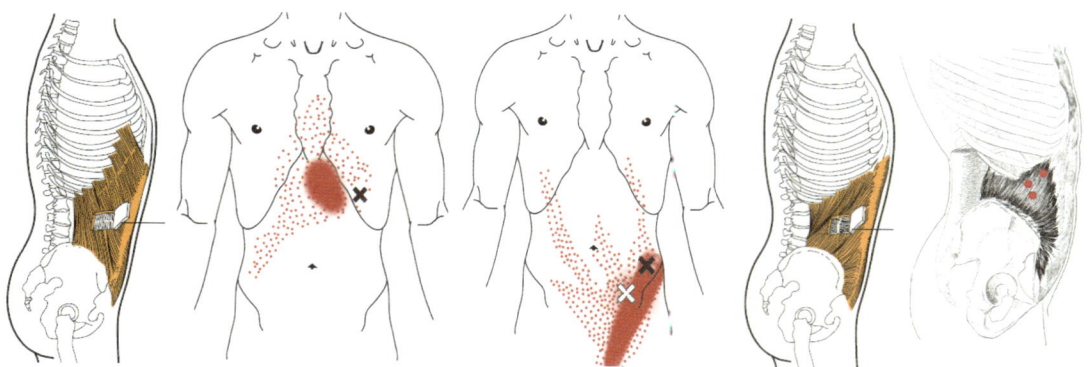

외/내복사근 문제시 흔한 증상

1. 복부를 가로질러 치골결합 쪽 통증 발생
2. 명치 부분 속이 답답하고 가슴이 뜨거운 증상 발현
3. 외복사근 하부는 서혜부, 고환 등 복부의 다른 쪽에 통증이 발생
4. 요추의 회전 동작을 제한하게 되면 허리에 통증을 방사

복사근에 문제가 생기면 흉곽이 열리면서 호흡이 돼야 하는데 횡격막의 기능도 같이 문제가 생기게 되어 호흡도 약해진다. 아울러 몸통 회전 능력도 떨어지기 때문에 마사지 볼이나, 폼롤러를 활용해서 옆으로 눕거나, 엎드려 한쪽 다리를 끌어올린 상태에서 부드럽게 마사지해줘야 한다.

> **Tip** 갈비뼈 하부는 부유늑골로 불안정하기 때문에 강한 압박을 가해서는 안되기 때문에 주의해야 한다.

Erector Spinae (척추기립근)

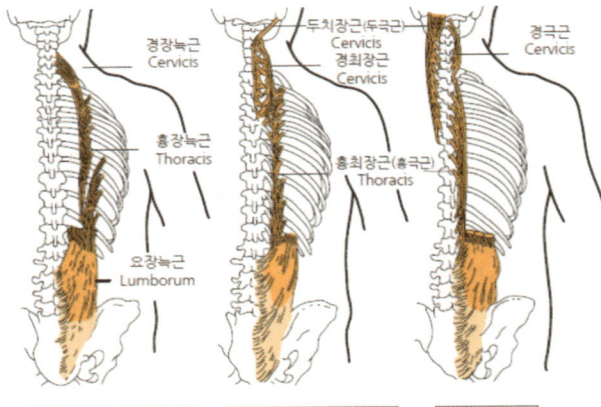

척추기립근 문제시 흔한 증상

1. 허리 통증의 대표적 피해자 근육
2. 꼬리뼈 통증 발생 근육
3. 몸통 회전 동작 시 등뼈의 제한 시 강력한 허리 통증 유발
4. 골반의 변위로 인한 허리 통증 피해자 근육

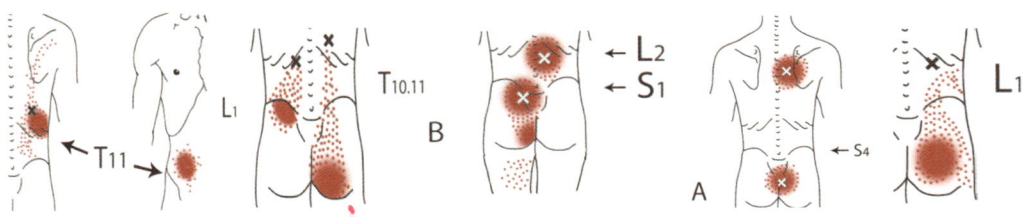

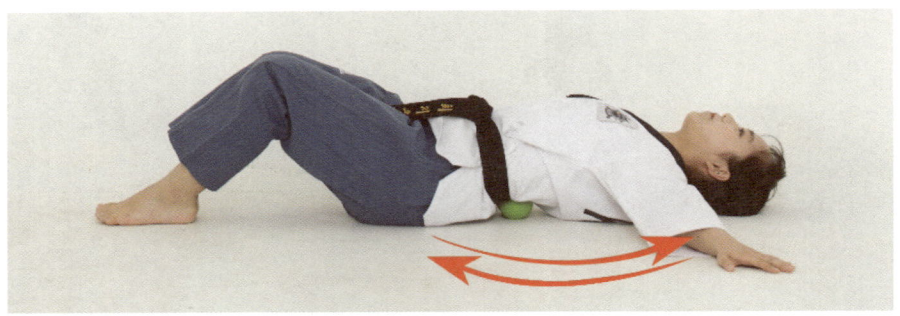

척추의 뻣뻣함이나 숙이는 동작이나 몸통의 제한된 운동 범위의 원인이 바로 척주 기립근의 과도한 긴장 때문인 경우가 많은데 천장관절의 기능까지 문제를 함께 일으키기 때문에 엉치뼈 주변의 천장관절부터 시작해서 기립근을 따라 위로 올라가면서 좌우를 모두 풀어 주어야 한다.

Tip 기시 부위(천장관절 주변)부터 시작해서 위로 올라가면서 풀어주어야 더 효과적이다.

Latissimus Dorsi (광배근)

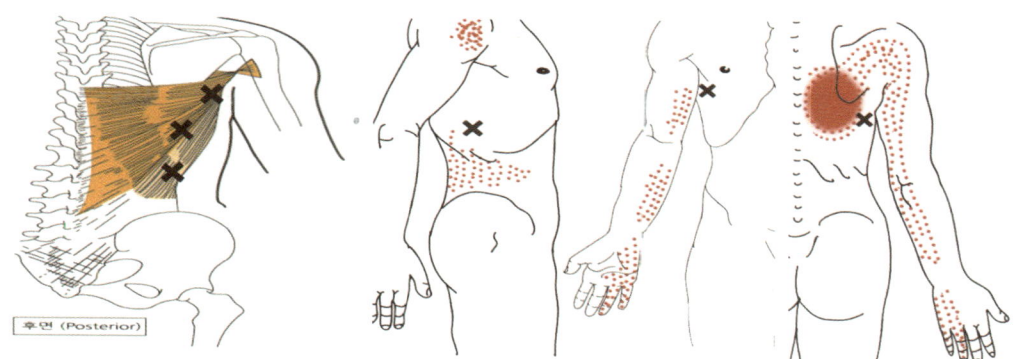

광배근 문제시 흔한 증상

1. 하부 흉추, 요추 후만, 골반 후방 경사는 광배근의 약화와 관련.
2. 엉덩이(천골) 부위가 무거운 느낌을 들게 한다.
3. 흉추 중앙 부위와 견갑골 하각의 통증과 연관된다.
4. 견갑골을 하강시키는 기능을 담당하는 중요한 근육이다.

광배근 문제시 팔을 들고 다니게 되는데 그 모습이 부엉이처럼 보이기도 한다.
그 원인은 광배근 정지 점이 한번 꼬여서 붙게 되는데 단축이나 경직될 경우 말려 올라가기 때문이다. 어깨의 좌/우 불균형 또한 광배근이 하나의 원인이기 때문에 옆으로 누워 몸을 뒤쪽으로 기울이며 광배근의 후면을 마사지해주어야 한다.

> **Tip** 여성들의 광배근은 브래지어 끈에 의해 평생 압박받고 이로 인해 통증이 발생하고, 옆구리 비만, 천골(엉덩이) 부분의 지방이 많이 끼는 것과도 관련이 깊다.

Iliopsoas (장요근)

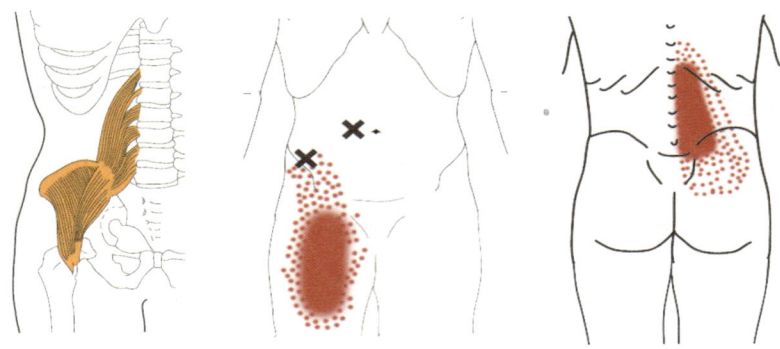

장요근 문제시 흔한 증상

1. 동측의 요추를 따라서 수직으로 허리 통증이 발생
2. 통증이 심하면 천골과 둔부 내측까지 퍼질 수 있다.
3. 동측의 서혜부와 무릎 통증 유발(요신경총)
4. 오랜 시간 좌식 업무로 퇴근 후 자려고 누우면 허리 통증 발생

요통의 주원인이 바로 이 장요근의 문제다. 우리 몸에서 상/하체를 연결해주는 중요한 기능과 무릎을 끌어올리는 기능을 하는 근육인데 높은 구두 착용 및 굽 있는 운동화 때문에 대부분의 사람이 골반의 전방 경사 문제를 가지고 있고 이로 인해 요통의 많은 이유가 이 장요근 때문이다. 골반 안쪽부터 척추 좌/우로 붙는 이 근육을 풀어 주기 위해서는 마사지 볼을 활용해 근육의 모양을 따라 올라가며 풀어주어야 효과적이다.

Tip 장요근 같은 경우 골반의 전방 경사 시 통증이 더 심하기 때문에 대퇴직근을 먼저 풀어준 후 적용하는 것이 효과적이다.

Quadratus Lumborum (요방형근)

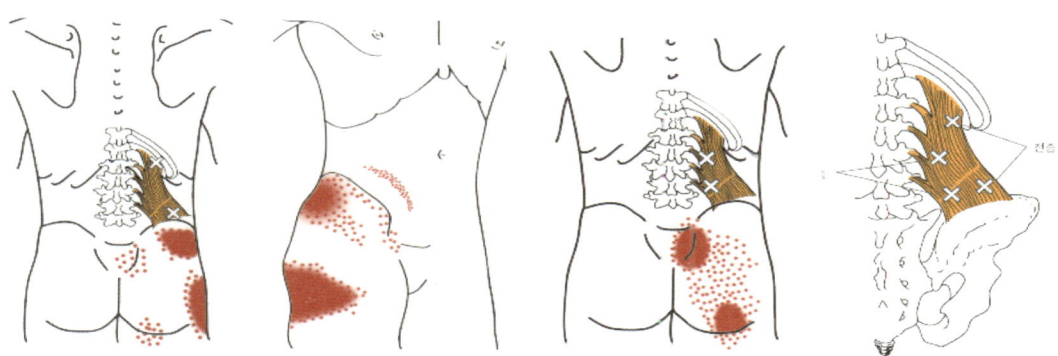

요방형근 문제시 흔한 증상

1. 아침에 급성 요통 및 외측으로 허리 굴곡 시 통증 발현
2. 오래 걸을 때 외측 허리의 안정성 결여로 인해 허리 통증 유발한다.
3. 다리 길이 불균형 시 강력한 통증이 발생한다.
4. 허리 통증이 주로 허리 가로로 나타남

요방형근에 문제가 생기면 주로 골반 후면인 엉덩이 부위, 엉치뼈, 천장관절 부위, 고환, 음낭 및 하복부까지 통증이 유발되기 때문에 장골능부터 시작해서 좌/우로 움직이며 마사지를 해주어야 한다. 주로 마사지 볼보다는 폼롤러를 활용하는 게 효과적으로 근육을 이완시킬 수 있다.

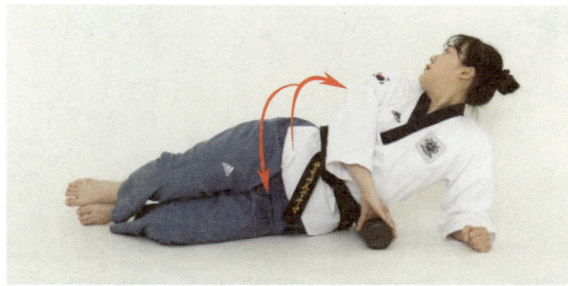

Tip 옆차기 동작의 문제가 생기는 이유가 주로 이 요방형근의 유착의 문제로 발생할 수 있다.

슬개대퇴 동통 증후군 Patellofemoral Pain Syndrome

무릎 앞쪽에 통증이 발생하는 모든 질환을 의미하며 특히 발차기와 착지 동작이 많은 품새 선수들에서 흔히 발생하며, 전슬개동통 증후군, 슬개대퇴관절 부정 정열 증후군 및 슬개골 연골 연화증(연골이 말랑해지는 것) 등이 속한다.

원인

무릎 통증은 슬개골이 무릎 중앙에 있지 못하고 주로 바깥쪽이나 안쪽으로 쏠려 있는 부정렬이나, 완전 또는 부분 탈구나 외상, 허벅지 근육의 부상으로 인한 약화, 불균형 및 긴장, 평발 등이 원인이 되고, 무릎을 구부렸다 폈다 하는 동작을 많이 하는 경우에 발생한다.

증상

무릎 전면 부위의 통증과 슬개골 밑의 부위 및 주변부에서 통증을 임상적으로 많이 호소한다. 주 증상은 통증이지만 경우에 따라서는 무릎에서 염발음(crepitus)이 나기도 하고 무릎의 움직임이 뻣뻣하다고 느낄 수도 있다. 통증 자체도 문제이지만 체중 부하를 해야 하는 발차기 동작들의 제한으로 인한 품새 선수의 경기력 저하가 중요한 문제이다.

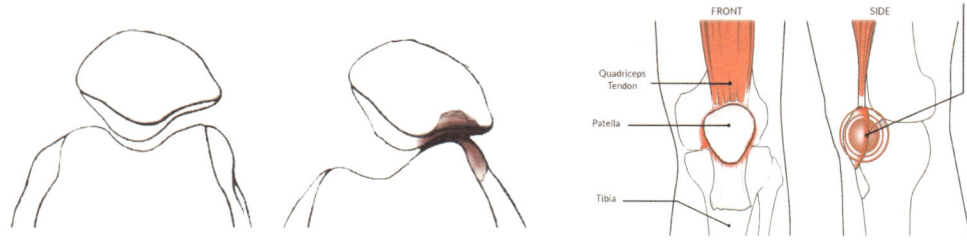

슬개골의 부정렬

슬개골은 대퇴골 원위부의 전방에 위치하고 슬관절의 전방을 보호하며 대퇴사두근의 신전 기전에 도움을 주고 있다. 슬관절의 굴곡 및 신전 운동 시 슬개골이 안정된 위치를 차지하고 정상적인 기능을 수행하려면 1. 대퇴 슬개 관절의 관절면의 모양 2. 대퇴골과 경골이 이루는 각도 3. 경골 결절로부터의 슬개골의 높이 4. 슬관절의 안정에 관여하는 동적 안정성(대퇴사두근, 슬관절 굴곡근)과 정적 안정성(대퇴 슬개 관절의 형태, 내외측 슬개 지대, 내외 측 대퇴 슬개인대 및 슬개건)의 기능이 정상이어야 한다.

Rectus Femoris(대퇴직근), Vastus Intermedius(중간광근)

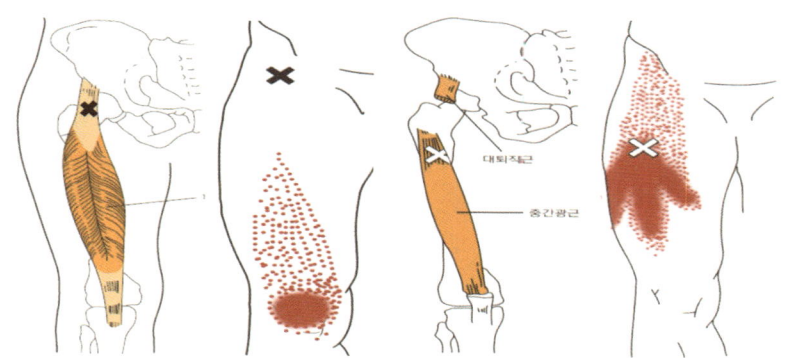

대퇴직근, 중간광근 문제시 흔한 증상

1. 대퇴 상부에 발생한 통증 유발점이 슬관절 통증을 유발한다.
2. 대퇴직근 문제시 계단을 내려갈 때 무릎 전면으로 통증을 호소한다.
3. 중간광근의 발통점은 대퇴직근 아래 숨겨져 있다.
4. 계단을 올라가기 힘들면, 중간광근에 문제가 원인으로 통증이 발성한다.

일상생활에서 가장 많이 발생하는 통증 중 하나가 계단을 올라가거나 내려갈 때 발생하는 무릎 통증인데 대부분 대퇴사두근 중에 이 두 근육의 문제시 발생한다. 골반의 바로 앞쪽에서부터 시작해 슬개골 아래까지 풀어 주어야 한다.

Tip 허리 통증의 원인 중에 하나기도 하며 골반의 전방 경사가 되는 주원인이다. 장요근 스트레칭 전 대퇴사두근 스트레칭 및 근막 이완을 먼저 실행해 주어야 한다.

Vastus Medialis, Lateralis (내측광근, 외측광근)

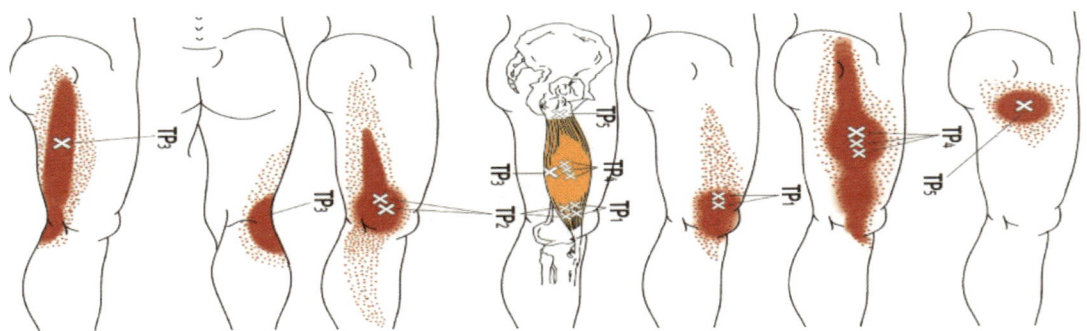

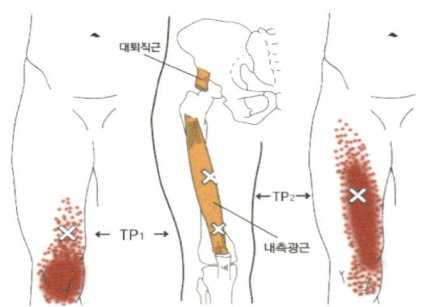

내/외측광근 문제시 흔한 증상

1. 무릎 전 내측에 통증, 열감도 동반
2. 통증보단 무릎의 기능적인 약화를 일으킨다.
3. 무릎 외측 통증 일으키고, 누르면 시큰한 느낌
4. 무릎의 후 외측까지 통증이 방사

내/외측광근에 문제가 생기면 내측으로 열감이나 부종이 발생하기도 하고 무릎의 부종과 불안정성의 원인이 된다. 무릎의 얘기치 못한 근력 약화와 무릎 꺾이는 증상의 원인이기도 하다. 내측광근은 내전근과 함께 외측광근은 TFL과 중둔근과 함께 풀어주어야 더 효과적이다. 폼롤러나 땅콩 볼을 활용해 무릎을 접고 좌우로 움직여 주면서 풀어주어야 효과적이다.

Tip 무릎 불안정성은 이외에도 슬와근의 문제일 수 있으므로 같이 관리해 주어야 한다.

Popliteus (슬와근)

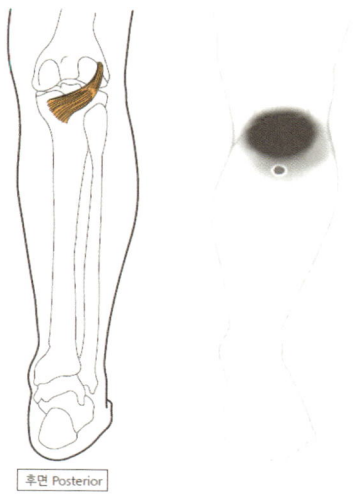

슬와근 문제시 흔한 증상

1. 내리막길 시 통증 (대퇴골이 앞으로 튀어 나가는 것을 제어)
2. 종아리 아래쪽 저림 증상 관련 (경골신경)무릎을 펼 때 통증이 발생
3. 통증으로 인해 무릎을 구부리기 힘듦 (쪼그리기 자세가 불가능)

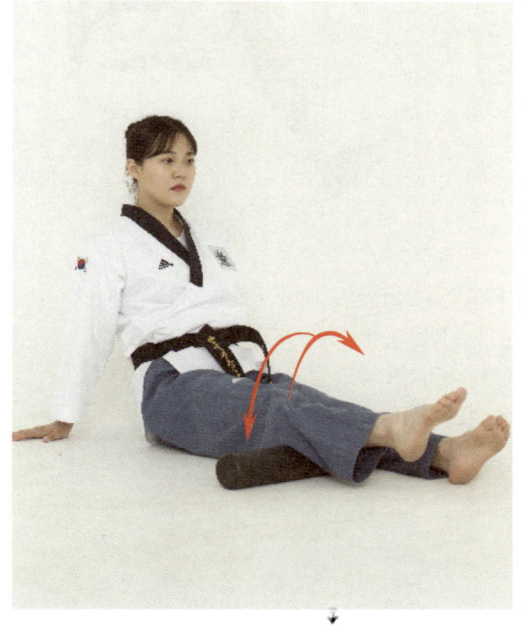

계단을 오르거나 런지 같은 동작을 할 때 무릎이 좌/우로 흔들리며 꺾이거나 통증이 생기는 경우 걷기 초기 동작 통증 발생 시 슬와근에 문제인 경우가 많기 때문에 마사지 볼을 활용하여 무릎 뒤에 위치시킨 후 좌우로 가볍게 문질러 준다.

Tip 퇴행성 관절염 환자가 아침에 슬와근 문제로 최초 보행이 힘들 수 있으며, 슬와근 건변증이 있을 때는 무릎 외측부 통증이 발생할 수 있다.

장경인대 증후군 Iliotibial Band Syndrome

'장경인대증후군'이란 장경 인대와 대퇴골의 외측 상과 사이에서 발생한 과도한 마찰로 무릎 바깥쪽에 통증이 생기는 것을 말한다. '장경인대'란 장골에서부터 경골의 상부까지 이어진 두꺼운 대퇴 근막을 말하며, 장경인대의 근위부의 뒤쪽에는 대둔근이 있고 앞쪽에는 대퇴근막장근이 있다. 장경인대는 무릎을 편 자세를 유지하게 해주며 무릎이 반쯤 굽힌 상태에서 체중을 지지하여 안정성을 유지한다. 이러한 역할을 하기 때문에 장경인대증후군은 지속적인 굴곡과 신전 운동을 하는 품새 선수에게서 많이 발생한다. 통증은 휴식을 취하거나 다리를 쭉 뻗어서 걸으면 완화되고 무릎을 구부리면 통증이 다시 나타난다.

원인

1) 장경인대가 짧아진 경우
2) 엉덩이, 골반, 다리 근육들의 길이가 짧아진 경우
3) 두 다리의 길이가 같지 않을 경우
4) 운동선수가 잘못된 자세로 연습한 경우 :
   보폭의 거리, 뛰는 기술의 문제, 발의 구조적 장애
5) 반복적인 체중 부하 운동 : 품새 서기 자세의 과도한 반복
6) 대퇴외 결절이 선천적으로 돌출된 경우
7) 앞차기, 옆차기의 과도한 반복
8) 바깥쪽 발뒤꿈치 부위의 마모가 많이 된 신발을 신을 경우

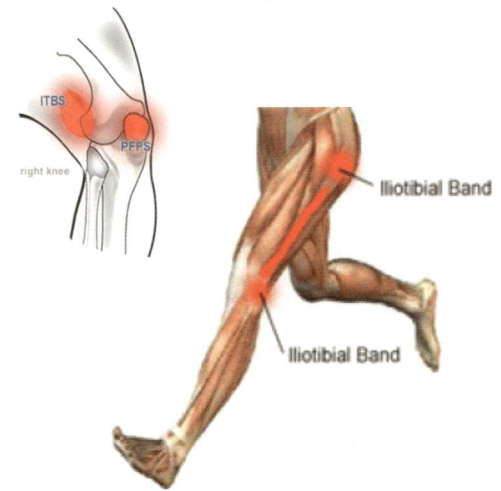

증상

무릎 바깥쪽 통증이 있으며 주로 무릎 바깥쪽의 관절면에서 위쪽으로 2cm 정도 떨어진 곳에 자주 생긴다. 내리막길을 달릴 때 통증이 발생하기 쉽고 휴식을 취하면 통증이 완화된다. 무릎을 구부리거나 펼 때 소리가 나기도 한다. 통증이 경골이나 관절의 측면을 따라 퍼지는 양상이 나타나며 30도 정도 무릎을 구부린 상태로 서 있을 때 통증이 증가한다. X-ray 방사선 검사에서는 뚜렷한 변형이 드러나지 않는 경우가 많다.

Tensor Fascia Latae (대퇴근막장근)

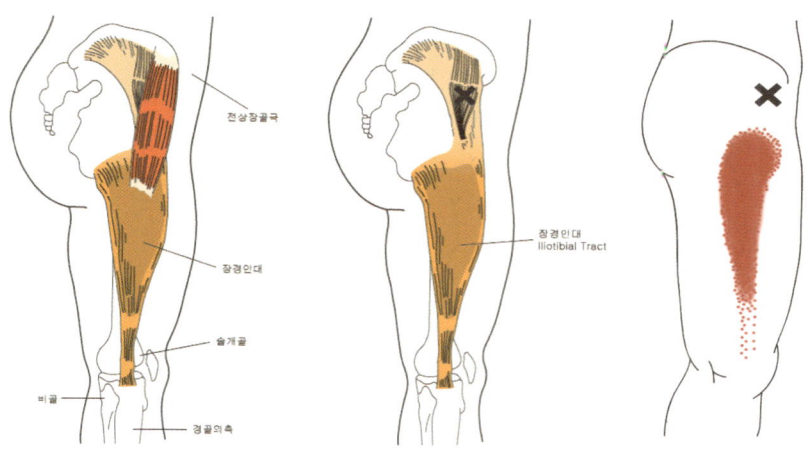

대퇴근막장근(TFL) 문제시 흔한 증상
1. 고관절 부위와 대퇴부 외측에 대한 통증, 심하면 무릎까지 방사
2. 고관절이 씹히는 느낌과, 대전자 부근에 통증 혹은 쑤심 현상을 호소
3. 통증 때문에 빠르게 걷기가 불가능하고 걸음걸이가 느린 게 특징이다.

무릎 외측 통증이나 O 다리가 되는 원인 중 하나가 이 TFL 근육의 문제이다. 전체적인 문제라고 보기보다는 겹쳐져 있는 중둔근 부분의 유착으로 인한 문제가 많이 발생함으로 마사지 볼을 이용하거나 폼롤러를 활용해 위 첫 번째 그림의 부분을 마사지해 주어야 한다.

> **Tip** 대퇴근막장근(TFL) 단독 통증도 있지만 대부분 다른 고관절 근육들 (대퇴직근, 장요근, 봉공근, 중둔근 등)으로 인한 연관된 통증도 많다.

Gluteus Medius (중둔근)

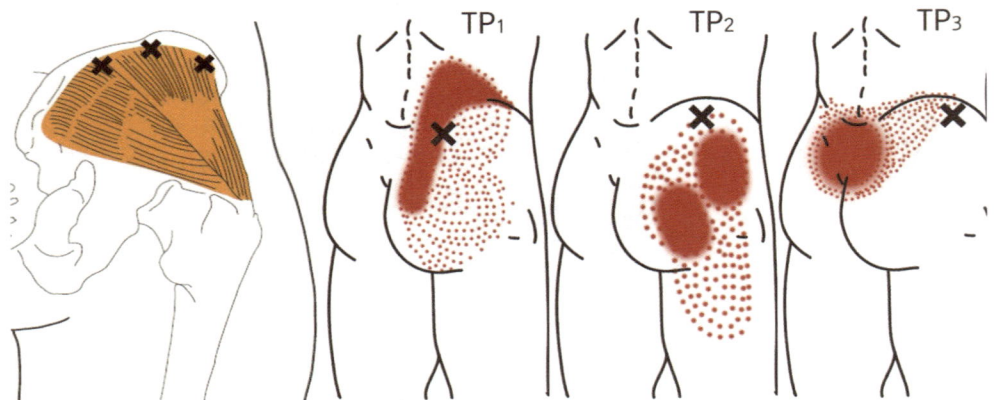

중둔근 문제시 흔한 증상

1. 엉치뼈 전체 통증으로 오래 서 있지 못한다.
2. 엉덩이 후면(천장관절)과 외측면으로 통증이 나타남
3. 임산부들에게 흔한 고관절 통증의 원인
4. 짝다리 시 허리, 대퇴에 통증이 발생

많은 사람이 힙업을 원하지만 동양인의 좌식 생활 문화 때문에 중둔근 단축 문제가 많이 발생해서 애플힙이 아니라 아이폰 애플힙인 경우가 많다. 중둔근 단축으로 아이폰 애플처럼 한쪽 부분이 움푹 들어가 있기 때문에 TFL을 풀그 난 후 다리를 접고 마사지해 주어야만 중둔근을 마사지할 수 있다.

Tip 통증 발생 시 목 통증과 두통에 관여할 수 있다.

Gluteus Minimus (소둔근)

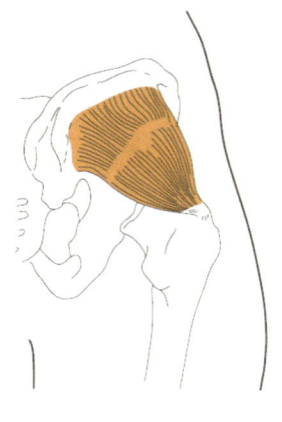 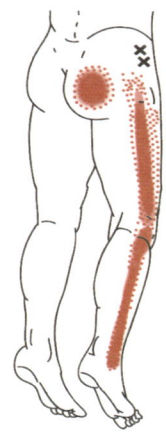 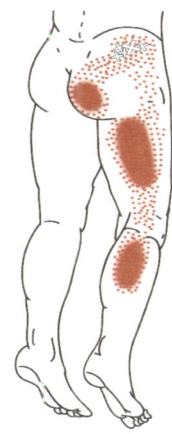

소둔근 문제시 흔한 증상

1. 무릎 외측, 하지 비골 부분의 통증이 발현
2. 둔부 대부분이나 대퇴와 종아리 뒤쪽에 통증이 발현
3. 엉덩이 부근에서 대퇴의 뒤쪽, 바깥쪽까지 저림 증상이 나타난다.
4. 특히 장시간 오래 앉아있다가 일어나려고 할 때 통증 발생

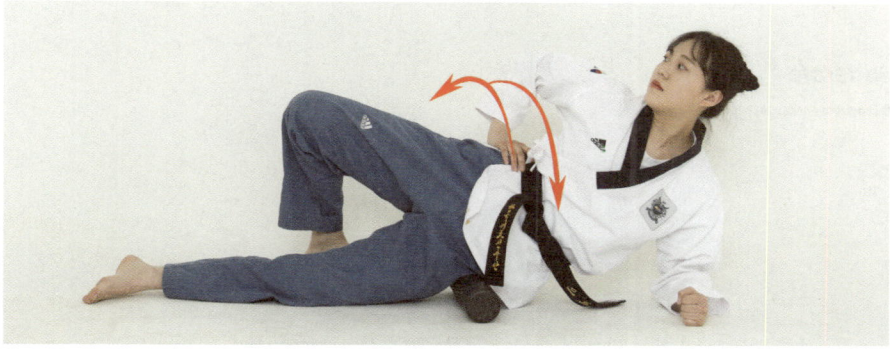

앉았다 일어날 때 아파요, 좌골신경통을 일으키는 가장 큰 원인이 되는 근육이 바로 소둔근인데 고관절 외전과 안쪽으로 회전시키는 내회전의 역할을 한다. 양반다리가 안되는 문제 또한 이 근육의 문제 때문이다. 폼롤러를 활용해 측면에서 몸을 앞쪽으로 기울이면서 마사지해 주어야 효과적으로 관리할 수 있다.

> **Tip** 중둔근도 전방 섬유와 측방 섬유로 이루어져 있기 때문에 소둔근과 겹쳐 있는 부분이 문제가 되는 경우가 많기 때문에 같이 풀어줘야 한다.

햄스트링 손상 Hamstring Strain

햄스트링이란, 대퇴부의 뒤쪽에 위치한 근육 그룹으로 무릎을 구부리는 작용을 한다. 대퇴이두근 (Biceps femoris), 반막양근 (Semimembranosus), 반건양근 (Semitendinosus)의 3개의 큰 근육으로 이루어져 있는데, 이 3개의 근육 그룹에 생긴 손상으로써 달리기나 점프 같은 스포츠 활동을 하는 동안에 근육들이 강하게 수축 시 발생한다. 품새 선수들에게는 옆차기 시 지지하는 다리의 햄스트링이 신장성 수축을 하는 과정에서 그 힘을 버티지 못하였을 때 흔히 발생한다.

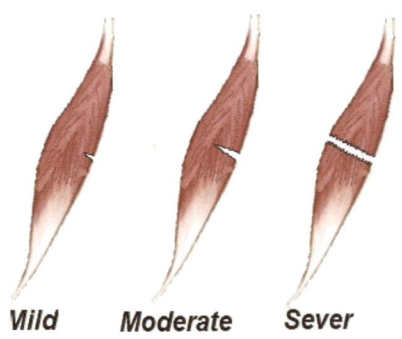

원인

햄스트링 손상은 엄지발가락으로 땅을 밀어내고 앞으로 나아가는 단계에서 갑작스럽게 강한 구심성 수축이 일어나거나 또는 달리는 동안 무릎의 신전과 고관절의 굴곡에 대항하여 그 속도를 감소시키려고 하는 강한 원심성 수축이 빠르게 일어날 때 발생한다.

증상

1도 손상은 햄스트링 부위의 통증을 호소하며 촉진 시 압통과 부종.

2도 손상은 주로 운동 시 '뚝' 소리를 느끼며 피하 출혈(멍)이 관찰되고 촉진 시 중등도 이상의 압통 호소, 근육 결손이나 심한 부종이 관찰

3도 손상은 촉진 시 심한 압통과 부종이 있고 근건 이행 부에 결손이 명확히 감지되고 1~3일 후 중등도 이상의 피하 출혈(멍)이 관찰

손상의 발생 원인은 품새 특성상 과도한 다리의 신전 동작으로 과부하가 되고, 대퇴사두근과 햄스트링의 근력 불균형, 피로, 걷거나 달릴 때의 자세, 다리 길이의 차이, 운동 범위 제한 등이 있을 수 있다.

Biceps Femoris (대퇴이두근)

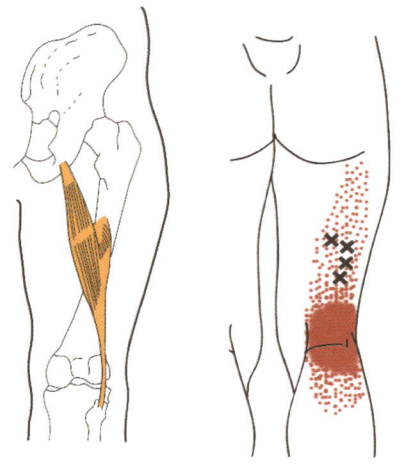

대퇴이두근 문제시 흔한 증상

1. 무릎 뒤 깊숙이 쑤시는 통증의 원인
2. 좌골신경통으로 오해
3. 무릎 펴고 걸을 때 통증이 발생
4. 앉아서 오랜 업무나, 쪼그려서 일하는 직업군의 경우 통증

허리 통증과 골반의 불균형 및 유연성과 관련이 있는 근육이 대퇴 이두근으로 무릎 뒤가 쑤시고, 둔근의 주름 부위와 종아리까지 통증이 퍼져 나가기 때문에 둔근 주름 부위에 좌골 결절 부위에 폼롤러나 마사지 볼을 위치한 후 좌우로 먼저 움직이며 풀어준 후, 근육의 생긴 모양에 따라 위에서 아래쪽으로 문질러 주어야 효과적이다.

Tip 힙 업이 잘 안되는 이유와 허리를 숙일 때 손이 바닥에 안 닿는 문제는 주로 대퇴이두근의 문제이다.

Semitendinosus (반건양근), Semimembranosus (반막양근)

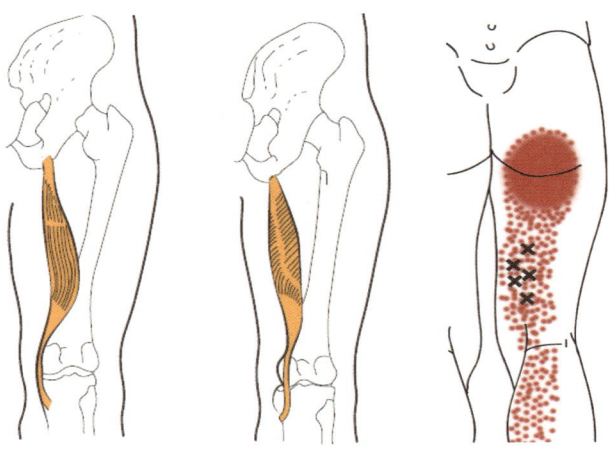

반건양근, 반막양근 문제시 흔한 증상

1. 무릎 뒤쪽, 내측에 대한 통증 유발
2. 둔부 주름 부위에 특징적으로 통증 발생
3. 환자들은 대퇴사두근의 이완성 긴장 증상
4. 햄스트링의 단축성 긴장이 원인

무릎을 펼 때 덜 아프다고 이야기하고, 무릎이 한쪽으로 돌아가 잘 삐는 현상이 일어나는 경우가 많으며 기시부에서(둔근 주름) 문제가 많이 발생함으로 허벅지 뒤쪽의 안쪽에 마사지 볼이나 폼롤러를 활용해 마사지를 해주어야 한다.

Tip 응용동작으로 의자에 앉아서 마사지 볼을 활용해 무릎을 접었다 펴면서 풀어주면 더욱 효과적이다.

서혜부 통증 증후군 Groin Pain Syndrome

품새 선수들이 고생하는 부상중 하나가 서혜부(Inguinal Region) 통증이다. 이 주변에는 림프와 비뇨기계, 생식기계가 지나고 있으며 사타구니 통증이라고 부르기도 하고, 과도한 발차기 동작을 하는 경우 발생 한다.

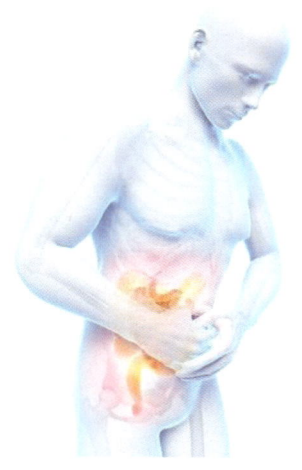 

사타구니 통증의 원인, 서혜부 탈장

정상적인 경우 복강 안에 위치한 장기는 복막 안에 위치하지만, 복벽의 약한 부분을 통하여 장기가 밖으로 나오는 경우를 사타구니 탈장이라고 한다. 직접 탈장은 후복벽의 약한 부분을 통하여 튀어나오게 되며, 간접 서혜부 탈장은 선천적으로 막혀있어야 하는 서혜부 관이 열린 채로 남아있어 장기가 나오는 경우를 말한다. 간간히 사타구니 멍울이나 사타구니 종기처럼 부어오르는 증상을 호소하며, 덩어리가 만져지지 않는데도 불구하고 한 쪽 사타구니가 불편한 것을 느낄 수도 있다. 서혜부에 탈장이 내려와서 올라가지 않으면 서혜부 통증이 심해지기도 한다.

서혜부 탈장을 예방할 수 있는 방법은 복압을 상승시키는 원인이 되는 골반기저근들을 교정하고 신경쓰는것이 필요하며, 변비, 비만도 탈장을 일으키는 원인이 될 수 있고 내전근들의 과활성화와 단축 문제를 미리 관리해 주는 것이 필요하다.

Adductor Muscle (내전근)

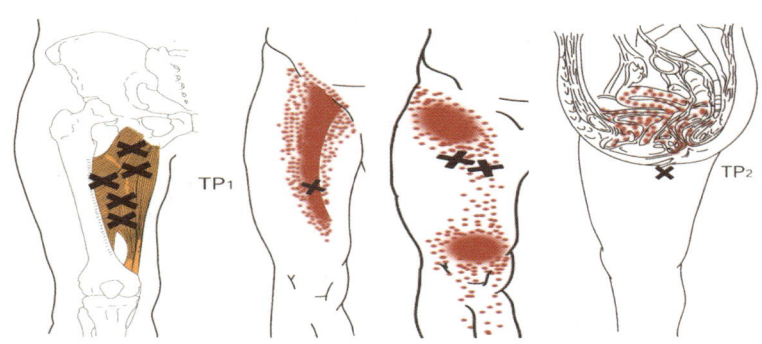

내전근 문제시 흔한 증상

1. 걸을 시 무릎 내측 통증과 서혜부 깊숙이 대퇴 상부에 통증 발생
2. 심한 운동이나 근육에 대한 과부하 시, 서혜부와 대퇴 내측에 통증 호소
3. 슬관절 염증으로 오인
4. 하복부가 쑤시는 느낌, 성교 시 음부나 성기가 따갑고 통증 발생

내전근에 문제는 활발하게 활동 시 통증 양상을 보이며, 대내전근, 단내전근, 치골근, 박근 등 수많은 근육이 모여 있기 때문에 다양한 움직은을 함께 해주어야만 효과적으로 마사지해줄 수 있다. 가장 안쪽부터 폼롤러나 땅콩볼을 위치하고 무릎을 접었다 펴면서 풀어주거나 회전해 주면서 풀어주어야 더 효과적이다.

Tip 여성은 생리통 관련 통증 근육이며, 남성은 통증 시 비뇨생식기 질환으로 오인 가능성이 많은 근육이다.

Sartorius (봉공근), Gracilis (박근)

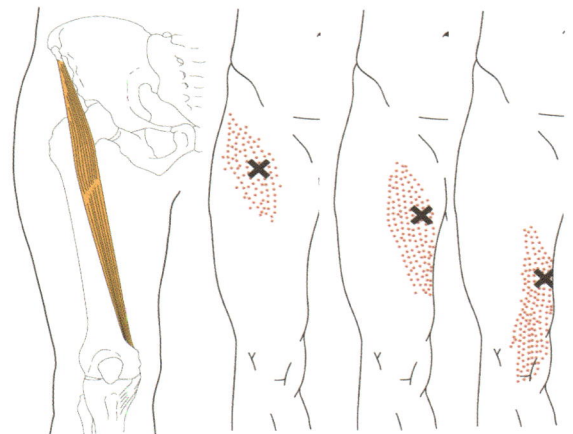
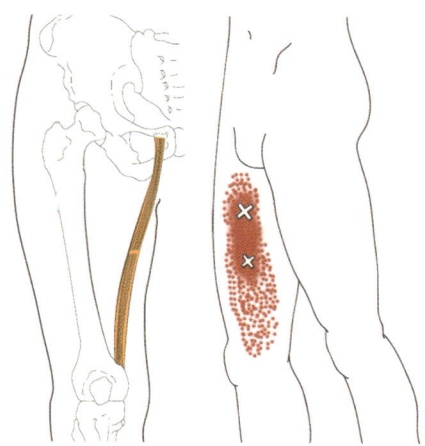

봉공근, 박근 문제시 흔한 증상

1. 제기차기, 양반다리 시 통증
2. 대퇴 전외측이 따갑고, 냉감이 느껴짐
3. '허벅지가 시리고 아프다'
4. 단독으로 통증이 발생하는 경우는 드물다
5. 걸을 시 내측 무릎 통증
6. 서혜부 깊숙이 대퇴 상부에 통증
7. 심한 운동이나 근육에 대한 과부하 시, 서혜부와 대퇴 내측에 통증 호소

인체에서 가장 긴 근육 중 하나가 봉공근이며 제기차기할 때 봉공근을 주로 사용하는데 품새에서는 금강에서 이 근육이 많이 사용되고 이로 인해 무릎 통증과 연관이 깊은 근육이다. 사진과 같이 앉은 자세에서 골반 앞쪽 뼈부터 시작해서 라인을 따라 마사지 볼로 마사지해주어야 효과적이다.

> **Tip** 봉공근과 박근은 통증 양상이 비슷하기 때문에 같이 풀어주어야 더 효과적이다.

이상근 증후군 Piriformis Syndrome

품새 선수가 발차기 시 순간적으로 찌릿한 통증이 있는 경우는 이상근으로 인해 좌골신경이 압박을 받아 엉덩이와 허벅지 뒤쪽, 때로는 종아리와 발까지 통증과 감각 이상을 초래하는 질환을 의심해 볼 수 있으며 이를 이상근 증후군이라 한다.

주위 조직에 의해서 신경이 눌려서 발생하는 통증과 통증이 유발되는 부위와 관련된 연관통 때문에 이중으로 고통을 받게 된다.

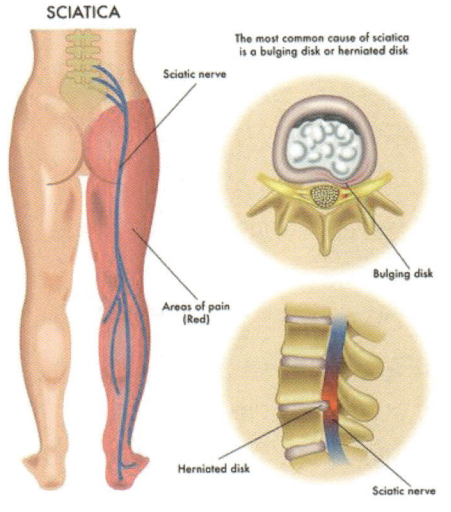

원인

이상근증후군의 원인은 통증이 유발되는 부위부터 연관된 근막통, 대좌골공이라는 해부학적 구멍에서 이상근에 의한 신경과 혈관의 압박, 천장관절의 기능 이상 등이 주된 원인이다. 또 이상근의 비정상적인 두꺼워짐, 골화성근염, 좌골신경의 해부학적 이상도 원인이 될 수 있고, 이상근에 변화가 있다면 좌골신경을 압박할 수 있는 것이다. 즉 좌골신경의 해부학적 이상이 이상근증후군의 발병 빈도를 높인다고 할 수 있다.

증상

- 이상근증후군은 움직일 때 심한 고관절 통증을 호소하며 다리로 이어지는 방사통도 있다.
- 허리, 사타구니 부위, 항문 주변, 허벅지 뒤쪽, 다리, 발의 통증, 배변을 할 때 직장의 통증이나 이상감각으로 다리로 이어지는 방사통이 나타나 허리디스크(요추 추간판 탈출증)으로 오인할 수 있다.
- 척추관협착증, 후관절증후군, 천장관절의 이상, 대퇴전자점액낭염, 골반 종양 및 당뇨병성 합병증 등 좌골신경통을 유발하는 다른 질환들과 구분하는 것이 필요하다.

단 이상근증후군의 확진은 임상적 소견과 각종 검사 소견을 종합하여 판단한다.

Gluteus Maximus (대둔근)

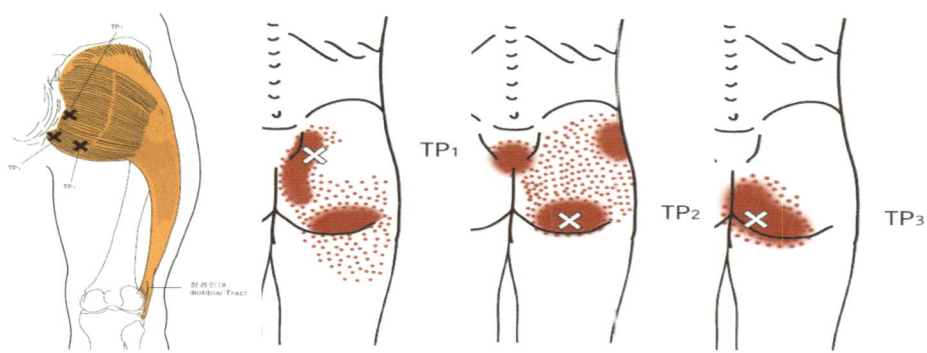

대둔근 문제시 흔한 증상
1. 둔부 전체에 대한 통증과 앉을 때 뼈가 눌리는 듯한 통증을 호소
2. 꼬리뼈의 미골 통증의 가장 유력한 원인
3. 통증은 대퇴로 방사하지 않고 후면부 위주로 발생한다
4. 오래 서 있거나, 등산과 같은 오르는 행위를 할 때 통증을 유발

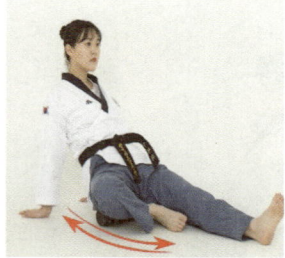

대둔근에 문제가 생기면 걸을 때 엉덩이가 한쪽으로 빠지는 증상이 많으며, 통증 시 허리 보상작용을 많이 하기 때문에 요통의 원인이 되기도 한다. 그렇기 때문에 마사지 볼이나 땅콩볼을 활용해 천장 관절 부위를 풀어주고, 폼롤러를 활용해 전체적으로 관리를 해주어야 한다.

Tip 햄스트링의 단축이 동반되었을 때 운동 동작의 범위가 제한된다.

Hip External Rotator (고관절 외회전근)

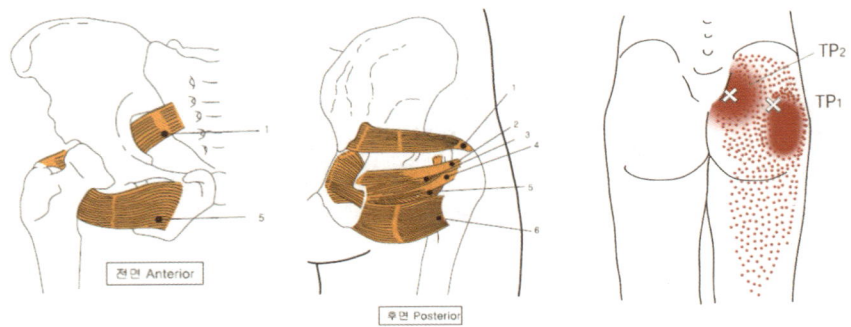

고관절 외회전근 문제시 흔한 증상

1. 다리 저림 현상 (좌골신경 주행로)
2. 천장골 부위와 둔부에 통증 방사
3. 허리, 서혜부, 회음부, 엉덩이, 대퇴 후부, 종아리와 발에서 통증이 발현
4. 변비 시 단단한 변이 이상근을 압박하여 배변 시 직장통을 느낀다.

고관절 외회전에 문제가 생기면 좌골신경이 눌려 다리가 저리는 느낌과 통증을 동반하는 '이상근 증후군'이 나타날 수 있고 이로 인해 좌골신경통과 가짜 디스크 증상을 만들어 낸다. 또한 종아리와 발까지 통증을 유발할 수 있기 때문에 폼롤러를 활용해 위에 동작을 참고해 각도별로 근육을 마사지해주어야 효과적으로 증상을 개선할 수 있다.

> **Tip** 고관절 외회전 동작은 총 8가지의 근육으로 구성되며, 대둔근과 장요근 외에 6가지 세트로 구성된 이상근, 상쌍지근, 내폐쇄근, 하쌍지근, 외폐쇄근, 대퇴방형근으로 구성된다.

아킬레스건염 Achilles Tendinitis

하퇴부 근육(Gastrocnemius, Soleus Muscle)과 종골을 연결하는 족관절 후방의 큰 건인 아킬레스건(Achilles Tendon)에 발생하는 염증을 말한다. 하퇴부 후면의 장딴지를 형성하는 근육을 하퇴삼두근(Triceps Muscle of Calf)이라고 하는데 이것은 비복근과 심부의 가자미근으로 이루어져 있 다. 이 두 근육의 아래쪽은 건판으로 되어 있고 이것들이 합쳐져 이루어 진 건이 아킬레스건으로 '종골건'이라고도 한다.

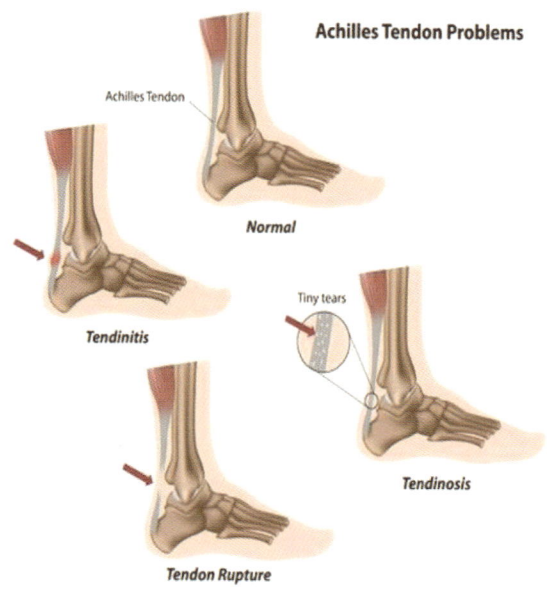

원인

- 아킬레스건은 지속적, 반복적으로 스트레스를 받아서 발성한다. (오래달리기, 등산, 점프 등)
- 잘못된 보행 자세는 지속적으로 아킬레스건에 스트레스를 주어 아킬레스 건염을 발생시킨다.
- 아킬레스건과 종골이 닿는 부위에 굴곡이 생겨 반복적 마찰을 일으키면 염증이 발생한다.
- 직접 손상은 건에 직접적인 가격이 가해질 때 근육이 수축되면서 발생한다.

증상

- 손상 당시 갑작스런 통증과 더불어 '빡'하는 소리가 나거나, 강하게 얻어맞은 느낌을 호소한다.
- 발끝으로 서기가 힘들고 걷지 못할 정도로 부종이 심해진다.
- 촉진을 통하여 결손 부위가 만져지면 파열을 의심한다.
- 종아리를 손으로 압박하는 검사인 톰슨 검사 (Thompson Test)에서 족저 굴곡이 되지 않을 경우 양성으로 진단하며 이는 완전 파열을 의미한다.
- 다만 증상만으로 건염, 부분 파열, 완전 파열을 구분하기 어려울 수 있다.

Gastrocnemius (비복근)

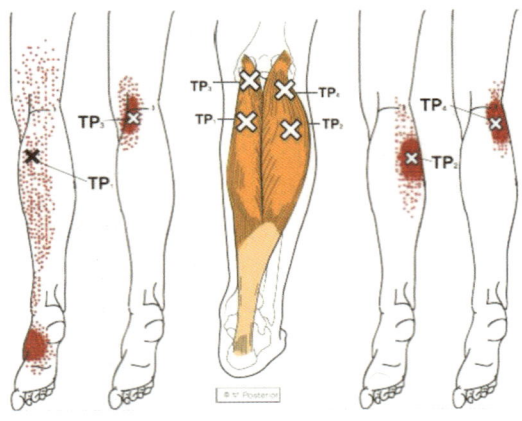

비복근 문제시 흔한 증상

1. 주로 무릎 뒤쪽과 야간에 쥐가 나는 근육
2. 햄스트링 근육들의 통증과 밀접하게 관련되어 있다.
3. 무거운 이불을 덮거나, 하이힐을 많이 신게 되면 문제로 인해 통증이 발생
4. 내측두가 외측두에 비해 취약하여 비교적 통증과 쥐나는 현상이 잦다.

가파른 경사를 등반하거나, 장시간 서있거나 하면 비복근에 문제가 생기게 되고 발바닥 아치도 무너지며 잠을 자다 경련이 일어 나는 경우도 많이 있다. 또한 하지 정맥류의 위험도 증가한다. 이러한 문제를 예방하기 위에 무릎 뒤부터 종아리 방향으로 폼롤러나 땅콩볼을 활용해 부드럽게 굴려 주며 마사지해주어야 한다.

> **Tip** 비복근이 자꾸 커진다면 비복근과 함께 전경골근을 관리해 주어야 한다. 전경골 근의 기능 약화는 비복근의 과사용을 유발 하기 때문이다.

Soleus (가자미근)

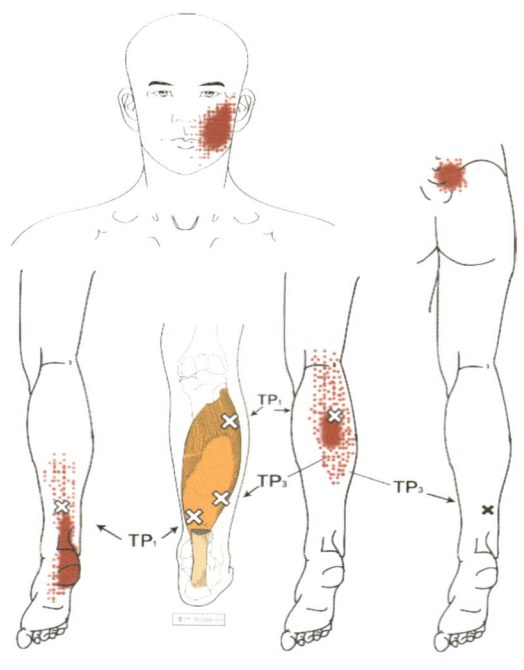

가자미근 문제시 흔한 증상

1. 발뒤꿈치 발바닥면과 뒷면, 아킬레스건 부 위로 통증 방사
2. 종아리 상부 쪽 통증 유발
3. 드물게 턱관절 자체에 대한 통증도 발생하 기 도 함
4. 종아리 경련은 비복근과 관계
5. 혈류이동과 관련되어 있어 문제 시 새끼발가 락에 동상이 자주 걸린다.

종아리게 소위 말하는 알이 잡히는 이유가 바로 가자미근에 문제가 원인이다. 특히 양쪽에 균형이 맞아야 하는데 한쪽만 과하게 발달하여 불균형을 만들게 되고 이로 인해 걸음걸이가 변해 요통이나 무릎 통증으로 변하는 경우가 많이 있음으로 위에 사진처럼 인어 자세나 무릎을 접고 종아리에 폼롤러를 활용해 풀어주어야 비복근의 방해 없이 근육을 풀어줄 수 있다.

Tip 종아리 근육을 자주 풀어주어야 정맥 혈 회귀 (혈액순환) 증가로 다이어트에도 도움이 된다.

족저 근막염 Plantar Fasciitis

족저 근막염(Plantar Fasciitis)이란 발바닥 근육을 감싸고 있는 막에 생긴 염증을 말한다. 발뒤꿈치 뼈의 전내측과 다섯 발가락뼈를 이어주는 족저근막은 발의 아치를 유지하고 발바닥이 받는 충격을 흡수하는 역할을 한다. 품새의 경우 맨발로 운동을 하는 종목이기 때문에 다른 종목에 비해 더 부정적인 영향을 줄 수 있으며, 이처럼 족저근막에 반복적으로 미세한 손상이 일어나면서 염증이 발생한 것을 '족저 근막염'이라고 한다.

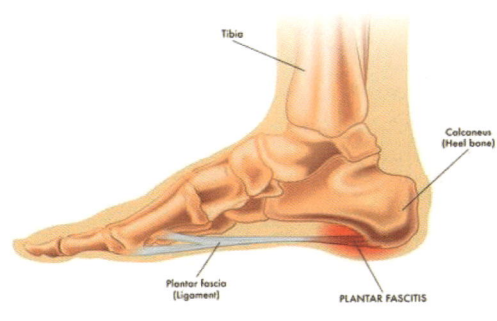

원인

- 발바닥 모양이 평평하거나 너무 오목하게 굴곡진 경우
- 발뒤꿈치의 지방 패드가 적어지는 중년 이후
- 순간적으로 족저근막이 강하게 늘어나 펴지면서 손상을 받은 경우 – 족저근막 아래로 지나는 지배 신경이 포착된 경우
- 아킬레스건이 긴장되어 있거나 종아리 근육이 단축된 경우
- 반복된 손상과 회복 과정에서 발뒤꿈치 뼈의 돌기가 자라난 경우

증상

족저 근막염은 임상적으로 흔한 질환이며, 성인 발뒤꿈치 통증의 가장 흔한 원인이다. 남자보다 여자에게서 2배 정도 더 많이 발생한다.

대부분 발뒤꿈치 내측의 통증을 느끼며, 발의 안쪽까지도 통증이 나타난다. 특징적인 점은 아침에 처음 몇 걸음을 걸을 때 수면 중에 수축되어 있던 족저근막이 펴지면서 심한 통증을 느끼게 된다. 오랜 시간 걷거나 서 있어도 통증이 증가되는 경향이 있다. 이러한 증상과 통증의 강도는 처음 발생 이후로 일정 기간 점진적으로 심해지며, 보행에 장애가 생기면서 무릎이나 고관절, 척추에도 문제를 발생시킬 수 있다.

족저 근막염의 검사

촉진을 통한 증상의 확인이 주된 검사 방법이다.

발뒤꿈치 뼈 전내측종골 결절 부위 압통점을 찾아 평가가 가능하고, 족저근막의 방향을 따라 발바닥에 전반적인 통증 확인할 수 있다. 발가락을 발등 쪽으로 구부리거나 대상자가 발뒤꿈치를 들고 서 보게 하여 통증이 증가되는 것이 평가에 도움이 된다.

Tibialis Anterior (전경골근)

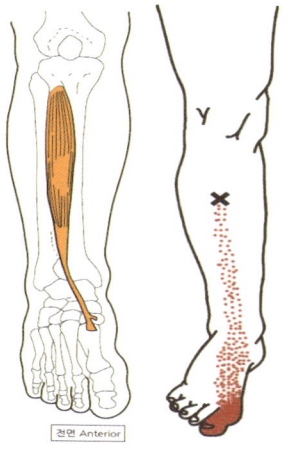

전경골근 문제시 흔한 증상

1. 발목과 엄지발가락 통증(장무지신근 영향)
2. 무릎을 오래 꿇고 있다 일어나면 저림 증상(비골 신경)
3. 몸의 체중 지지에 중요한 근육이기 때문에 잦은 문제로 정강이 통증
4. 체대 입시, 운동선수 등 많이 뛰고, 점프 동작이 많 은 직업군들의 흔한 정강이 통증 야기 (피로골절, M.T.S.S)

전경골근의 약화는 비복근과 가자미근의 과사용으로 종아리가 커지는 문제의 주원인이며, 발목을 당기는 기능이 약해져서 쉽게 피로해지고, 발목의 불안정성을 만들기 때문에 발목을 당기는 운동을 풀어주는 것과 함께 같이 해 주어야만 한다. 앞쪽에 정강이뼈를 피해 약간 사선으로 마사지 볼이나 폼롤러를 이용해 부드럽게 롤링하며 마사지한다.

Tip 쪼그려 앉기가 안되는 원인도 바로 이 전경골근 의 약화 문제이다. 발목 당기기 운동이나 한발로 하는 스쿼트, 밸런스 트레이닝을 통해 이를 개선해 주어야 한다.

Peroneus Muscle (비골근)

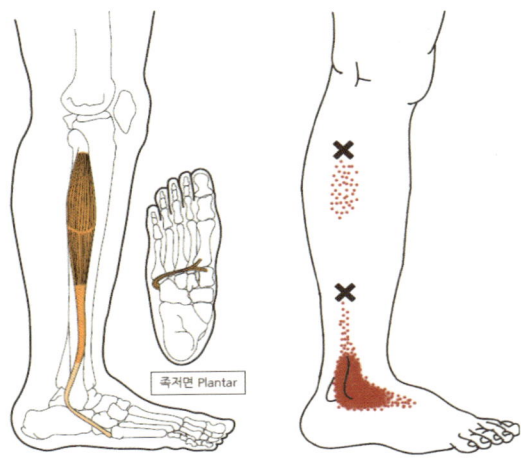

비골근 문제시 흔한 증상

1. 발목 염좌 후 복숭아뼈 바깥쪽 통증 호소
2. 문제 시 전경골근의 통증도 수반
3. 평발 시 통증 유발
4. 복숭아뼈 뒤로 힘줄 통증 원인
5. 단축보단 약화의 문제가 더 큰 근육
6. 보행 시 절룩 거림

비골근은 발목의 안정성에 중요한 근육으로 한번 삔 발목은 또 다시 삐게 되는 원인이 우리가 발목을 접질리던 이 비골근이 손상을 입게 되고 그로 인해 약화가 이루어진다. 스트레스가 누적되어 만성 발목 불안정성으로 문제가 커져 요즘 젊은 여성들이 발목을 수술하는 경우를 많이 볼 수 있는데 무릎 아래 종아리 측면에서 복숭아뼈 방향으로 마사지해 주어야 한다.

> **Tip** 장비 골근의 문제로 발뒤꿈치 내측, 외측에 굳은살이 생기는 원인이다. 괜히 이상한 발 패치들의 허위 과장 광고에 속지 말고 비골근을 꾸준히 관리해 주어야 한다.

Peroneus Tertius (제3비골근)

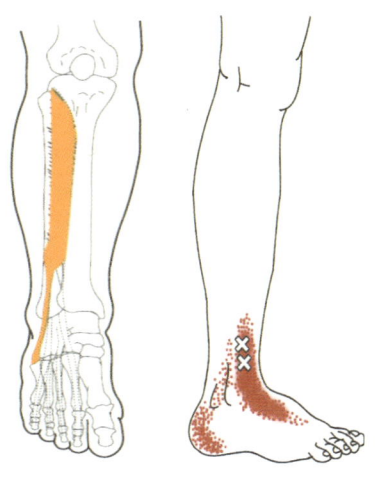

제3비골근 문제시 흔한 증상

1. 염좌 후 발목 외측과 뒤꿈치에 대한 통증의 원인
2. 발목 염좌 시 비교적 잘 낫지 않은 부위, 특별 관리 필요
3. 독립적 통증 보단 단비골근의 TP와 함께 발생
4. 발목의 안정성에 중요한 근육

제3비골근은 근육의 힘의 문제보다는 발목의 조절 작용을 하는 문제가 더욱 크고, 한번 삔 발목은 또다시 삐는 증상을 확인할 수 있는데 그 원인이 제3 비골근에 문제가 주원인이다. 복숭아뼈 바로 위에 위치한 부위를 부드럽게 마사지해준다.

Tip 점프 후 잘못된 착지로 발목을 접지를 경우 주로 제3비골근이 심하게 손상될 수 있다.

Tibialis Posterior (후경골근)

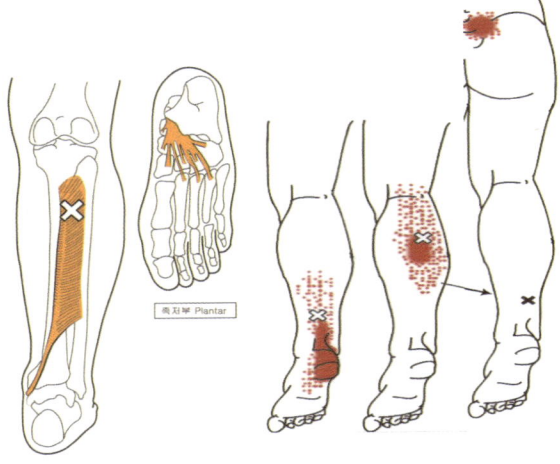

후경골근 문제시 흔한 증상

1. 뒤꿈치 위쪽 아킬레스건 근위부에 통증 발생
2. 뒤꿈치, 발바닥으로 통증 방사
3. 달리거나 걸을 때 발바닥과 아킬레스건에 통증
4. 8자 다리에 발등이 부어 있을 시 후경골근의 문제

후경골근에 문제가 생기면 주로 아킬레스건에 연관된 통증이 발꿈치와 발바닥, 종아리 뒤 전체까지 영향을 미쳐, 달리거나 걸을 때마다 통증을 호소하는 경우가 많으며, 후면에서는 종아리 근육 때문에 풀기가 어렵기 때문에 종아리 양쪽 측면에서 간접적으로 마사지 볼을 활용해 풀어줄 수 있다.

Tip 후경골근의 기능 부전은 발의 형태 변형을 야기하고 평발 증후군 같은 근육 장애가 나타날 수 있다.

Foot Muscle (발바닥 근육들)

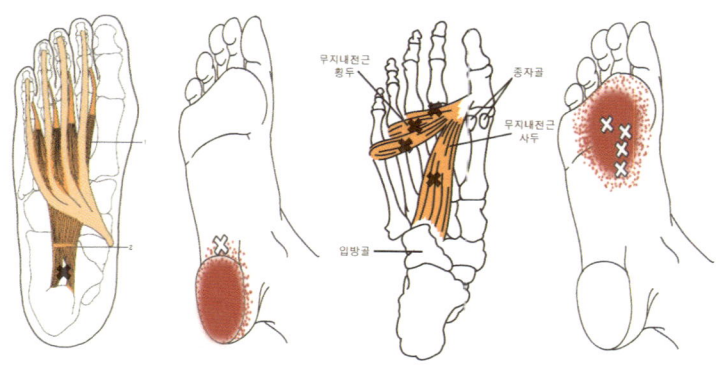

발바닥근 문제시 흔한 증상

1. 발바닥 뒤꿈치에만 통증이 방사됨
2. 종족골두 부근에서 푹신한듯한 무딘 느낌과 부은 느낌
3. '무지외반증' 과 관련 있는 근육
4. 보조기를 사용했는데 오히려 발바닥 원 위부에 강한 통증
5. 태권도 선수들의 발바닥에 굳은살을 관리해 주어야 한다.

족저근막이란 발뒤꿈치에서 발가락 앞까지 발바닥을 싸고 있는 두껍고 강한 섬유띠로 구성되어 수십개의 뼈로 이루어진 발의 구조를 지탱하고, 걷거나 뛸 때 발바닥에 가해지는 충격을 흡수하여 발의 탄력과 안정성을 유지하는 중요한 역할을 하는 조직이다. 이러한 발바닥 근육에 문제가 생기면 발바닥 가운데 부분이 아닌 발뒤꿈치의 앞부분 T.P 표시와 발 바닥 앞축의 T.P 표시 부분을 마사지 볼을 이용해 마사지 해주어야 효과적이다.

Chapter 3

부상예방 및 관리를 위한 테이핑 방법

태권도 품새 선수의 테이핑 효과

평소에 꾸준한 근막이완도 중요하지만 선수로서 매일매일 연습을 빼먹을 수 없고 시합과 같은 중요한 일정을 부상으로 포기하는 경우가 많은데 이러한 상황에 즉각적으로 효과를 볼 수 있는 방법이 바로 테이핑이다 여기서 다룰 테이핑 내용은 겨루기 선수들이 부상 부위를 고정하기 위한 목적으로 사용하는 스포츠 테이핑과는 다른 키네지오 테이핑 요법이며 적절한 부위별 적용 방법과 효과에 대해 알아보도록 하자.

키네지오 테이핑 요법은 피부와 비슷한 신축성을 가진 탄력 테이프를 사용해 근육과 피부 사이에 공간을 형성하여 혈액 및 림프 순환을 증가 시킨다. 순환이 증가하면 통증을 느끼는 물질도 빨리 제거되며 테이프를 붙인 기계적 자극에 의해서 통증이 줄어들게 된다.

하지만 이상근이나 능형근 같은 심부 근육은 주름을 만들 수 없으므로 근이완 자극요법과 병행해야 테이핑 기법의 효과를 얻을 수 있다. 또한 만성적 통증에서는 테이프를 붙인 상태에서 운동을 시켜 근육을 강화시켜 주어야만 치료 효과를 극대화 할 수 있다.

관문조절설(Gate Control Theory) 이론에 의하면 탄력 테이프의 줄어드는 성질에 의해 지속적인 기계적 자극을 주면 전달 신경을 억제하여 통증을 감소시킨다. 예를 들어 어렸을 적 배가 아플 때 할머니가 손으로 배를 문질러 주게 되면 통증을 느끼지 못하는 것처럼 이러한 기전에 의해 테이프가 통증을 감소시킬 수 있다.

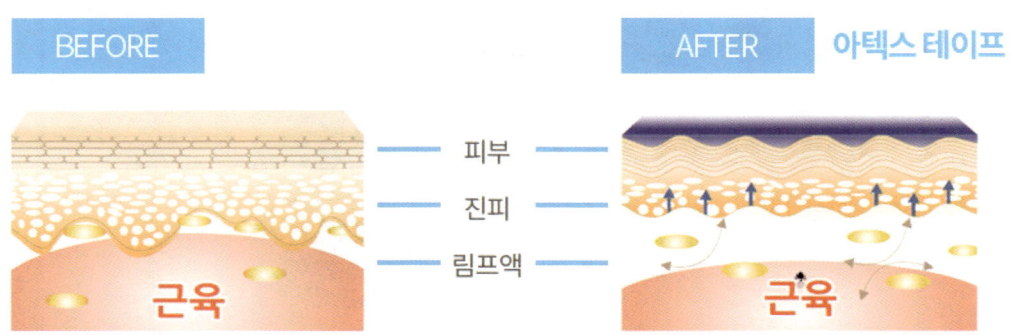

테이핑 사용방법

키네지오 테이핑 방법은 생각보다 다양하다 부종을 위한 테이핑 통증 완화를 위한 테이핑 근력 향상을 위한 테이핑 등 적재적소에 사용이 가능하다. 하지만 테이프를 언제, 어떻게 이용할 것인가를 결정해야 하며 환자나 운동선수 등 대상이 누구인지에 따라 올바르게 적용해야 한다.

조각 (I Strip)
양 끝을 둥글게 만든 한개짜리 조각 테이프이다.

Y-조각 (I-Strip)
테이프의 한쪽 끝이 앵커 역할을 하도록 중간 부위를 절단한 방법이다.
테이프의 모든 모서리는 둥글게 자른다.

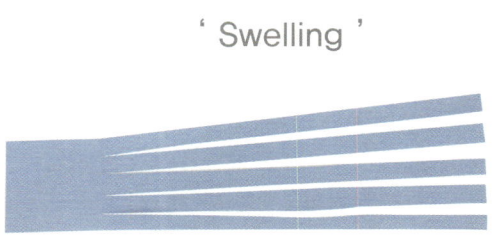

부종 테이핑 (Swelling Taping)
키네지오 테이프의 뒷면에 있는 점선을 이용해 길이 방향으로 자르고 한쪽 끝은 앵커로 사용하기 위해 그대로 둔다 테이프를 절단 한 가닥이 많을 수록 좀 더 천층 조각에 영향을 주게 된다.

테이핑 사용방법

안정성 테이핑 (Stability Taping)
양쪽 끝을 잡아 테이프를 50 정도 늘리는 방법이다.
관절의 안정성을 부여 하고자 할 때 사용한다.

테이핑 찢는방법
테이프의 재질은 면으로 되어있다 뒷면은
종이로 이루어져 있으며 양손으로 찢는게
가능하다 양손으로 테이프를 쥐고 종이를
찢듯이 천천히 찢는다.

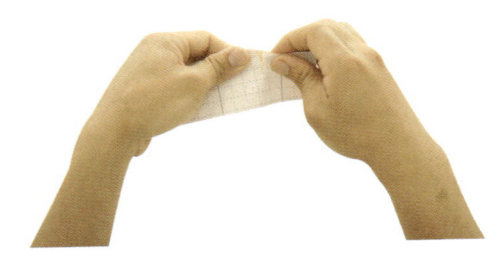

테이핑 제거 방법
테이프에는 본드가 접착되어 있기 때문
에 테이프를 한 번에 제거한다면 피부 트
러블이 생길 수 있다.
1. 반드시 테이프는 털의 방향으로 제거한다
2. 한 손으로는 테이프는 쥐고 한 손은 피부를
   당기면서 테이프를 제거한다.

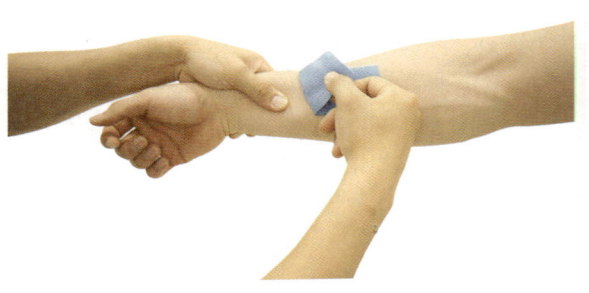

테이핑 주의사항

다음과 같은 진단이 있을 경우 키네지오 테이핑을 효과적으로 이용할 수 있다. 그러나 관련이 없는 문제 발생에 대한 주의와 관심을 반드시 유의해야 하고 이상적인 테이핑 적용을 위해 적절한 방법의 수정이 필요할 수도 있다.

*당뇨 (Diabetes)
*신장 질환 (Kidney Disease)
*울혈성 심장 기능상실 (Congested Heart Failure)
*천식 (Asthma)
*고혈압 또는 저혈압 (High or Low Blood Pressure)
*원발성 림프부종 (Primary Lymphoedema)
*내장기관의 팽륜 (Swelling of Internal Organs)
*개방성 상처 (Open Wounds)
*임신 (Pregnancy)

테이핑 금기증

손상받기 쉽거나 치유되고 있는 피부
테이프를 제거하는 과정에서 피부가 찢어지는 위험성이 있다.

악성종양 발생부위
키네지오 테이프의 적용에 의해 림프계 순환이 더 증진될 수 있으므로, 종양의 확산을 더 시킬 위험성이 있다. 따라서 의학적 관리 전문가의 적절한 처방을 받아야 한다.

봉와직염 또는 감염 부위
악성종양의 경우 활성화된 감염이 키네지오 테이핑의 적용으로 인해 확산될 수 있다. 따라서 감열을 조절하는 의학적 관리하에서 대상자에게 적용해야 한다.

테이프 알러지가 있는 경우
만약 대상자가 테이프, 특히 키네지오 테이프에 대한 알러지가 있는 것을 알고 있는 경우, 다른 치료 방법을 찾아봐야 한다.

부위별 부상예방 테이핑 방법

- 목
- 어깨
- 팔꿈치와 손목
- 체간
- 대퇴부와 무릎
- 발목과 발가락

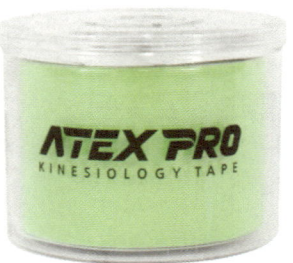

목 부위의 통증 테이핑

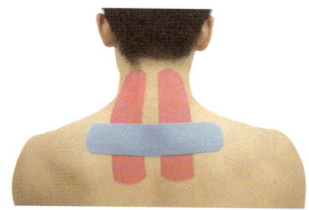

품새를 하면서 반복된 동작이나, 점프 동작 후 착지 오류로 발생하는 목에 부상, 또는 반복된 자세를 오래 하거나 자세가 나쁠 경우, 한쪽으로만 고개를 돌리는 경우, 심한 스트레스 등으로 인해 목이 뻐근하고 목을 돌리기 어려운 경우가 많이 있다. 또한 목으로 인해 팔이 저릴 때도 있다. 이 모든 경우에 있어서 테이핑 요법이 뛰어난 효과를 발휘한다.

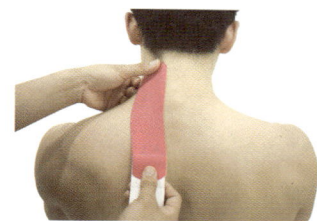

1. 목을 앞으로 숙인다.
   'I' 스트립을 이용하여 늘리지 않은 상태로 경추 2-3번에 부착한다.

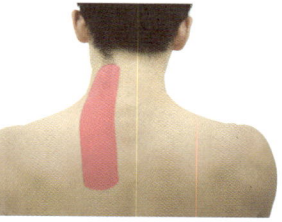

2. 테이프를 늘리지 않은 상태로 날개뼈의 1/2지점까지 부착한다.

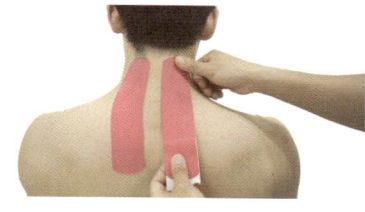

3. 동일한 방법으로 반대쪽도 같이 부착한다.

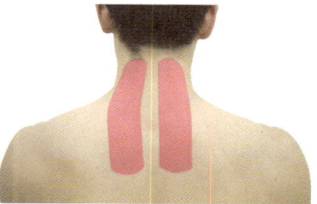

4. 테이프를 늘리지 않은 상태로 날개뼈의 1/2 지점까지 부착한다.

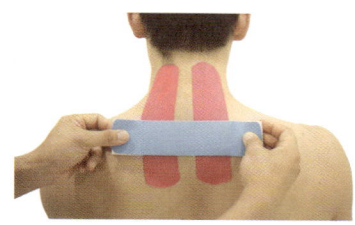

5. 다른 작은 'I' 스트립의 양쪽 끝을 잡고 70% 정도 늘려 흉추 1번에 다른 'I' 스트립과 교차하여 부착한다.

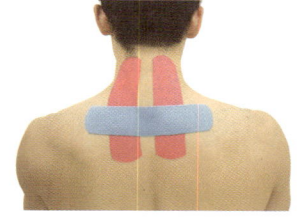

6. 완성된 모습으로 열을 발생시켜 접촉 효과를 높여준다.

어깨 부위의 통증 테이핑

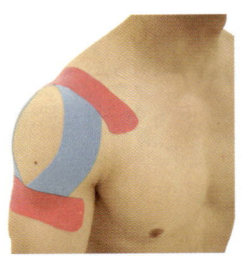

어깨는 신체에서 가장 많은 움직임을 담당하는 관절로 복잡하면서도 부상에 쉽게 노출이 될 수 있다 그렇기 때문에 의외로 많은 사람들이 거깨 통증으로 고생하고 있다. 흔히 겪는 어깨 통증으로는 회전근개손상, 오십견, 어깨 뭉침과 결림이 나타나며 이는 테이핑 요법으로 충분히 통증 완화에 도움이 될 수 있다.

1. 어깨 안정성, 2. 회전근개 손상, 3. 어깨뭉침 & 어깨결림

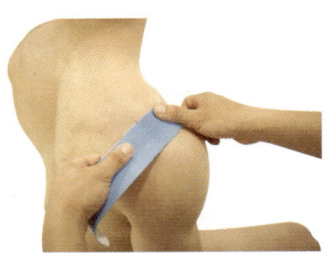

1. 'I' 스트립을 이용하여 늘리지 않은 상태로 견봉 후면에 부착한다.

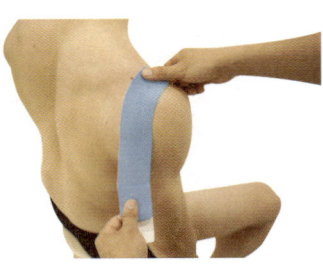

2. 테이프를 늘리지 않은 상태로 후면삼각근을 따라 부착한다.

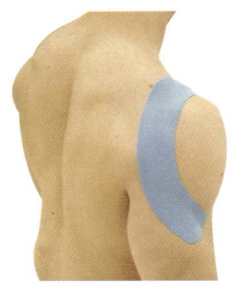

3. 삼각근 조면까지 부착한다.

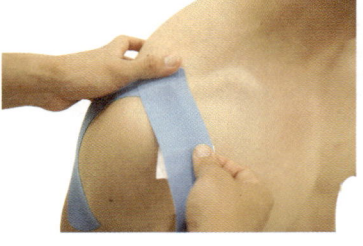

4. 'I'스트립을 이용하여 늘리지 않은 상태로 견봉 전면에 부착한다.

5. 테이프를 늘리지 않은 상태로 전면삼각근을 따라 부착한다.

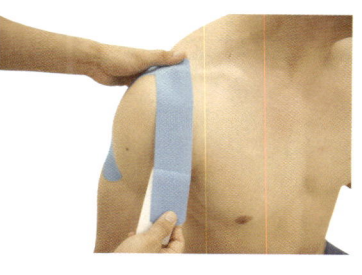

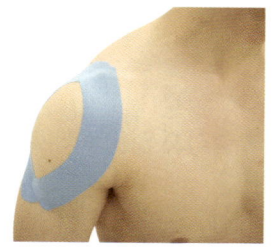

6. 삼각근 조면까지 부착한다.

7. 다른 작은 'I' 스트립의 양쪽 끝을 잡고 70% 정도 늘려 견봉의 전면, 후면 부위에 다른 'I' 스트립과 교차하여 부착한다.

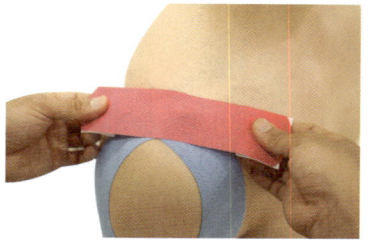

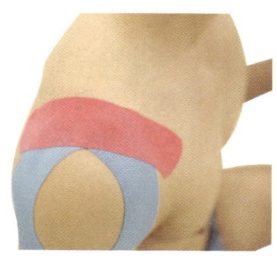

8. 완성된 모습으로 열을 발생시켜 접촉효과를 높여준다.

9. 다른 작은 'I' 스트립의 양쪽 끝을 잡고 70% 정도 늘려 삼각근 조면에 다른 'I' 스트립과 교차하여 부착한다.

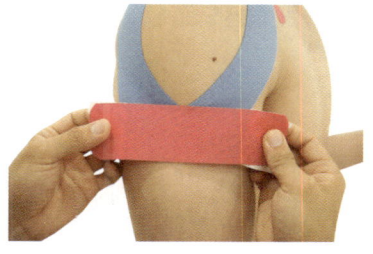

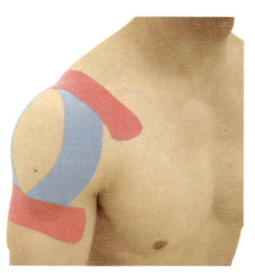

10. 완성된 모습으로 열을 발생시켜 접촉효과를 높여준다.

회전근개 손상 테이핑

회전근개 손상의 원인은 보통 퇴행성 변화, 선천적인 어깨 구조 문제, 어깨의 지나친 사용 등으로 매우 다양하며 통증의 정도를 파악 후 완화시키는 것이 중요하다. 또한 어깨의 움직임을 개선시킬 수 있는 어깨 주변부 스트레칭과 이완을 통해 근육의 긴장도를 낮추고 어깨의 안정성을 부여할 수 있는 테이핑으로 통증을 완화시킬 수 있다.

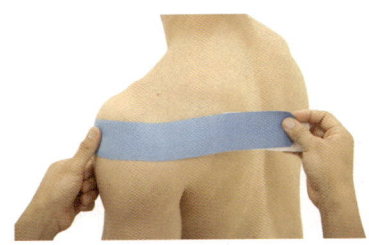

1. 'I' 스트립을 이용하여 늘리지 않은 상태로 측면삼각근에 부착한다.

2. 테이프를 늘리지 않은 상태로 견갑극을 따라 내측까지 부착한다.

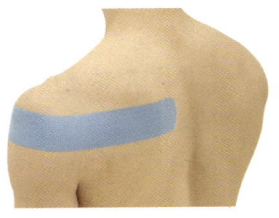

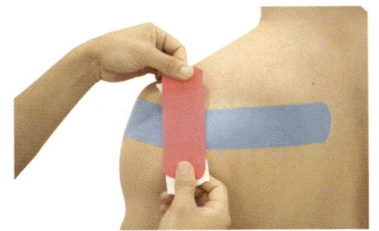

3. 다른 작은 'I' 스트립의 양쪽 끝을 잡고 70%정도 늘려 통증이 느껴지는 부위에 다른 'I' 스트립과 교차하여 부착한다.

4. 완성된 모습으로 열을 발생시켜 접촉효과를 높여준다.

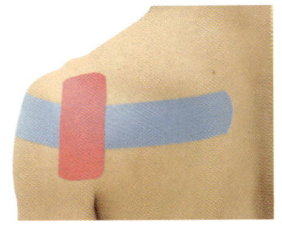

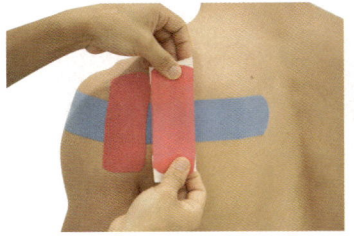

5. 다른 작은 'I' 스트립의 양쪽 끝을 잡고 70% 정도 늘려 통증이 느껴지는 부위 옆에 다른 'I' 스트립과 교차하여 부착한다.

6. 완성된 모습으로 열을 발생시켜 접촉효과를 높여준다.

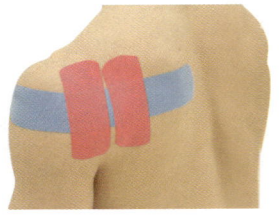

어깨뭉침 & 어깨결림 테이핑

통증완화방법은 목과 어깨 주변 근육의 스트레칭과 이완으로 경직된 근육을 풀어주고 테이핑을 통해서 통증을 완화 시킬 수 있다.

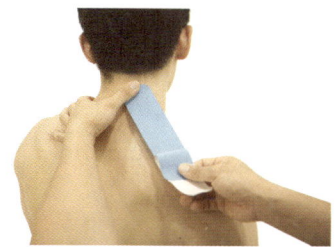

1. 목을 왼쪽으로 굽힌다. 'I'스트립을 이용하여 늘리지 않은 상태로 경추 2번에 부착한다.

2. 테이프를 늘리지 않은 상태로 견봉까지 부착한다.

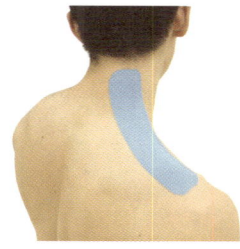

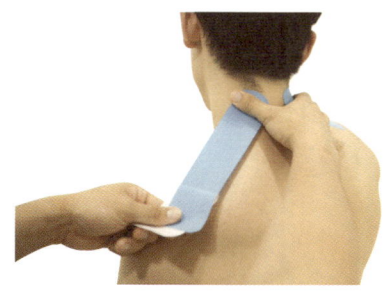

3. 목을 오른쪽으로 굽힌다. 동일한 방법으로 반대쪽도 부착한다.

4. 테이프를 늘리지 않은 상태로 견봉까지 부착한다. 완성된 모습으로 열을 발생시켜 접촉효과를 높여준다.

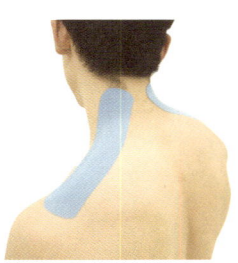

팔꿈치와 손목 부위의 통증 테이핑

손은 가장 많이 사용하는 부위로 과도하게 사용할 경우 손이 붓거나 손목 부위가 시큰시큰하고 손가락과 손목이 저린 경우를 볼 수 있다. 이외에도 퇴행성 관절염으로 인해 손가락을 구부리기 어려운 경우나 골프, 테니스 등의 운동으로 팔꿈치에 부상을 당하는 경우, 타이핑을 많이 치는 회사원 등 손목 통증에 노출되어 고생하고 있다. 이러한 통증에 대한 테이핑 요법을 살펴보자.

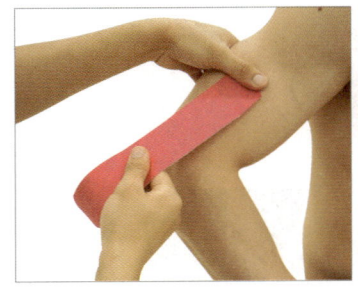
1. 골프 엘보

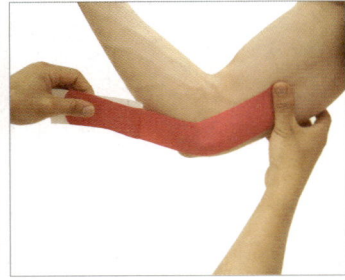
2. 테니스 엘보

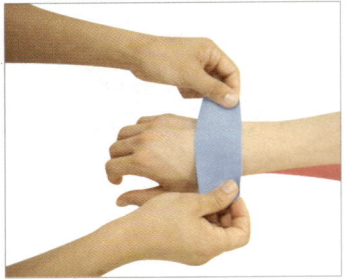
3. 손목통증

내측상과염 (골프 엘보) 테이핑

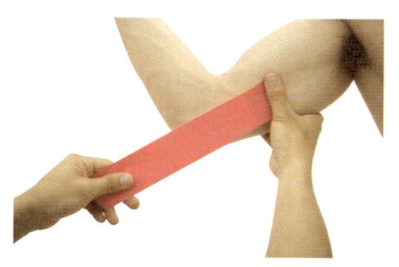

1. 'I'스트립을 이용하여 늘리지 않은 상태로 위팔 안쪽 1/2 지점에 부착한다.

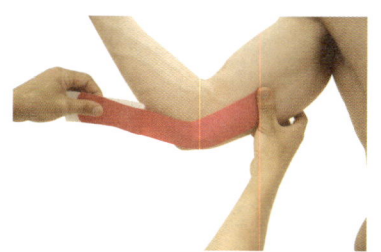

2. 테이프를 늘리지 않은 상태로 안쪽 뼈를 지나 주행한다. 이때 테이프가 울지않게 부착한다.

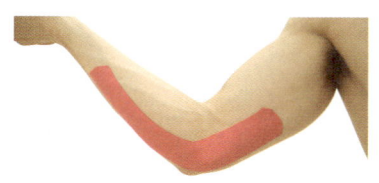

3. 아래팔 안쪽 1/2 지점까지 부착한다.

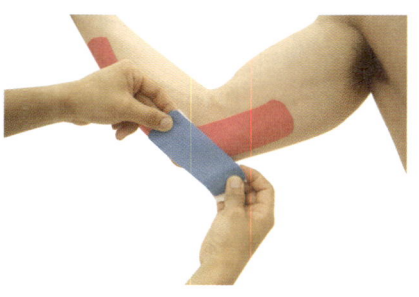

4. 다른 작은 'I' 스트립의 양쪽 끝을 잡고 70% 정도 늘려 통증이 느껴지는 부위에 다른 'I 스트립과 교차하여 부착한다.

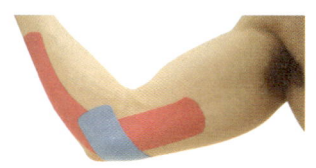

5. 완성된 모습으로 열을 발생시켜 접촉효과를 높여준다.

외측상과염 (테니스 엘보) 테이핑

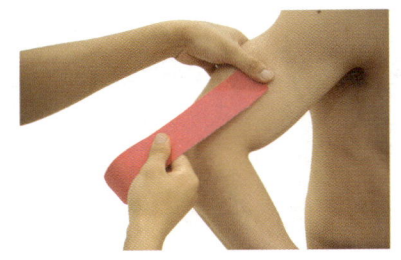

1. 'I' 스트립을 이용하여 늘리지 않은 상태로 위팔 바깥쪽 1/2 지점에 부착한다.

2. 테이프를 늘리지 않은 상태로 가쪽 복사뼈를 지나 주행한다. 이때 테이프가 울지 않게 부착한다.

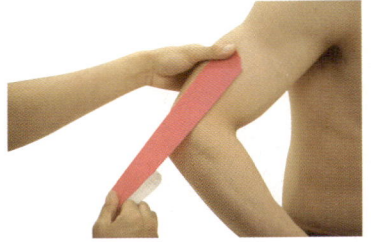

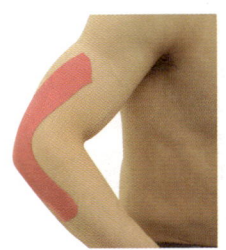

3. 아래팔 바깥쪽 1/2 지점까지 부착한다.

4. 다른 작은 'I' 스트립의 양쪽 끝을 잡고 70% 정도 늘려 통증이 느껴지는 부위에 다른 'I' 스트립과 교차하여 부착한다.

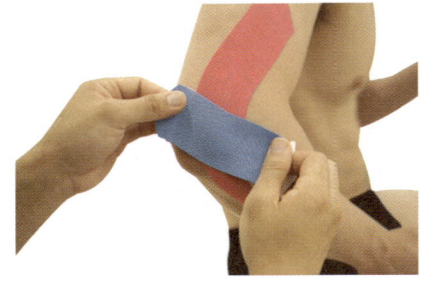

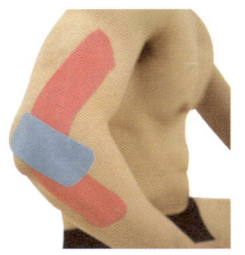

5. 완성된 모습으로 열을 발생시켜 접촉효과를 높여준다.

손목 통증 테이핑

손목 관절은 우리 신체 관절 중에서 가장 많이 쓰이면서 부상 빈도가 가장 많은 관절이다. 손을 짚고 넘어질 때 가장 많이 부상을 당하며 미리 전완부 근육의 스트레칭과 이완을 통해 근력을 회복하고 테이핑을 통해 통증과 손목 관절의 안정성을 부여해주는 것이 도움이 된다.

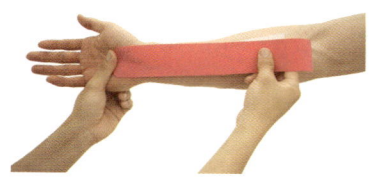

1. 손등을 몸 쪽으로 당긴다 'I' 스트립을 이용하여 늘리지 않은 상태로 손바닥의 아랫부분에 부착한다.

2. 테이프를 늘리지 않은 상태로 팔꿈치 관절이 접히는 부위까지 부착한다.

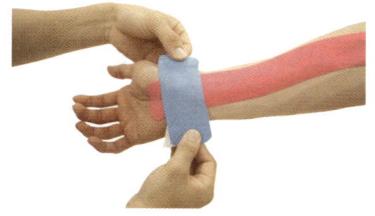

3. 다른 작은 'I' 스트립의 양쪽 끝을 잡고 70% 정도 늘려 손목관절에 다른 'I' 스트립과 교차시켜 부착한다.

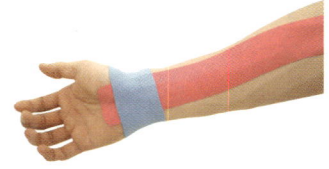

4. 완성된 모습으로 열을 발생시켜 접촉효과를 높여 준다.

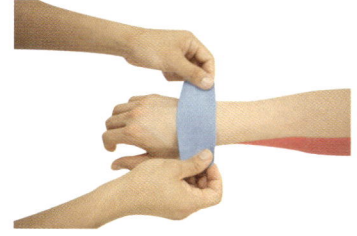

5. 손등을 뒤집는다. 다른 작은 'I' 스트립의 양쪽 끝을 잡고 70%정도 늘려 손목관절에 부착한다.

6. 완성된 모습으로 열을 발생시켜 접촉효과를 높여준다.

손목 통증 테이핑

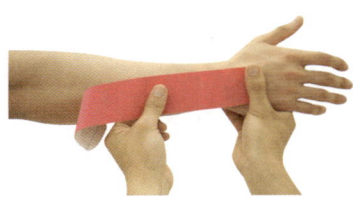

1. 손바닥을 몸 쪽으로 굽힌다. 'I' 스트립을 이용하여 늘리지 않은 상태로 손등의 아랫부분에 부착한다.

2. 테이프를 늘리지 않은 상태로 팔꿈치 아래까지 부착한다.

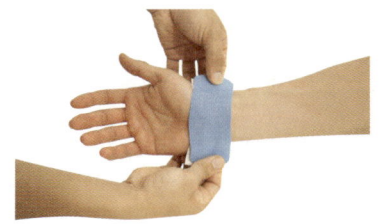

3. 손목관절 안쪽에 1/2 길이의 'I' 스트립 양쪽 끝을 잡고 70% 정도 늘려 부착한다.

4. 완성된 모습으로 열을 발생시켜 접촉효과를 높여준다.

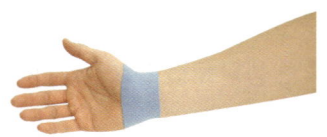

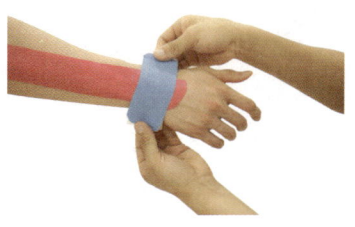

5. 손등을 다시 뒤집는다. 다른 작은 'I' 스트립의 양쪽 끝을 잡고 70% 정도 늘려 다른 'I' 스트립과 교차시켜 부착한다.

6. 완성된 모습으로 열을 발생시켜 접촉효과를 높여준다.

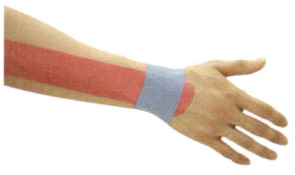

허리 부위의 통증 테이핑

간혹 무리한 일을 하거나 운동을 심하게 한 후, 가벼운 염좌부터 디스크, 엉치 통증, 퇴행성 관절염 등 다양한 허리 통증이 존재하는데, 테이핑 요법이 가장 효과적인 대안이 될 수 있다.

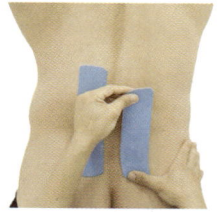

1. 허리통증

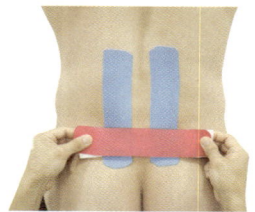

2. 천장관절 통증

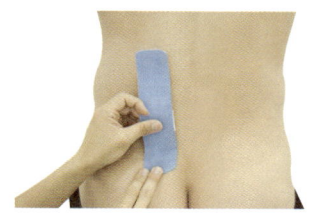

1. 허리를 앞으로 숙인다.
   'I' 스트립을 이용하여 늘리지 않은 상태로 골반의 PSIS에 부착한다.

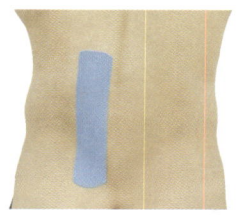

2. 테이프를 늘리지 않은 상태로 요추기립근에 부착한다.

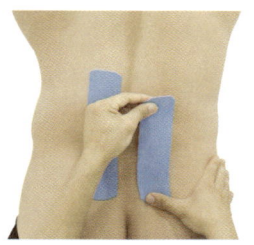

3. 동일한 방법으로 반대쪽도 같이 부착한다.

허리 부위의 통증 테이핑

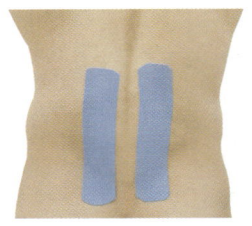

4. 테이프를 늘리지 않은 상태로 요추기립근에 부착한다.

5. 다른 작은 'I' 스트립의 양쪽 끝을 잡고 70% 정도 늘려 통증이 느껴지는 부위에 다른 'I' 스트립과 교차하여 부착한다.

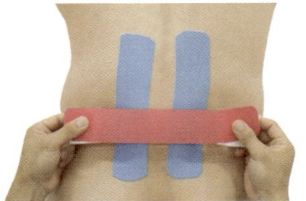

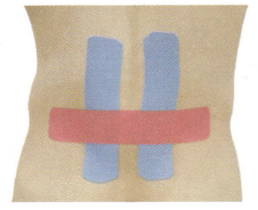

6. 완성된 모습으로 열을 발생시켜 접촉효과를 높여준다.

7. 다른 작은 'I' 스트립의 양쪽 끝을 잡고 70% 정도 늘려 통증이 느껴지는 부위 위쪽에 다른 'I' 스트립과 교차하여 부착한다.

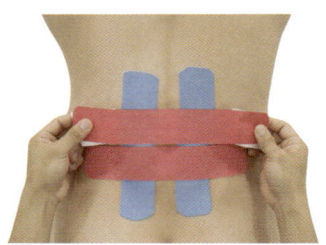

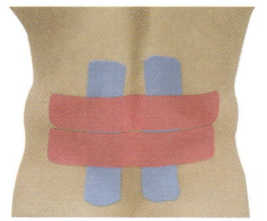

8. 완성된 모습으로 열을 발생시켜 접촉효과를 높여준다.

천장관절 통증 테이핑

점프 동작 후 잘못된 착지로 인해 엉덩방아를 찧은 경우에 통증이 발생할 수 있는데 허벅지 안쪽 근육과 꼬리뼈 주변 허리근육을 스트레칭 및 이완시켜주면 통증을 완화시킬 수 있다. 이러한 방식으로 근육의 경직도를 낮춘 후 꼬리뼈에 테이핑을 실 시해 통증을 완화 시킬 수 있다.

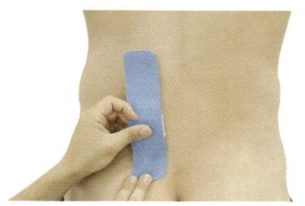

1. 허리를 앞으로 숙인다.
   'I' 스트립을 이용하여 늘리지 않은 상태로 골반의 PSIS에 부착한다.

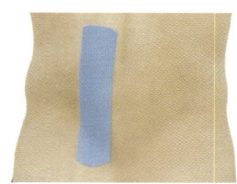

2. 테이프를 늘리지 않은 상태로 요추기립근에 부착한다.

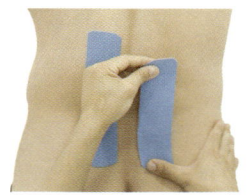

3. 동일한 방법으로 반대쪽도 같이 부착한다.

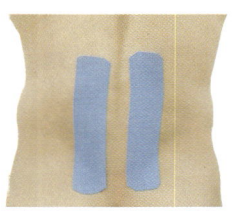

4. 테이프를 늘리지 않은 상태로 요추기립근에 부착한다.

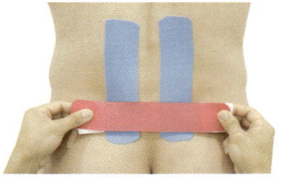

5. 다른 작은 'I' 스트립의 양쪽 끝을 잡고 70% 정도 늘려 Si Joint에 다른 'I' 스트립과 교차하여 부착한다.

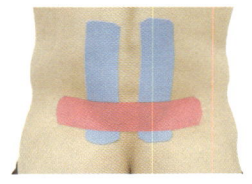

6. 완성된 모습으로 열을 발생시켜 접촉효과를 높여준다.

대퇴부와 하퇴부의 통증 테이핑

장시간 하이힐을 신은 경우나 오랫동안 서 있는 경우에 종아리가 붓고 통증이 나 타나는 것을 볼 수 있다. 심하면 종아리 근육이 단단하게 경직되면서 다리에 쥐가 나기도 한다.
또한 장시간 앉아 있는 경우 고관절에 문제가 생기게 되며 운동선수의 경우 갑작스런운 동작으로 인해 허벅지 근육에 부상을 당할 수 있다. 특히 노인들의 경우 퇴행성 관절염으로 인해 무릎에 통증을 느끼게 된다.
이 모든 경우에 테이핑 요법을 통해 통증을 줄이고 붓기를 가라앉힐 수 있다.

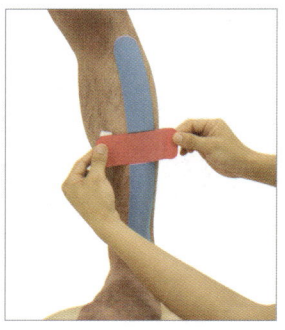
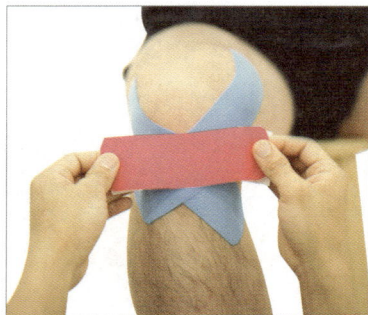
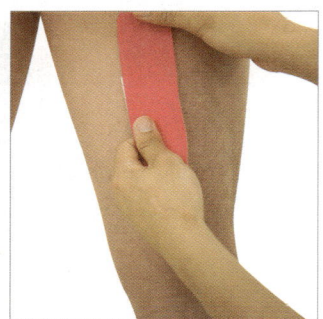

1. 장경인대염
2. 내전근 염좌
3. 무릎통증
4. 오스굿 슐레터병
5. 햄스트링 염좌
6. 신스프린트
7. 종아리 통증

장경인대염 통증 테이핑

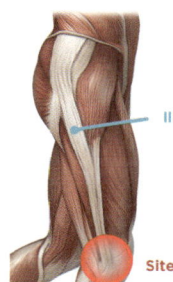

It Band Syndrome(장경인대증후군)은 장경인대와 대퇴골의 바깥쪽 사이에서 발생한 과도한 마찰로 무릎 바깥쪽에 통증이 생기는 것을 말한다. 장경인대는 무릎을 편 자세를 유지하게 해주며 무릎이 반쯤 굽힌 상태에서 체중을 지지하여 안정성을 유지하는 역할을 한다. 이런 역할 때문에 무릎의 지속적인 굽힘과 폄 운동을 하는 품새 선수들에게 많이 발생한다. 또한 무릎을 굽혔다 펼 때 무릎에서 소리가 나는 증상도 있다.

통증 완화 방법은 먼저, 통증의 정도를 파악 후 염증을 완화시키는 것이 중요하다. 운동 전 허벅지의 바깥쪽을 충분한 스트레칭으로 이완시키고 테이핑을 통해 스트레스를 경감시켜 줄 수 있다.

1. 'I' 스트립을 이용하여 늘리지 않은 상태로 대퇴골의 외측에 부착한다.

2. 테이프를 늘리지 않은 상태로 무릎의 외측까지 부착한다.

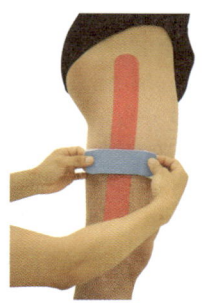

3. 다른 작은 'I' 스트립의 양쪽 끝을 잡고 70% 정도 늘려 통증이 느껴지는 부위에 다른 'I' 스트립과 교차하여 부착한다.

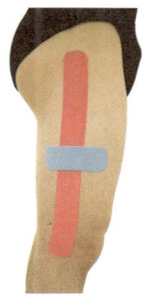

4. 완성된 모습으로 열을 발생시켜 접촉효과를 높여준다.

내전근 염좌 통증 테이핑

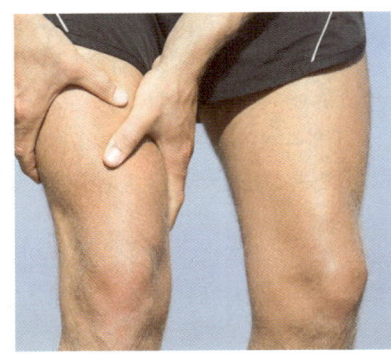

사타구니 염좌(Groin Strain)는 흔히 허벅지 안쪽이나 햄스트링의 근육 또는 힘줄 손상을 말한다. 사타구니 염좌는 달리기나 졸프 동작, 달리기를 할 때 스타트를 하거나 멈추는 동작을 통해 흔히 나타날 수 있으며 긴장한 상태에서 갑작스러운 동작을 통해 허벅지 안쪽 근육이나 인대의 파열이 발생된다. 흔히 충분한 스트레칭이나 준비운동을 하지 않은 상태에서 발생된다. 통증 완화 방법으로는 운동 전에 충분한 스트레칭과 웜업이 필수이다. 통증이 느껴졌을 땐 통증의 정도를 파악 후 염증을 완화시키고 허벅지 안쪽 근육의 스트레칭과 이완, 테이핑을 통해 통증을 경감시킬 수 있다.

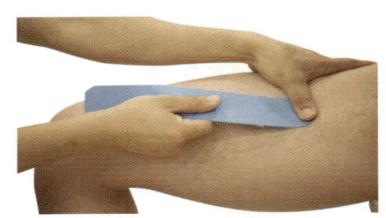

1. 다리를 바깥으로 벌려준다. 'I' 스트립을 이용하여 늘리지 않은 상태로 서혜부 쪽에 부착한다.

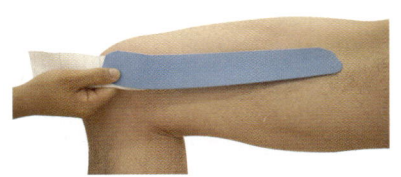

2. 테이프를 늘리지 않은 상태로 무릎의 안쪽까지 부착한다.

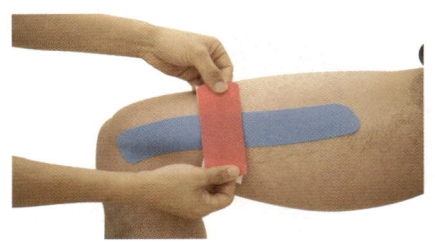

3. 다른 작은 'I' 스트립의 양쪽 끝을 잡고 70% 정도 늘려 통증이 느껴지는 부위에 다른 'I' 스트립과 교차하여 부착한다.

4. 완성된 모습으로 열을 발생시켜 접촉효과를 높여준다.

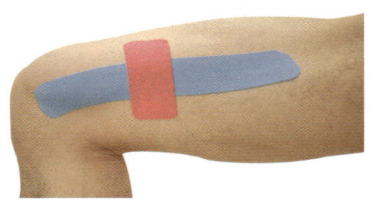

무릎 통증 테이핑

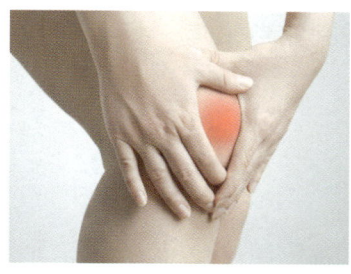

무릎 통증의 원인은 다양하며 체중이 증가하여 통증을 느끼는 경우도 있으며 대퇴부의 근력이 부족하여 무릎관절의 불안정성으로 인해 통증을 느끼는 경우도 있다. 무릎 통증의 경우 정확한 진단과 검사를 받아보아야 하며 보존적 치료는 무릎 주변의 근력을 강화, 운동 전 충분한 스트레칭과 워밍업을 통해 무릎에 갑작스러운 스트레스를 경감시켜주며 테이핑을 통해 관절의 안정성을 부여하는 방법이 있다. 수술적 치료는 비 수술적 치료 방법에도 더 이상 호전이 없을 때 수술적 치료를 진행한다.

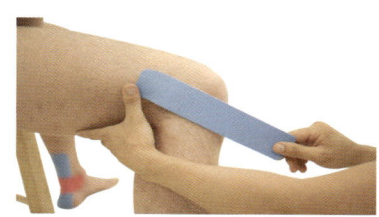

1. 무릎을 90도 정도 굽힌다. 'I' 스트립을 이용하여 늘리지 않은 상태로 무릎의 바깥쪽에 부착한다.

2. 테이프를 늘리지 않은 상태로 무릎을 덮지 않고 무릎 바로 아래에 부착한다.

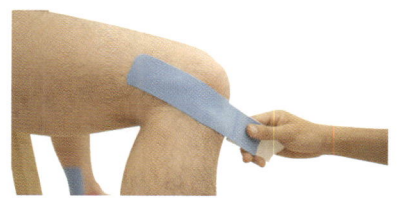

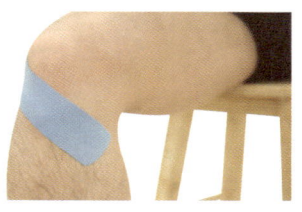

3. 완성된 모습이다.

4. 'I' 스트립을 이용하여 늘리지 않은 상태로 무릎의 안쪽에 부착한다.

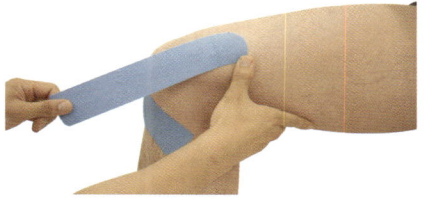

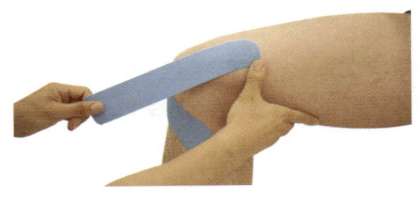

4. 'I' 스트립을 이용하여 늘리지 않은 상태로 무릎의 안쪽에 부착한다.

5. 테이프를 늘리지 않은 상태로 무릎을 덮지 않고 무릎 바로 아래에 부착한다.

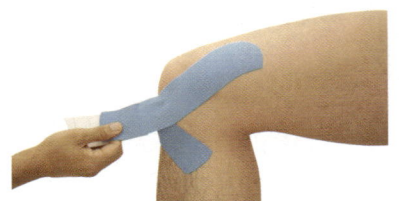

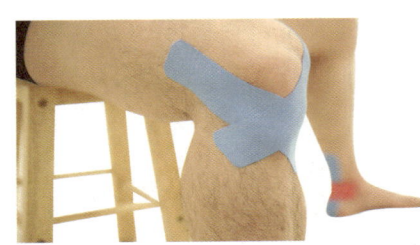

6. 완성된 모습으로 무릎을 덮지 않고 X자 형태로 부착한다.

7. 다른 작은 'I' 스트립의 양쪽 끝을 잡고 70% 정도 늘려 무릎 바로 아래에 다른 'I' 스트립과 교차하여 부착한다.

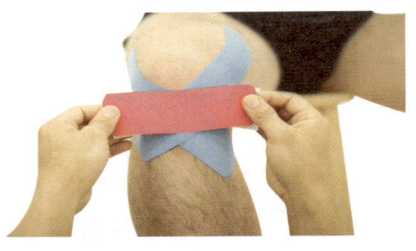

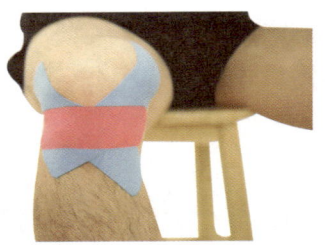

8. 완성된 모습으로 열을 발생시켜 접촉효과를 높여준다.

거위발 건염 통증 테이핑

거위발(Pes Anserinus)이란 봉공근, 박근, 반건양근 3개의 근육이 거위발 모양으로 만나기 때문에 붙여진 이름이다. 거위발건염(Tendinitis) 또는 거위발점액낭염(bursitis)이란 각 부착 부에 염증이 생기는 것을 말한다. 이 증상이 발생하는 원인은 대부분 위 근육의 과사용이다. 운동량이 많은 일반인과 스포츠 선수들에게 흔히 발생한다. 무릎 통증을 다루는데 우선시 되어야 할 점은 '중심화'이다. 무릎 내측에 부착된 근육의 과사용이 통증의 원인이기 때문에, 과사용된 근육은 근이완 자극요법과 휴식을 취한다. 이와 반대로 무릎 외측에 부착된 둔근 그룹은 강화함으로써 무릎 관절의 대칭과 정상적인 짝힘 관계를 만들 수 있다.

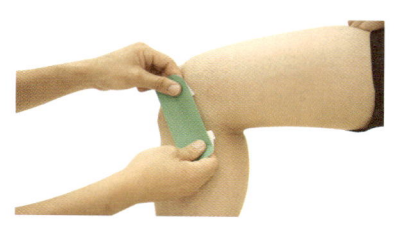

1. 작은 'I' 스트립의 양쪽 끝을 잡고 70% 정도 늘려 무릎 내측 통증 부위에 부착한다.

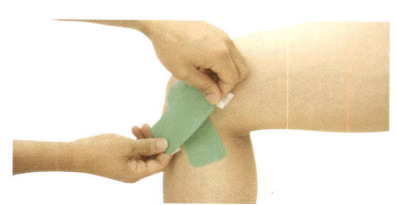

2. 다른 작은 'I' 스트립의 양쪽 끝을 잡고 70% 정도 늘려 무릎 내측 통증 부위에 다른 'I' 스트립과 교차하여 부착한다.

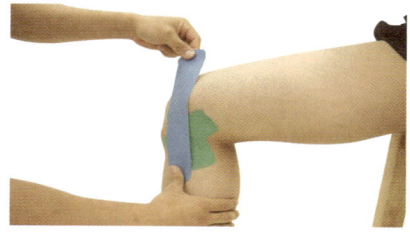

3. X자 모양의 테이핑 하단에서 시작하여 대퇴부 내측 근육 위까지 'I' 스트립을 부착한다.

4. 완성된 모습이다.

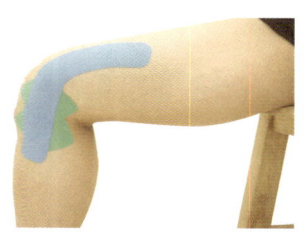

오스굿 슐레터병

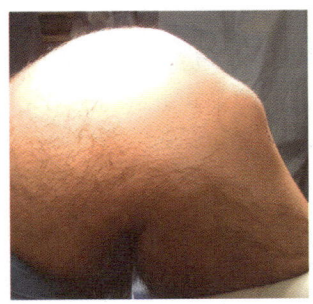

이 질환은 무릎을 펴는 작용을 하는 대퇴사두근이 짧아져서 슬개 골 밑에 부착된 경골의 골막이 당겨지면서 발생한다. 골막이 당겨 지면 뼈와 골막 사이가 벌어져서 공간이 생기고, 조골 세포가 빈 공간에 새로 뼈를 생성해서 점점 자라게 된다. 결국 무릎의 뼈가 튀어나오게 되는데, 운동을 하거나 압박이 가해졌을 때 통증이 생기는 것은 물론 외관상으로도 좋지 않다. 그 외의 원인으로, 경골 조면은 운동 시 스트레스를 많이 받는데, 그 힘을 이기지 못해 뼈가 부분적으로 떨어져 나오는 경우도 있다.

심한 경우 염증과 함께 성장판 손상까지 일으킬 수 있으니 조기에 발견해서 잘 치료해주어야 한다. 진단 후 한 달 정도는 모든 운동을 중단하고 안정을 취해야 한다. 소염제 투여나 침 치료로 대퇴근 근막을 이완하여 통증을 경감시킬 수 있다. 통증 부위에 테이핑을 붙여 통증을 경감시킬 수 있다.

1. 작은 'I' 스트립의 양쪽 끝을 잡고 70% 정도 늘려 무릎뼈 아래에 부착한다.

2. 다른 작은 'I' 스트립의 양쪽 끝을 잡고 70% 정도 늘려 무릎뼈 아래에 다른 'I' 스트립과 교차하여 부착한다.

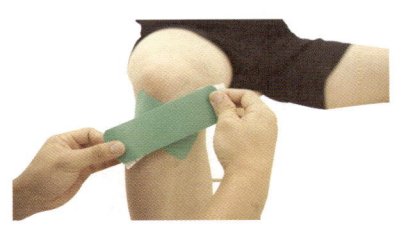

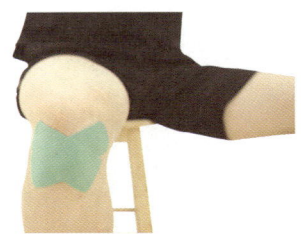

3. 완성된 모습이다.

햄스트링 염좌 통증 테이핑

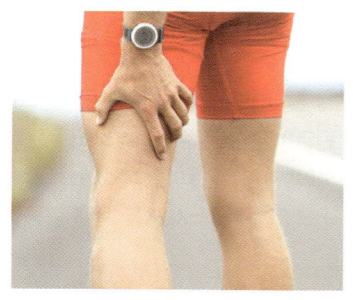

햄스트링 염좌는 갑작스러운 달리기, 방향 전환을 요구하는 운동을 할 때 많이 발생된다. 허벅지 뒤쪽 중 가운데 부분을 눌렀을 때 통증이 있거나 힘이 들어간 상태에서 무릎을 굽히거나 근육을 펼 때 허벅지 뒤쪽에 통증이 심하다고 느껴진다면 햄스트링 염좌를 의심할 수 있다. 통증 완화 방법은 햄스트링의 충분한 스트레칭과 이완을 통해서 근육의 긴장도를 낮추고 통증이 느껴지는 부위에 테이핑을 실시해 통증은 완화 시킬 수 있다.

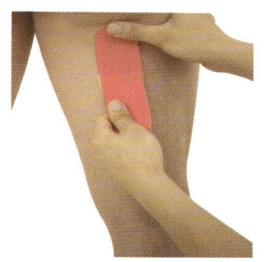

1. 무릎을 펴고 상체를 앞으로 숙인다. 'I' 스트립을 이용하여 늘리지 않은 상태로 엉치뼈에 부착한다.

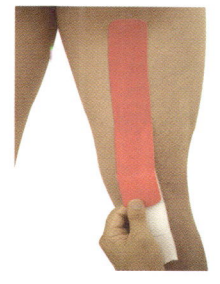

2. 테이프를 늘리지 않은 상태로 무릎정도까지 부착한다.

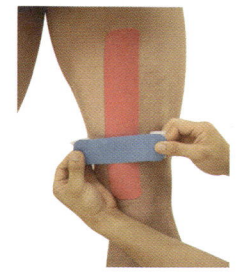

3. 다른 작은 'I' 스트립의 양쪽 끝을 잡고 70% 정도 늘려 통증이 느껴지는 부위에 다른 'I' 스트립과 교차하여 부착한다.

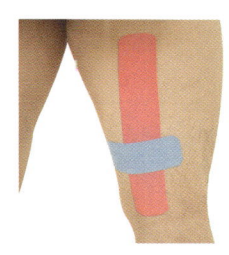

4. 완성된 모습으로 열을 발생시켜 접촉효과를 높여준다.

신 스프린트 통증 테이핑

신 스프린트(Shin Splints)는 정강이에 통증을 느끼는 근골격 질환을 말한다. 정강이에 스트레스가 지속적으로 가해졌을 때 통증을 느끼게 된다. 운동강도와 빈도의 갑작스런 증가로 인해 근육을 빨리 피로하게 만들게 된다. 또한 하퇴부 근육의 불균형과 발 아치와도 관련이 깊다. 통증완화 방법으로는 정강이 앞 근육과, 종아리 근육을 비롯해 하퇴부 근육을 이완시키고 스트레칭 해주며 대퇴부와 족저근막까지 이완과 스트레칭과 테이핑을 통해 통증을 경감시킬 수 있다.

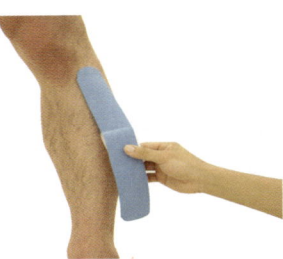

1. 다리를 편 상태에서 발목은 발바닥굽힘과 동시에 발은 가쪽번짐을 시킨다. 'I' 스트립을 이용하여 늘리지 않은 상태로 정강이의 윗부분에 부착한다.

2. 테이프를 늘리지 않은 상태로 발목의 복숭아 뼈 지점까지 부착한다.

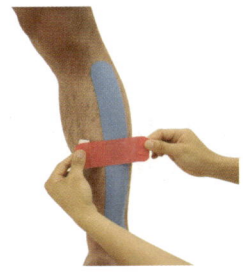

3. 다른 작은 'I' 스트립의 양쪽 끝을 잡고 70% 정도 늘려 통증이 느껴지는 부위에 다른 'I' 스트립과 교차하여 부착한다.

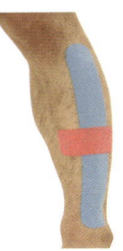

4. 완성된 모습으로 열을 발생시켜 접촉효과를 높여준다.

종아리 통증 테이핑

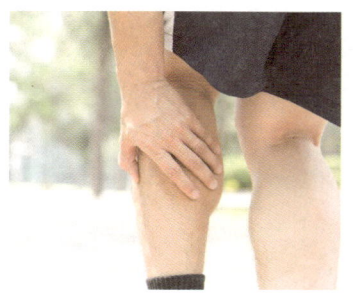

태권도를 하면서 종아리의 경련과 통증은 일상과도 같은데 반복된 착지나 발차기를 반복적으로 차면서 스트레스 누적으로 피로가 쌓여 경련이 생기고 통증으로 발전하게 되기 때문에 종아리 근육을 이완시키고 스트레칭해주며 대퇴부와 족저근막까지 이완과 스트레칭과 테이핑을 통해 통증을 경감시킬 수 있다.

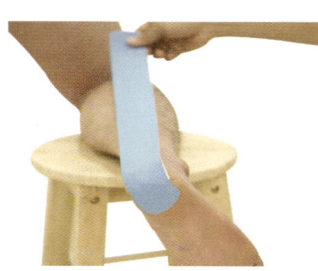

1. 무릎을 굽히고 발등을 몸쪽으로 당긴다. 'I' 스트립을 이용하여 늘리지 않은 상태로 발 뒤꿈치에 부착한다.

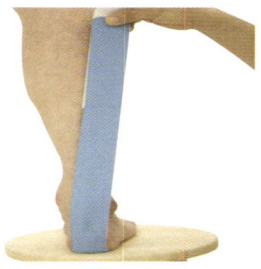

2. 무릎을 펴고 테이프를 밟은 후 아킬레스 건을 지나 무릎의 바깥쪽에 부착한다.

3. 완성된 모습이다.

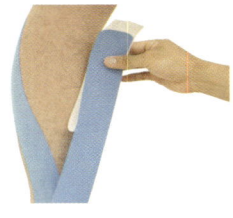

4. 동일한 방법으로 반대쪽도 같이 부착한다.

5. 완성된 모습으로 열을 발생시켜 접촉효과를 높여준다.

발목과 발가락의 통증

발목 통증은 누구나 한 번쯤은 겪어본 흔한 통증 중 하나이다. 다리를 접질리거나 삐었다면 발목 염좌를 의심해봐야 하고 발바닥이 찢어지는 듯한 통증이 느껴진다면 족저근막염을 의심해봐야 한다. 여성의 경우 하이힐을 오랫동안 신었다면 엄지 발가락에 통증이 느껴지는 무지외반증도 있다. 이 모두 테이핑 요법으로 통증을 완화시킬 수 있다.

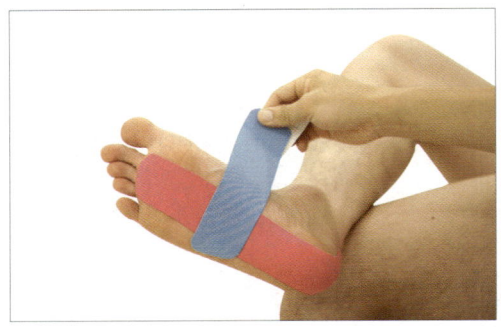

1. 아킬레스건염
2. 족저근막염
3. 발목불안정성
4. 무지외반증

아킬레스건염 통증 테이핑

아킬레스건염은 과체중과 발목 및 하체의 무리한 사용, 발의 정렬이나 자세 문제로 변형되어 제 기능을 못하게 된 상태를 말한다. 일종의 퇴행성 변화인데 주로 달리기를 오래하는 운동선수에게 많이 나타나는 질환이다. 갑자기 과한 운동을 하는 경우에도 발생할 수 있으며 남성에게 많이 나타나지만 여성에게도 심심치 않게 발견할 수 있다.

아킬레스건염의 통증 완화 방법은 발바닥과 종아리 근육의 적절한 스트레칭과 이완을 통해 근육의 긴장도를 낮추고 테이핑을 통해 통증을 완화시킬 수 있다.

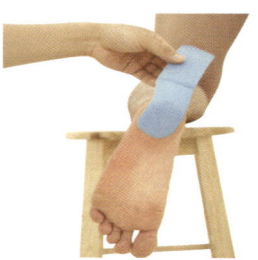

1. 무릎을 굽히고 발등을 몸쪽으로 당긴다. 'I' 스트립을 이용하여 늘리지 않은 상태로 발 뒤꿈치에 부착한다.

2. 무릎을 펴고 테이프를 밟은 후 아킬레스건에 부착한다.

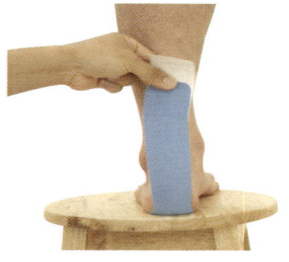

3. 다른 작은 'I' 스트립의 양쪽 끝을 잡고 70% 정도 늘려 통증이 느껴지는 부위에 다른 'I' 스트립과 교차하여 부착한다.

4. 완성된 모습으로 열을 발생시켜 접촉효과를 높여준다.

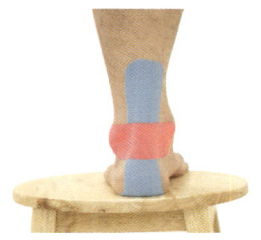

족저근막염 통증 테이핑

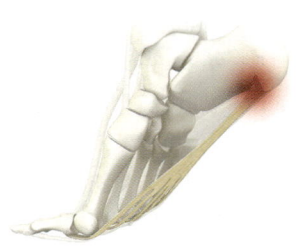

족저근막염의 경우 구조적으로 발바닥의 아치가 정상보다 낮아 흔히 평발로 불리는 편평족, 아치가 정상보다 높은 요족 변형이 있는 경우 족저근막염의 발생 가능성이 높다. 또한 다리 길이의 차이, 발의 과도한 회내변형, 하퇴부 근육의 구축 또는 약화 등이 있는 경우에도 유발할 수 있다. 족저근 막 통증 완화 방법은 발바닥과 종아리 근육의 적절한 스트레칭과 근육을 이완을 통해 경직된 근육을 풀어주고 테이핑을 통해 혈액순환을 해주게 되면 통증 완화에 도움이 된다.

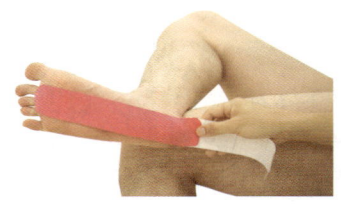

1. 발등을 몸쪽으로 당긴다. 'I' 스트립을 이용하여 늘리지 않은 상태로 발바닥 앞쪽에 부착한다.

2. 테이프를 늘리지 않은 상태로 뒤꿈치 정도에 부착한다.

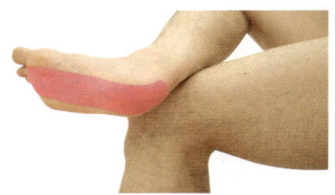

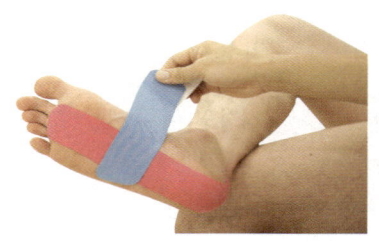

3. 테이프를 늘리지 않은 상태로 발바닥 중간의 바깥쪽에 부착한다.

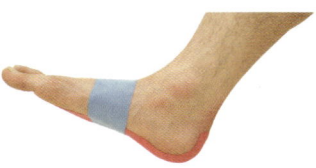

4. 발등까지 부착한다. 완성된 모습으로 열을 발생시켜 접촉효과를 높여준다.

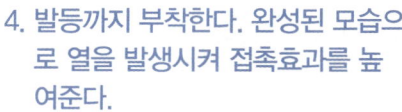

발목 불안정성 테이핑

발목 불안정증이란 발목을 삐거나 접지르는 급성 발목 염좌를 반복적으로 겪어, 인대가 제 기능을 못하는 상태까지 만성화된 경우를 말한다. 점프나 착지, 갑작스러운 방향 전환 등의 동작이 주를 이루는 창작 품새를 하는 선수들에게 많이 발생하는 발목 질환이다. 보행 시 발목이 좌우로 휘청거리는 느낌이 들거나, 발목이 자주 시큰거리고 돌릴 때 소리가 난다면 이 질환을 의심할 수 있다. 발목 불안정증은 치료 뿐 아니라 재활이 중요한데, 발목 근력 강화 운동과 밸런스 트레이닝이 대표적이다. 하지만 불안정한 상태에서 재활 운동은 재부상 위험도가 높다. 테이핑으로 약화된 발목을 고정시킨 후 재활운동을 진행하는 것이 좋다.

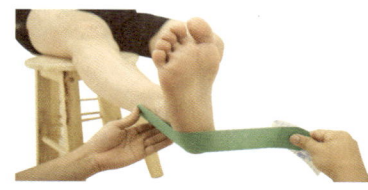

1. 발등을 몸쪽으로 당긴다. 'I' 스트립을 이용하여 늘리지 않은 상태로 발목의 바깥쪽 복숭아 뼈에 부착한다.

2. 'I' 스트립을 50% 늘려 발목 외측에서 내측으로 감싼다.

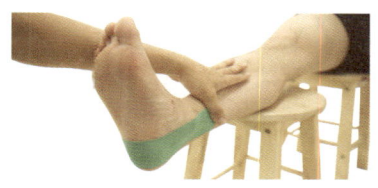

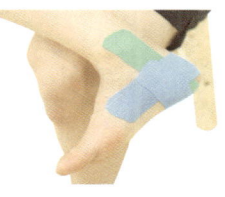

3. 'I' 스트립을 이용하여 늘리지 않은 상태로 발바닥 안쪽 중앙에 테이프를 부착한다.

4. 'I' 스트립을 50% 늘려 뒤꿈치까지 사진과 같이 테이프를 감싼다.

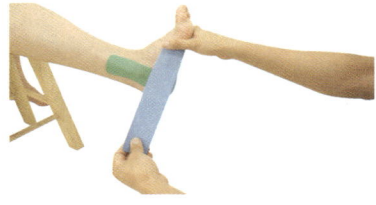

5. 'I' 스트립을 이용하여 늘리지 않은 상태로 발바닥 바깥쪽 중앙에 테이프를 부착한다.

6. 'I' 스트립을 50% 늘려 뒤꿈치까지 동일한 방법으로 테이프를 감싼다.

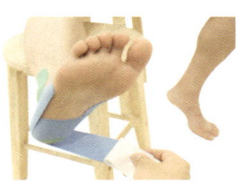

7. 완성된 모습이다.

무지외반증 테이핑

무지외반증은 엄지발가락의 제 1중족 발가락 관절을 기준으로 발가락 쪽의 뼈가 바깥쪽으로 치우치고 발뒤꿈치 쪽의 뼈는 반대로 안쪽으로 치우치는 변형이며, 선천적인 요인으로는 평발 혹은 넓적한 발, 과도하게 유연한 발 등이 있고 후천적인 요인으로는 신발 코가 좁고 높은 하이힐의 잦은 착용이 있다. 무지외반증 테이핑은 변형된 뼈의 반대 방향으로 장력을 작용하여 통증을 경감시키고 보행 패턴을 교정할 수 있다.

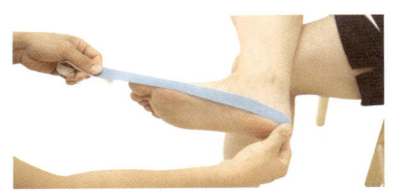

1. 'I' 스트립을 세로로 길게 잘라 발 뒤꿈치에 테이프를 부착한다.

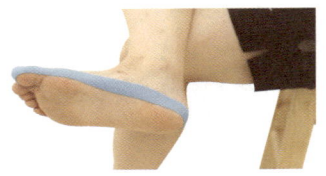

2. 'I' 스트립을 50% 늘려 엄지발가락 안쪽에 테이프를 감싼다.

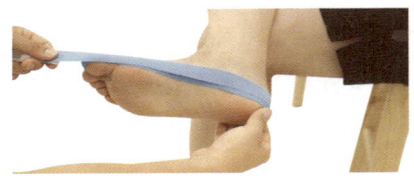

3. 'I' 스트립을 세로로 길게 잘라 발 뒤꿈치에 테이프를 부착한다.

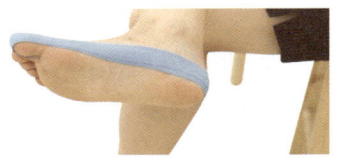

4. 동일한 방법으로 절반 정도 겹치게 테이핑을 부착한다.

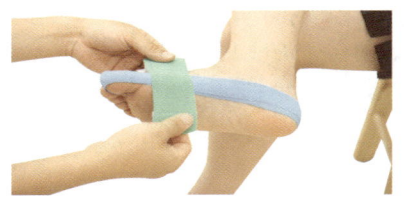

5. 다른 작은 'I' 스트립의 양쪽 끝을 잡고 70% 정도 늘려 무지외반증 발생 부위에 다른 'I' 스트립과 교차하여 부착한다.

6. 동일한 방법으로 절반 정도 겹치게 테이핑을 부착한다.

Chapter 4
부상예방 및 관리를 위한 예방운동법

태권도 품새 선수의 운동 수행력 향상과 부상 예방을 위한 프리햅 운동

체력(Physical Fitness)이란 신체활동을 수행하는 능력과 관련된 것으로 사람이 지니고 있거나 성취하고자 하는 속성들로써 정의되는 다차원적인 개념으로 스포츠 및 운동 기술 수행과 주로 관련 있는 기술 관련 체력(Skill-related Physical Fitness)은 민첩성, 평형성, 협응력, 스피드, 순발력, 반응시간을 포함하고 있고, 일상생활을 활기차게 수행할 수 있는 능력과 운동 부족 등 조기 발병의 낮은 위험과 관계된 능력이나 특징이 있는 건강 관련 체력(Health-related Physical Fitness)은 심폐지구력, 근력, 근지구력, 유연성, 신체 조성을 포함한다.

실제로 대학병원의 스포츠의학 센터나 혹은 국민체력센터와 같은 체력을 측정할 수 있는 곳에서도 체력을 측정 검사할 때에 건강 관련 체력 요인과 운동 기술 관련 체력 요인을 모두 구분하여 세세하게 측정을 하고 있다. 이처럼 태권도 품새 선수도 이러한 측정을 기반으로 한 부족한 부분을 보완해 주어야 부상 예방 및 경기력 향상을 시킬 수 있다.

그렇기 때문에 태권도 품새 선수에게 최적화된 트레이닝 프로그램에는 12가지 체력의 요소를 적절히 고려하여 구성하는 것이 중요하며, 각 요소들이 어떻게 태권도 품새에게 적용되는지 알아보도록 하자.

FUNCTIONAL TRAINING 체력

트레이닝 프로그램에는 12가지 체력의 요소를 적절히 고려하여 구성하는 것이 중요하다.

"질병과 스트레스로 부터 몸을 지키는 [방위체력]"
건강이나 생명을 위협하는 여러 외적인 스트레스에 대한 저항력으로 몸의 기본적인 능력을 키워야 한다.

"무게가 중요한 게 아니라 조성이 중요 [신체조성]"
근육, 지방, 뼈 등으로 이루어진 신체조성과 이 비율이 중요하다 운동을 통해 조화로운 신체조성을 만든다.

"[심폐지구력]은 전신 지구력이다"
호흡기관이나 순환계가 오랜 시간 동안 계속되는 운동이나 일에도 견딜 수 있는 능력을 의미한다.

"[근력/근지구력]은 움직임의 핵심이다"
체력의 핵심은 움직임을 만들고 유지할 수 있는 근력과 근지구력을 트레이닝 하는 것이다.

"부상 예방을 위한 필수요소 [유연성]"
가동성과 유연성의 이점을 이해하고, 근력과 근지구력을 향상시킬 운동법을 익혀야 한다.

"모든 움직임에는 균형이 중요하다[평형성]"
삶과 일에도 균형이 중요하듯이 모든 움직임에 조화로운 균형이 중요하다 밸런스를 트레이닝하자.

"[협응성] 조화로운 움직임 이다."
신체의 신경 기관, 운동 기관, 근육이 서로 협응하며 조화롭게 움직일 수 있는 방법을 익혀야 한다.

"당신을 지킬 수 있는 힘.[순발력]"
근육이 순간적으로 힘(Power)을 발휘할 수 있는 능력을 향상시킬 수 있는 운동법을 익혀야 한다.

"재빠르고 날쌘 성질 움직임 [민첩성]"
신체의 움직임의 방향을 바꾸거나 위치를 빠르게 이동할 수 있는 능력이다.

"누구 보다 빠르게 [스피드]"
누구보다 빠르게 움직이기 위해서는 타이밍과 스피드를 향상시킬 수 있는 운동법을 익혀야 한다.

"인생은 타이밍이다.[반응시간]"
효과적인 자극과 반응으로 결과를 만들기 위한 반응시간을 향상시킬 수 있는 운동법을 익힌다.

"움직임을 위한 몸 을 만들자[통합적 움직임]"
체력요소들의 기능적 움직임을 통해 다양한 통합적 움직임을 익힙니다.

건강 관련 체력 요소 5가지

심폐지구력(Cardiovascular Endurance)

심폐지구력은 심장, 폐 및 혈관계가 작동하여 전신의 조직에 산소와 영양분을 공급하여 운동을 지속하는 능력이 다. 심폐지구력을 향상시키기 위해서는 심장과 폐에 자극을 주는 전신운동을 계속하여야 하며, 이로 인해 심장의 근육이 발달하여 1회 박동으로 더욱 많은 혈액을 전신으로 공급할 수 있다. 심폐지구력이 증가하면 더 높은 강도에서도 장시간 동안 운동을 지속할 수 있다.

근력(Muscular Strength)

근력이란 근육이 최대로 발휘하는 힘으로서, 근육의 굵기(횡단면적)에 비례하며, 운동을 계속함에 따라 근육의 굵기가 굵어져 강한 힘을 낼 수 있게 된다. 근지구력은 근육 활동을 지속적으로 수행할 수 있는 능력을 의미한다. 근력과 근 지구력은 일상생활을 영위하는데 필요한 체력의 요소이며 신체를 움직이는 기본적인 능력이며, 근육의 일단을 자유롭게 하여 단축된 장력이 일정할 때 신체 부위가 실제로 움직이는 동적인 상태에서의 근력을 등 장성 근력이라 하고, 고정된 물체에 힘을 가할 때처럼 신체 부위의 이동 없이 정적인 상태에서의 근육의 힘을 등 척성 근력이라 한다. 근력은 30세 정도까지는 증가하는 경향이 있으나 중년기에는 약간 떨어지고 노년기에는 감소한다. 그러나 규칙적인 운동에 의하여 30~50% 정도까지 늘 수도 있고 노년기에 감소하는 양도 줄일 수 있다. 평균적으로 여자는 남자의 2/3정도, 왼팔은 오른팔의 90%정도의 근력을 가진다.

이처럼 좌/우 근력의 차이가 발생할 수 있기 때문에 태권도의 품새 선수에게 균형 있는 근력 트레이닝은 매우 중요한 요소이며, 이러한 근력에도 근 수축의 종류에 맞춰서 트레이닝을 하는 것이 중요한데, 근의 수축력은 항상 장력으로 작용하나, 근의 움직임은 외부 물체의 부하(負荷)에 따라 다르며 다음 3종으로 분류된다.

① 정적 수축(Static Contraction)—근의 수축력이 작용하지 않는 상태. 즉 근의 길이가 변하지 않는 수축을 말한다. 이것은 등척성 수축(Isometric Contraction)이라고도 불리며, 이때의 수축력을 등척성 장력(isometric Tension)이라 한다. 등척성 장력은 일을 안 한다. 근이 충분한 신경 자극을 받고 있어도 이 수축 상태를 유지할 때 이 수축력을 등척성 최대 장력(Maximum Isometric Tension)이라 한다.

② 단축성 수축(Concentric Contraction)—근의 길이가 짧아지며 수축되는 상태. 이때의 수축력은 외부의 물체에 대해서 일을 한다. 충분한 자극을 받고 있어도 단축성 수축을 할 때의 수축력은 등척성 최대 장력보다도 작다.

③ 신장성 수축(Eccentric Contraction)—근의 길이가 길어지며 늘어나는 상태에서의 수축. 이 경우는 근게 작용하는 외력이 일을 하여 근은 용수철과 같이 작용한다. 충분한 자극을 받고 있으면 이때의 수축력은 등척성 최대 장력보다도 크다. 또 단축성과 신장성의 수축을 등장성 수축(Isotonic Contraction)이라 부르기도 한다. 등장성이란 본래 장력이 일정한 상태를 의미하고 있는데, 근의 길이가 변하지 않는 등척성 수축에 대해서, 근의 길이가 변하는 경우(줄거나 늘거나 간에)를 넓은 의미로 등장성 이라고 하는 경우도 있다.

근지구력(Muscle Endurance)

근지구력이란 작업이나 운동에 의한 근육에의 부하에 대하여, 어느 정도 근육이 지속적으로 대응할 수 있는가를 나타내는 능력이다. 품새 종목의 특성상 40초~60초 동안 하나의 품새를 최대의 힘으로 지속을 해야 하기 때문에 근지구력이 상당히 중요하며 비슷한 환경을 제공하여 훈련을 해주는 것이 효과적이다. 평가 방법으로서는 최대 근력의 일정 비율(3분의 1등)의 강도에 해당하는 힘을 되풀이하여 몇 회 내놓을 수 있는가를 측정한다. 근육의 크기와는 관계가 없고, 근육에 대한 산소 공급능력, 특히 혈류량이 많은 것이 지속력을 높인다고 되어 있다. 지구적인 운동을 되풀이하면 근지구력은 향상된다.

유연성(Flexibility)

유연성이란 관절 주변의 골격 구조, 근육, 인대 및 건 등의 상태에 의해 결정되는 관절의 최대 가동 범위이다. 유연성이 저하되면 동작이나 운동 기술 발현에 제약요소가 되며 운동 손상을 입을 가능성이 증가한다.
태권도에 있어서 유연성은 특히 어깨, 허리(고관절), 무릎, 발목 등에 중점을 두는데, 이러한 유연성은 관절의 가동 범위에 의해 결정되며, 유연성이 높아질수록 특정 동작 범위 내에서 재빠른 발차기나, 거리 조절 등의 기능이 향상되기 때문에 유연성 증대를 위한 연습에 있어, 충분한 워밍업과 근막 이완을 해주어야 하며, 매일 수행되어야 하며, 정적 스트레칭과 동적 스트레칭을 함께 수행해 주어야 효과적이다. 또한 이러한 스트레칭을 할 때에는 인체의 근육과 건의 구조를 이해하고 실시하는 것이 필요하다.

신체 조성(Body Composition)

체중조절 방법 중 신체 조성(Body Composition)은 인체를 구성하고 있는 기관이나 조직 등을 정량적 또는 상대적인 비율로 나타낸 것으로써, 체내 지방, 뼈, 근육의 양을 확인하는 지표이다. 신체 조성은 유전, 연령, 생활습관 등으로부터 영향을 받기도 하며, 특히, 운동에 의해 변화한다. 기본적으로 제지방량(지방을 제외한 뼈, 근육 등 모든 조직)이 많으면 우리는 건강한 신체를 유지한다. 반대로 체지방이 많으면 모든 대사 질환을 발생시키는 원인이 되어 건강에 부정적인 영향을 미친다.

신체 조성을 평가하기 위한 방법으로는 직접측정법과 간접측정법이 있으며, 직접측정법으로는 캘리퍼 등의 도구를 통해 피부의 두께를 측정하는 두겹법(Skinfold Technique), 인체 내에 전류를 흐르게 한 후 저항 정도를 통해 확인하는 생체 전기 저항 측정법(Bioelectric Impedence Analysis, BIA), X-ray 촬영을 통해 뼈를 비롯한 신체 구성 성분을 확인하는 방법(Dual Energy X-ray Absorptiometry, DEXA) 등이 있으며, 간접측정법으로는 체중을 신장의 제곱으로 나눈 값 체질량지수(Body Mass Index, BMI)를 측정 또는 계산하는 방법이 있다.
청소년들의 비만을 판단하는 기준을 살펴보면 연령별, 성별, 체질량 지수 25 이상은 비만, 20~29%는 경도 비만, 30~49%는 중증도 비만, 50% 이상을 고도 비만으로 분류하기도 한다.
소아 청소년 표준 성장 곡선(질병관리본부, 2007)과 허리둘레-신장비의 백분위 기준으로 95 백분위수 이상 혹은 85~94 백분 위수는 과체중(비만 위험군)으로 진단하고 있다.
위와 같은 기준을 참고하여 품새 선수로서 개개인별 최적화된 신체 조성을 적절하게 유지할 수 있도록 체크해 놓는 것이 필요하다.

기술 관련 체력 요소 4가지

순발력(Power)
순발력이란 단위시간당 수행하는 작업량으로서, 운동이나 일상적인 활동에 매우 중요하다. 근력은 정적 상태에서 발휘하는 힘이며, 순발력은 동적 상태에서 발휘하는 힘을 말하며 태권도 품새에서의 손동작과 발차기 기술은 자신이 낼 수 있는 최대한의 힘을 가지고 빠른 속도로 이루어지기 때문에 매우 중요한 요소라 할 수 있다.

민첩성(Agility)
민첩성은 방향이나 몸의 위치 등을 신속하게 변화시켜 다른 행동으로 옮길 수 있는 능력으로서, 평형성과 협응성 등과 관련된 체력 요소이다. 빠른 몸놀림, 방향 전환, 신속한 출발과 정지 등을 요구하는 운동에 중요하며 태권도 품새에서는 몸의 중심이동을 이용한 방향의 전환, 자유 품새에서 기술의 전환 등을 위한 중요한 역할을 하고 있다.

협응력(Coordination)
협응성은 운동을 효율적으로 수행하기 위하여 운동과 감각기관을 통합할 수 있는 능력을 말한다. 즉, 신체기관들이 서로 협력하여 동작을 이루는 능력을 협응력이라고 한다. 협응성은 운동을 재빨리 할 수 있는 능력인 민첩성, 운동을 정확하고 섬세하게 할 수 있는 능력인 교치성 및 평형성 등과 상호 관련이 있으며 태권도 품새에서는 손 동작과 서기 자세, 발차기가 따로 이루어지는 것이 아니라 적절한 각자의 타이밍에서 이루어지기 때문에 자연스럽고 표현력 높은 품새를 위해서는 꼭 갖추어야 할 요소이다.

평형성(Balance)
평형을 유지할 수 있는 능력이며 균형이라고도 부른다. 평형을 잡는 능력은 운동 감각 중 시각적 인식과 세반고리관의 구조적 기능에 달려있다. 평형성은 정적 평형성과 동적 평형성으로 구분된다. 정적 평형성은 정지된 자세를 유지할 수 있는 능력이며 동적 평형성은 움직이고 있는 동안에 평형을 유지할 수 있는 능력이며 태권도 품새의 특성상 중심이동을 해야 하는 동작들이 대부분이고 발차기 기술이나 금강의 학다리 서기를 수행할 때 평형성은 매우 중요하다.

스피드(Speed)
품새 선수로서 다른 선수보다 빠르게 움직이기 위해서는 적절한 타이밍과 스피드를 향상시켜야 하며, 특히 정해진 시간 안에 준비한 동작들을 선보여야 하는 창작 품새와 같은 경우 이러한 적절한 스피드 훈련을 통해 스피드를 향상시키는 것이 매우 중요하다.

태권도 품새 선수의 움직임 향상을 위한 가동성과 안정성 트레이닝의 필요성

가동성은 관절의 가동 범위와 근육의 유연성을 포함하는 개념으로 부상을 방지하기 위해서는 필수적인 요소이다. 품새 선수에게 가동성이 부족하다면 안정성을 희생하게 되어서 부상이 발생하는데 좋은 가동성을 가지고 있다면 안정성을 희생하지 않고도 근육에서 탄성 에너지를 효율적인 힘으로 만드는 기반을 확립해 주어 품새 동작을 좀 더 정확하고 강하게 실시할 수 있게 해준다. 특히 고난도 동작을 실행할 때 일반적인 근육 활동 패턴은 활동하는 근육이 먼저 늘어났다가 그 다음에 짧아지는 이완성 수축을 하게 되기 때문에 가동성 향상을 통해 동작 사이간의 시간 지연이 없이 가능해진다. 또한 근육이 적당히 늘어나기 때문에 부상 예방을 할 수 있으며, 더 많은 에너지를 사용해 더 빠르게 동작을 할 수 있다. 안정성은 외부의 힘이나 변화가 있을 때 몸이 변경되지 않고 정렬된 채로 유지되는 능력을 말하는데 안정성이 좋아지려면 3가지 요소가 모두 필요하다.

그 요소는 균형과 힘, 근육의 지구력 이 3가지가 강력한 퍼포먼스를 선도이는데 필요하며 품새 선수에게 안정성은 몸의 인접한 부분을 신장하고 수축하는 동안 신체의 한쪽 부분을 안정되게 유지하며 일관된 자세와 속도를 낼 수 있게 해주기 때문에 품새 선수의 경기력 향상을 위해서는 필수라고 할 수 있다.

이러한 가동성의 제한이 만약 있다면 이를 통해 불안정성을 예견할 수 있으며 좋지 못한 가동성은 결국 근육의 불균형을 만들게 되며 보상작용을 만들어 내게 되는데 가동성 문제에는 조직의 신장성 기능장애와 관절의 가동성 기능장애 그리고 안정성 문제에서는 운동 조절 기능장애 문제가 원인이 되기 때문에 이를 해결할 수 있는 운동 프로그램을 공유하고자 한다.

HORIZONTAL ABDUCTION

1. 팔꿈치를 어깨 높이나 그보다 살짝 낮게 벽에 놓는다.
2. 벽을 밀어내며 가슴을 앞으로 내밀며 몸을 반대쪽으로 회전한다.
3. 이 자세를 30초 동안 유지하고 깊게 숨 쉬는 것에 집중한다.
4. 응용 동작으로 벽을 6초간 PNF 수축/이완을 수행하면 더 효과적이다.

Tip 가슴 근육뿐만 아니라 전면 삼각근을 늘리는 데 도움을 준다.

SHOULDER EXTENSION

1. 손바닥을 어깨 높이 보다 높게 벽에 놓는다.
2. 벽을 밀어내며 가슴을 앞으로 내밀며 몸을 반대쪽으로 회전한다
3. 이 자세를 30초 동안 유지하고 깊게 숨 쉬는 것에 집중한다.
4. 응용 동작으로 벽을 6초간 PNF 수축/이완을 수행하면 더 효과적이다.

Tip 가슴 근육뿐만 아니라 상완 이두근을 늘리는 데 도움을 준다.

SHOULDER FLEXION

1. 양손의 손바닥을 가슴 보다 높게 벽에 놓는다.
2. 가슴을 바닥 쪽을 향해 숙이며 엉덩이를 뒤로 빼며 내려간다.
3. 이 자세를 30초 동안 유지하고 깊게 숨 쉬는 것에 집중한다.
4. 응용 동작으로 벽을 6초간 PNF 수축/이완을 수행하면 더 효과적이다.

Tip 흉추 신전 기능 향상과 광배근과 가슴 근육들을 늘리는 데 도움을 준다.

ROTATED REACH

1. 양손의 손바닥을 벽에 놓고 척추가 바닥과 평행해지게 둔부를 뒤로 움직인다.
2. 한쪽 손을 벽에서 대각선 다리를 향해 뻗어서 반대쪽 발끝에 닿게 한다.
3. 이 자세를 10초 동안 실시 후 반대쪽 팔을 실시한다. (좌/우 3세트)
4. 응용 동작으로 벽을 6초간 PNF 수축/이완을 수행하면 더 효과적이다.

Tip 흉추 신전 기능 향상과 광배근, 능형근을 늘리는 데 도움을 준다.

Press Ups

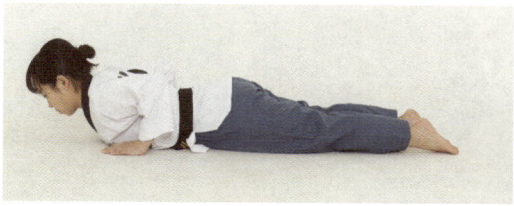 

1. 바닥에 복부를 대고 엎드려 양손을 가슴 옆에 놓고 엎드린다.
2. 양손을 어깨 아래에 놓고, 엄지손가락은 쇄골 라인에 맞춰 위치시킨다.
3. 골반이 바닥에 닿은 상태를 유지하며 손으로 바닥을 밀어내어 팔이 쭉 펴지도록 한다.

> **Tip** 굽은 등 개선에 효과적이며, 흉추의 신전 능력을 증가시켜준다.

Prone Reach Backs : ER

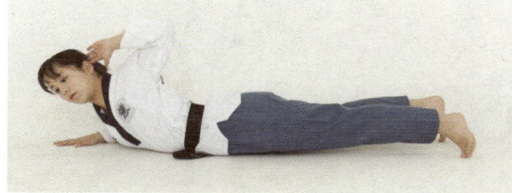 

1. 엎드린 자세에서 한쪽 팔을 머리 뒤에 놓은 상태에서 준비 자세를 취한다.
2. 머리 뒤에 위치한 손을 반대쪽 방향으로 들어 올리며 회전시킨다.
3. 이때 시선은 어깨를 따라 움직이며 흉추 상부의 가동성 향상에 도움이 된다.

> **Tip** 가장 낮은 난이도의 흉추 로테이션 운동으로 등이 많이 굽은 대상자에게 좋은 운동이다.

Cat-Camel

> **Tip** 흉추의 굴곡과 신전을 평가하기도 하고, 기능을 회복하는 가장 기본이 되는 운동이다.

1. 팔을 어깨너비로 벌리고 네 발 기기 자세를 취한다.
2. 호흡을 내쉬며 머리를 숙이며 등 상부를 부드럽게 말아 올려 척추를 둥글게 구부린다.
3. 호흡을 들이 마시며 고개를 들면서 배꼽을 바닥을 향해 잡아당겨 척추를 신전시킨다.

DOWN-DOG FOOT PEDAL

1. 푸시업 자세를 취한 후 엉덩이를 들어 올려 뒤쪽으로 빼면서 시작 자세를 취한다.
2. 호흡을 하면서 한쪽 무릎을 번갈아 가면서 구부렸다 폈다가 실시한다.
3. 한쪽 손을 들어 번갈아 가면서 대각선 위치에 있는 발목을 터치한다.

Tip 상체와 하체 후면 근육과 근막들을 효과적으로 스트레칭 시켜주는 효과가 있다.

Reach Backs : ER

1. 네 발 기기 자세를 취하고 한쪽 손을 머리 위에 얹고 시작 자세를 취한다.
2. 팔꿈치를 대각선 아래로 내려다가 하늘을 향해 팔꿈치를 들어 올린다.
3. 이때 시선은 팔꿈치를 따라 움직이며 5~10회 실시 후 반대쪽 팔도 실시한다.

Tip 흉추 상부의 가동성을 향상시키며 굽은 등을 개선하는데 효과적인 동작이다.

Reach Backs : IR

1. 네 발 기기 자세를 취하고 한쪽 손을 머리 위에 얹고 시작 자세를 취한다.
2. 팔꿈치를 대각선 아래로 내려다가 하늘을 향해 팔꿈치를 들어 올린다.
3. 이때 시선은 팔꿈치를 따라 움직이며 5~10회 실시 후 반대쪽 팔도 실시한다.

Tip 흉추 하부의 가동성을 향상시키며 주먹을 당기는 동작을 개선하는데 효과적인 동작이다.

T-Spine Mobility & Arm Circle

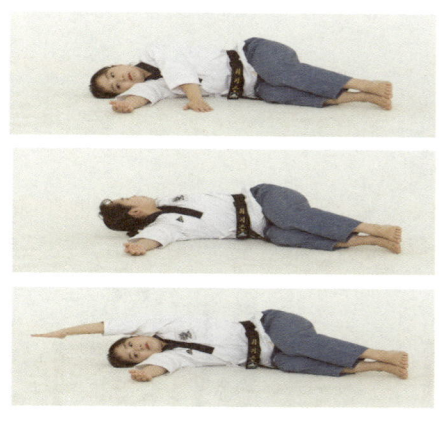

1. 옆으로 누워 손을 앞으로 뻗고, 무릎을 90°로 접고 시작 자세를 취한다.
2. 위에 팔을 들어 올려 반대쪽 방향으로 넘긴다.
3. 팔로 바닥을 스치며 큰 원을 그린다.
4. 반대쪽 방향도 실시한다.

Tip 흉추와 어깨의 가동성을 향상시켜주는 동작이다.

Ground Windshield Wipers

1. 바닥에 누워서 무릎을 구부리고 양팔은 몸의 옆에 둔다.
2. 무릎을 양옆으로 움직이도록 한다.
3. 호흡을 하면서 허리를 바닥에 붙이고 실시한다.

Tip 하부 흉추와 요추의 가동성을 향상시키는 동작으로 허리 긴장을 완화 시키는데 효과적인 동작이다.

Psoas Pnf Exercise

1. 바닥에 누운 상태에서 무릎을 90°로 접고 양손을 무릎에 대고 시작 자세를 취한다.
2. 두 무릎은 몸 쪽으로 당기면서, 두 손으로 무릎을 밀면서 등척성 운동을 30초간 실시한다.
3. 한쪽 손을 바닥을 짚고, 반대편 다리를 펴고, 대각선으로 무릎과 손을 15초간 밀면서 번갈아 실시한다.

Tip 장요근 강화에 효과적이며 요통과 무릎을 들어 올리는 동작을 개선하는데 효과적인 동작이다.

Elbow Prone Rock with Shoulder Flexion

1. 바닥에 무릎과 팔꿈치를 대고 양 무릎을 벌린 후 기도하는 자세로 시작한다.
2. 상체와 머리를 숙이면서 엉덩이를 팔꿈치를 밀어내며 엉덩이를 뒤로 밀어 낸다.
3. 호흡을 내쉬며 자세를 10초간 유지한 후 같은 동작을 반복한다.

Tip 응용 동작으로 팔꿈치 아래 박스나, 벤치 등을 높여 올려 주면 더 효과적이다.

Prone Rock with Shoulder Flexion

1. 팔을 어깨 너비로 벌리고 네 발 기기 자세를 취한다.
2. 상체와 머리를 숙이면서 양 팔을 가능한 길게 뻗으며 엉덩이를 뒤로 밀어 낸다.
3. 호흡을 내쉬며 자세를 10초간 유지한 후 같은 동작을 반복한다.

Tip 햄스트링과 종아리 근육 및 후면 근육과 근막들을 효과적으로 스트레칭 시켜주는 효과가 있다.

Proge Hip Rotation

1. 팔꿈치를 바닥에 대고 엎드린 상태에서 양 무릎을 벌리고 준비 자세를 취한다.
2. 한쪽 고관절을 회전 시키며 발을 들어 올려 고관절을 움직여 준다.
3. 시작 자세로 돌아온 후 반대편 다리를 실시한다.

> **Tip** 고관절 가동성 향상으로 옆차기나, 뒤돌려 차기의 기능 향상에 도움이 되는 동작이다.

Adductor, Hip & Posterior Chan Mobility

1. 네 발 기기 자세를 취하고 한쪽 다리를 옆으로 뻗고 시작 자세를 취한다.
2. 엉덩이를 뒤로 이동하며 척추의 중립을 유지하며 바닥을 밀어내며 팔을 쭉 뻗는다.
3. 바닥을 지지하고 있는 발을 회전 시켜 실시하면 더 효과적이다.

> **Tip** 둔부, 햄스트링, 내전근과 종아리 근육들을 스트레칭 시키는데 효과적이다.

Sitting Hip Rotations

1. 바닥을 짚고, 양 무릎을 세우고 준비 자세를 취한다.
2. 한쪽 방향으로 양 무릎을 번갈아 가면서 회전 시킨다.
3. 좌우 방향을 번갈아가면서 실시한다.

> **Tip** 고관절의 가동성 향상 기초 운동으로 발차기를 차는 데 도움이 되는 동작이다.

Sitting Hip Rotations with Reach

1. 시팅 힙 로테이션 동작에서 한쪽 방향으로 회할 때 팔을 뻗어준다.
2. 회전 후 엉덩이를 들어 올리며 골반을 밀어 올리고 무릎을 펴준다.
3. 시작 자세로 돌아온 후 반대편 쪽을 실시한다.

> **Tip** 고관절과 대퇴부 전면, 복부, 광배근을 동시에 효과적으로 스트레칭 시켜주는 동작이다.

Reverse Toe Touches

   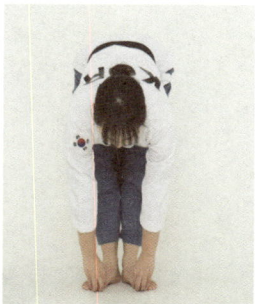

1. 어깨너비로 다리를 벌리고 상체를 숙여 발끝을 잡고 시작 자세를 취한다.
2. 손끝이 발가락에서 떨어지지 않도록 유지하면서, 엉덩이를 들어 올려 다리를 곧게 편다.
3. 뒤꿈치를 붙이고, 발가락은 밖으로 벌려 동일한 과정을 수행한다.

Tip 하체 후면의 근육을 늘려 주는 데 도움이 되는 동작이며 발의 모양에 따라 효과를 극대화할 수 있다.

Reverse Pattern Squat

1. 어깨너비로 다리를 벌리고 상체를 숙여 발끝을 잡고 시작 자세를 취한다.
2. 손을 발끝을 잡고 엉덩이를 내리며 스쿼트를 실시한다.
3. 한쪽 손씩 머리 위로 들어 올리고, 오버헤드 스쿼트 자세를 취한 후 일어난다.

Tip 하체 후면과 상체의 후면을 동시에 강화해 굽은 등을 개선하고 바른 정렬을 만드는데 효과적인 운동이다.

Lateral Lunge

1. 정면을 보고 사이드 런지 자세에서 양손을 뻗고 시작 자세를 취한다.
2. 무릎을 구부리고 있는 다리의 발끝을 안쪽으로 돌린다.
3. 한쪽 발끝을 회전 시키며 골반의 무게 중심을 측면으로 이동시킨다.

Tip 고관절의 가동성 향상으로 옆차기와 같은 발차기를 차는 데 도움이 되는 동작이다.

Lateral Lunge and Reach

1. 정면을 보고 사이드 런지 자세에서 양손을 뻗고 시작 자세를 취한다.
2. 양손을 접고 있는 무릎 방향으로 상체를 회전 시키며 무게 중심을 측면으로 이동시킨다.
3. 호흡을 들이마시며 시작 자세로 돌아와서 반대쪽 방향을 실시한다.

Tip 고관절과 흉추의 가동성을 동시에 개선해 상하체를 동시에 사용하는 품새에 도움이 된다.

Prone Quad Stretch

1. 바닥에 엎드려 복부를 대고 한쪽 손은 같은 쪽 다리의 무릎을 접고 발등을 잡는다.
2. 발등을 잡고 있는 손을 잡아당겨 바닥으로부터 다리를 들어 올린다.

Tip 허벅지 앞의 근육을 늘려주는 데 도움이 되며 골반의 전방 경사 개선에 동작이다.

Standing Quad Stretch

1. 발목을 같은 쪽 손으로 잡고 서서 뒤꿈치를 엉덩이에 시작 자세를 취한다.
2. 상체는 곧게 편 상태에서 한쪽 손을 들어 올리며 다리를 더 뒤로 잡아당긴다.
3. 스트레칭을 더 많이 시키려면 한쪽 손을 앞으로 뻗으며 상체를 기울이며 잡아당긴다.

Tip 허벅지 앞에 근육이 짧아지면 무릎 통증의 원인이 될 수 있기 때문에 수시로 실시 해 준다.

Hip Flexor Stretch

1. 한쪽 무릎을 꿇은 상태에서 반대 발을 지면에 밀착시킨다.
2. 골반을 앞으로 밀어내면서 몸통을 뒤쪽으로 기울인다.
3. 그 상태로 30초 동안 자세를 유지 후 반대쪽 방향을 실시한다.

Tip 장요근과 허벅지 앞 근육을 늘려주는 데 도움이 되는 동작이다.

Hip Flexor Stretch

1. 한쪽 무릎을 꿇은 상태에서 반대 발을 지면에 밀착시킨다.
2. 구부린 무릎 손을 들어 올려 반대편 쪽으로 상체를 기울이며 바닥을 짚는다.
3. 그 상태로 30초 동안 자세를 유지 후 반대쪽 방향을 실시한다.

Tip 장요근과 측면의 복사근, 전거근, 광배근을 늘려주는 데 도움이 되는 동작이다.

Warrior One Pose

1. 한쪽 다리를 앞으로 뻗어 런지를 하며 양손을 머리 위로 들어 올린다.
2. 무릎을 앞으로 밀면서 상체를 뒤로 넘기면서 신전 시킨다.
3. 시작 자세로 돌아와 반대쪽 다리를 실시한다.

Tip 전방 근막 경선의 기능 회복에 도움이 되는 동작이다.

Hip Mobility

1. 푸시업 자세에서 한쪽 다리를 반대쪽 무릎에 대고 준비 자세를 취한다.
2. 무릎을 접은 다리와 뒤에 펴고 있는 다리가 일자가 되도록 한다.
3. 접고 있는 쪽으로 골반을 움직이며 고관절 회전근들을 늘려준다.
4. 시작 자세로 돌아와 반대쪽 다리를 실시한다. (각 5~10회)

Tip 고관절 가동성과 후방 캡슐을 높이는 기초 동작이다.

Spiderman

1. 런지 자세에서 손을 발 양옆에 놓고 시작 자세를 잡는다.
2. 발 옆에 위치한 손을 천천히 회전 시켜서 머리 위로 들어 올린다.
3. 제자리로 돌아간 후 반대쪽을 실시한다.

Tip 장요근과 흉추 가동성과 측면 근막경선을 개선하는데 효과적인 운동이다.

Reverse Calf Raise

 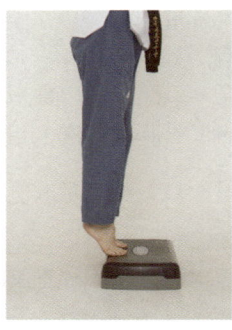

1. 박스에 두 발을 모아서 올라 선다.
2. 발의 뒤꿈치를 바닥을 향해 종아리 근육을 늘리면서 내려 간다.
3. 발목을 올리면서 종아리 근육을 수축 후 다시 내려오며 반복한다.

Tip 단축된 종아리 근육의 이완을 목적으로 내려오는 것에 더 집중해서 실시 하는 것이 중요한 운동이다.

Reverse One Leg Calf Raise

1. 박스에 한 발을 올리고 반대쪽 다리는 들고 올라 선다.
2. 한 발의 뒤꿈치를 바닥을 향해 종아리 근육을 늘리면서 내려간다.
3. 한 발목을 올리면서 종아리 근육을 수축 후 다시 내려오며 반복한다.

Tip 동작을 하는 동안 골반의 균형을 유지하며 반동 없이 실시한다.

Hip Hike

1. 박스 위에 옆으로 한쪽 발을 올리고 선다.
2. 들고 있는 발의 뒤꿈치가 바닥을 찍도록 내린다.
3. 시작 자세로 돌아와 발목을 당기며 골반을 끌어 올린다.

Tip 고관절과 요방형근 기능 개선에 효과적인 동작으로 옆차기에 도움이 되는 운동이다.

태권도 품새 선수의 코어와 안정화 트레이닝의 필요성

태권도 품새 선수에게 품새를 하는 동안 정확한 동작을 위해 흔들리지 않을 수 있는 안정화 능력과 퍼포먼스 발현을 위한 코어의 역할이 중요한데 여기서 말하는 코어란 기능적으로 움직이는 동안 동원되는 29쌍의 근육으로 이루어진 요추-골반-힙의 복합체의 움직임을 말하며 견고한 중심부가 그 핵심이며 어떠한 동작을 하던 중 가장 기초가 될 수 있는 튼튼한 기둥을 세우는 과정이라고 할 수 있다.

품새를 위해 필수적인 요소라고 할 수 있으며 높은 강도의 활동에서 코어의 역할은 사지에서 나오는 힘을 온전히 뿜어낼 수 있도록 도와주는 힘의 전달자로서 그 역할이 절대적으로 중요하며 모든 동작은 코어에서 시작해서 사지로 뻗어 나가는 움직임이라고 할 수 있다. 그렇기 때문에 품새 선수도 이에 맞춰 기능성 운동들을 해주어야 할 필요성이 있는데 이러한 기능성 트레이닝을 통해 부상 없이 수행할 수 있도록 운동을 적응 시키거나 개발하려는 훈련 목적을 가지고 있으며 척추의 안정화와 운동 기능 조절 및 다 방향으로 체중이동 조절 능력의 증가로 균형 감각의 향상과 관절의 통증 감소, 고립 운동에 비해 근력 증가, 유연성 향상 등의 효과를 누릴 수 있다. 그러기 위해서 코어 트레이닝시 신장성, 단축성, 등척성 운동 루틴을 모두 포함해야 하며 한쪽 방향으로 하는 패턴과, 번갈아 가면서 하는 패턴, 한쪽 방향으로 하는 패턴, 번갈아 가면서 하는 패턴, 양쪽을 같이 하는 패턴이 포함 되는지 고려해야 한다. 또한 에너지 시스템과 움직임 사슬을 자극해 줄 수 있도록 하면서 다양한 타입의 근육들을 골고루 자극해 줄 수 있도록 선수 개개인의 부족한 부분에 맞추어 프로그램을 구성해야 한다.

Reverse Clamshells

1. 옆으로 누워 밴드를 아치에 걸고 무릎을 45° 굴곡한 상태에서 발이 바디라인에 위치하게 한다.
2. 위쪽 다리 무릎은 아래쪽 무릎과 붙인 채로 가만히 두고 발만 천장 쪽으로 들어 올린다.
3. 한쪽에 5~10회 실시 후 반대쪽 방향을 실시한다.

Tip 소둔근과 중둔근 전방 섬유를 강화해 주는 동작이며 옆차기 기능 향상에 효과적인 운동이다.

Clamshells

1. 옆으로 누워 밴드를 무릎에 걸고 45° 굴곡한 상태에서 발이 바디라인에 위치하게 한다.
2. 발은 붙인 채로 위쪽 다리 무릎을 천장 쪽으로 들어 올린다.
3. 한쪽에 5~10회 실시 후 반대쪽 방향을 실시한다.

Tip 중둔근 후방 섬유를 강화해 주는 동작이며 골반의 안정성 향상에 효과적인 운동이다.

Resisted Lateral Step

1. 무릎에 밴드를 걸고 무릎을 살짝 구부린 스쿼트 자세로 시작 자세를 취한다.
2. 옆으로 이동 방향 쪽 다리를 들어서 밴드 저항을 느끼며 스탭을 밟는다.
3. 이동한 거리만큼 반대 방향으로 실시해서 좌/우 균형을 맞춰준다.

Tip 운동 강도를 높이기를 원하면 밴드의 강도를 바꾸거나, 발목에 하나 더 걸고 실시한다.

Sagittal walks & Resisted Backward Walking

1. 무릎에 밴드를 걸고 무릎을 살짝 구부린 스쿼트 자세로 시작 자세를 취한다.
2. 발과 무릎의 정렬을 바르게 하고 앞으로 걷는다.
3. 다리 사이의 폭은 어깨너비를 유지하며 저항을 느끼며 뒤로 스텝을 밟아 시작 위치로 돌아간다.

Tip 다리 사이의 거리는 일정하게 유지하며 걸어야 하며, 뒤로 걷는 것이 더 효과적이다.

Elbow Plank

1. 팔꿈치를 바닥에 대고 엎드려 플랭크 자세를 취한다.
2. 몸 전체가 일직선이 될 수 있게 엉덩이를 수축시켜 준다.
3. 팔꿈치로 바닥을 밀면서 골반이 처지지 않도록 주의한다.

Tip 코어의 안정성 강화에 효과적이다.

Elbow Plank Splits

1. 팔꿈치를 바닥에 대고 엎드려 플랭크 자세를 취한다.
2. 한쪽 다리를 들어 옆으로 멀리 뻗어 발 끝을 찍고 돌아온다.
3. 양쪽의 다리를 번갈아 가면서 실시한다.

Tip 응용 동작으로 양쪽의 다리를 점프 뛰어 옆으로 벌렸다 모으는 동작도 있다.

Up-Down Plank

1. 팔꿈치를 바닥에 대고 엎드려 플랭크 자세를 취한다.
2. 팔꿈치가 있던 자리에 손을 순차적으로 짚으며 두 팔을 완전히 펴준다.
3. 손바닥이 있던 자리에 팔꿈치를 순차적으로 놓아 처음 플랭크 자세를 만든다.

Tip 코어의 활성화와 동시에 어깨의 안정성을 향상시키는 데 도움이 되는 운동이다.

Arm Reach Plank

1. 팔꿈치를 바닥에 대고 엎드려 플랭크 자세를 취한다.
2. 복부에 힘을 주고 골반 수평을 유지하며 한쪽 팔을 앞으로 뻗는다.
3. 시작 자세로 돌아와 반대쪽 팔을 들어 올리고 양팔을 교대로 반복한다

Tip 코어와 어깨의 안정성을 높여 주는데 효과적인 운동이다.

Kick-Back Plank

1. 팔꿈치를 바닥에 대고 엎드려 플랭크 자세를 취한다.
2. 복부에 힘을 주고 골반 수평을 유지하며 한쪽 다리를 뒤로 들어 올린다.
3. 시작 자세로 돌아와 반대쪽 다리를 들어 올리고 다리를 교대로 반복한다.

Tip 코어와 둔부의 안정성을 높여 주는데 효과적인 운동이다.

Plank Tuck

1. 팔이 지면과 수직이 되게 하여 푸시업 자세로 엎드린다.
2. 한 쪽 무릎을 반대쪽 가슴에 붙인다는 느낌으로 끌어당긴다.
3. 양쪽을 번갈아 가면서 수행한다.

Tip 몸통이 과하게 돌아가지 않도록 주의하며, 어깨가 흔들리지 않게 고정되어야 한다.

Plank Tuck – Abduction

1. 팔이 지면과 수직이 되게 하여 푸시업 자세로 엎드린다.
2. 한 쪽 무릎을 같은 방향 팔 바깥쪽에 붙인다는 느낌으로 끌어당긴다.
3. 양쪽을 번갈아 가면서 수행한다.

Tip 품새 선수에게 복사근과 코어를 강화 할 수 있는 좋은 운동이다.

Plank Tuck – Adduction

1. 팔이 지면과 수직이 되게 하여 푸시업 자세로 엎드린다.
2. 한 쪽 무릎을 반대쪽 팔꿈치에 붙인다는 느낌으로 안쪽으로 끌어당긴다.
3. 양 쪽을 번갈아 가면서 수행한다.

Tip 복부, 장요근 및 내전근 강화와 어깨 안정성 강화에 효과적이다.

Plank Protraction

1. 팔이 지면과 수직이 되게 하여 푸시업 자세로 엎드린다.
2. 상체를 일자로 유지한 상태에서 손바닥으로 지면을 밀어낸다.
3. 전거근을 수축해서 등 상부가 올라오도록 해야 한다.

Tip 어깨를 제외한 나머지 신체 부위는 움직임을 최소화한다.

Plank Saw

1. 팔이 지면과 수직이 되게 하여 푸시업 자세로 엎드린다.
2. 어깨 관절을 축으로 발뒤꿈치 방향으로 밀어낸다.
3. 어깨 관절을 축으로 앞 방향으로 밀어낸다.
4. 코어 및 어깨 안정성 강화에 효과적이다.

Tip 무릎을 굽히지 않고 허리가 과하게 들리지 않도록 한다.

Opposite Shoulder Tap

1. 팔이 지면과 수직이 되게 하여 푸시업 자세로 엎드린다.
2. 한쪽 손을 반대쪽 어깨에 갖다 댄 후 시작 자세로 돌아온다.
3. 반대 손을 다른 쪽 어깨에 갖다 댄 후 시작 자세로 돌아온다.

Tip 무릎을 굽히지 않고 몸통을 일직선으로 유지하여 코어 및 어깨의 안정성을 강화한다.

Plank Progression

다양한 응용 동작을 통해 더 효과적으로 트레이닝을 할 수 있다.
(다리 들기, 팔 앞으로 뻗기 , 팔다리 동시에 뻗기, 팔 옆으로 회전하기)

Side Plank

1. 옆으로 팔꿈치를 대고, 다른 쪽 팔을 동일선상에 있도록 하늘을 향해 뻗어준다.
2. 몸통은 일자가 되도록 하여 코어의 긴장감을 30초간 유지 후 반대쪽을 실시한다.
3. 어깨관절은 귀보다 아래 내려가 있어야 하며, 무릎을 굽히지 않고 일직선을 유지해야 한다.

Tip 중심을 잡기 힘들다면 위에 올라와 있는 다리를 아래에 있는 다리의 앞으로 두어 허벅지에 힘을 주어 중심을 잡는다.

Abduction Side Plank

1. 옆으로 팔꿈치를 대고, 다른 쪽 팔을 동일선상에 있도록 하늘을 향해 뻗어준다.
2. 사이드 플랭크 자세에서 위쪽 다리를 들어 올렸다 내렸다 반복한다.
3. 방향을 바꾸어 반대쪽 다리도 실시한다

Tip 엉덩이가 뒤로 빠지지 않게 몸통을 일직선으로 유지한 상태로 다리를 들어 올려야 한다.

Adduction Side Plank

1. 플라이오 박스나 의자에 한쪽 발을 걸치고 사이드 플랭크 자세를 취한다.
2. 아래쪽 다리를 위쪽 다리 방향으로 모아주었다 벌렸다 반복한다.
3. 방향을 바꾸어 반대쪽 다리도 실시한다

Tip 코어와 내전근 및 어깨 안정성 강화에 효과적이다.

Plank Rolls

1. 옆으로 팔꿈치를 대고, 다른 쪽 팔을 동일선상에 있도록 하늘을 향해 뻗어준다.
2. 위로 뻗은 팔을 반대쪽 늑골 아래 방향으로 깊게 넣는다.
3. 한쪽을 5~10회 반복 후 방향을 바꾸어 반대쪽 팔을 실시한다.

Tip 어깨 안정성 강화와 흉추의 가동성 향상에 효과적이다.

Plank Rolls Progression

1. 팔꿈치를 바닥에 대고 엎드려 플랭크 자세를 취한다.
2. 시선과 함께 한쪽 팔을 팔꿈치를 접은 상태를 유지하며 들어 올린다.
3. 시작 자세로 돌아와 양쪽을 번갈아 수행하거나 동일한 쪽에서 연속적으로 수행한다.

Tip 코어 및 어깨 안정성과 몸통의 복사근, 복횡근 강화에 효과적이다.

Plank Roll

1. 팔꿈치를 바닥에 대고 엎드려 플랭크 자세를 취한다.
2. 플랭크 동작을 유지한 상태로 좌/우로 굴러 플랭크 자세를 만든다.

Tip 플랭크 동작이 최대한 유지될 수 있도록 한다.

Reverse Plank

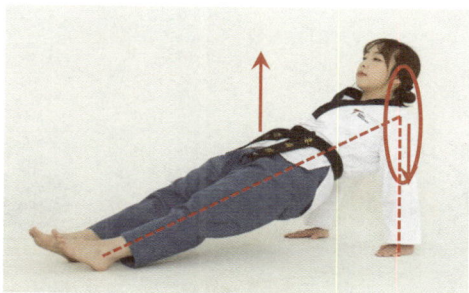

1. 양 다리를 펴고 앉은 상태에서 양손을 뒤로 뻗어 땅을 짚는다.
2. 무릎을 굽히지 않고 허리에 힘을 주어 엉덩이를 들어 올린다.
3. 몸을 일자로 30초간 유지 후 엉덩이를 내린다.

Tip 버티는 것과 올렸다 내렸다 반복하는 동작을 상황에 맞게 여러 방법으로 수행한다.

Reverse Table Top Bridge

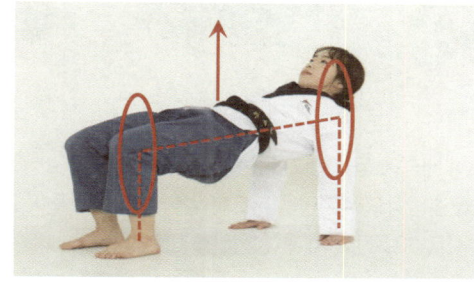

1. 리버스 플랭크를 무릎을 굽힌 상태에서 수행한다.
2. 어깨와 지면, 무릎과 지면이 90° 가 되도록 엉덩이를 들어 올린다.
3. 몸을 일자로 30초간 유지 후 엉덩이를 내린다.

Tip 두 다리 사이를 주먹 하나 너비로 벌리고 벌어지지 않도록 한다.

Straight Leg Heel Bridge

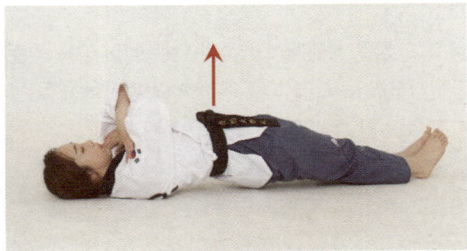
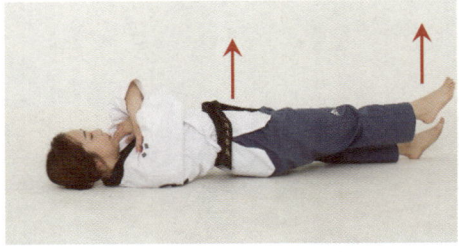

1. 발을 모아 바닥에 등을 대고 눕는다.
2. 뒤꿈치와 손바닥으로 지면을 누르며 엉덩이를 위로 들어 올린다.
3. 몸을 일자로 30초간 유지 후 엉덩이를 내린다.

> **Tip** 응용동작으로 양팔을 가슴 앞에 모은 상태에서의 수행하거나, 엉덩이를 들어 올린 상태에서 다리를 반복적으로 들었다 내렸다 등 여러 방법으로 응용이 가능하다.

Leg Raise

1. 두 다리는 곧게 펴고 바닥에 등을 대고 양손을 옆에 짚고 눕는다.
2. 두 다리를 지면에 닿기 전까지 내렸다가 다시 올려주는 동작을 반복한다.

Tip 무릎은 최대한 펴고 내려갈 때 허리가 과도하게 들리지 않도록 유지한다.

Hollow

1. 누운 상태에서 두 팔을 위로 들어 올리며 허리는 지면에 밀착된다는 느낌으로 눌러준다.
2. 코어에 집중하여 팔과 다리를 들어 올려 U자 모양이 되게 한다.

Tip 팔의 위치는 귀 옆을 유지하며 동작을 실시한다.

Hollow Roll

1. 바닥에 누워 양손과 다리를 들어 올려 할로우 동작을 만든다.
2. 팔과 다리를 유지한 상태로 좌/우로 구른다.
3. 옆으로 180도 굴러서 푸시업 자세를 만든다.

Tip 할로우 동작이 최대한 유지될 수 있도록 한다.

Back Extension

1. 바닥에 엎드려 머리 뒤 깍지를 낀 상태로 시작 자세를 취한다.
2. 허리를 축으로 머리와 양 다리를 들어 올린다.
3. 중심을 잘 잡아두고 척추기립근과 둔근의 긴장을 느끼며 올라온다.

> **Tip** 응용동작으로 상체를 고정하고 하체만 들어올리기, 하체만 고정하고 상체만 들어 올리기 등 상황에 따라 응용이 가능하다.

Bridge

1. 바닥에 무릎의 각도를 90°로 굽힌 채로 눕는다.
2. 꼬리뼈부터 말아 올린다는 느낌으로 어깨와 무릎이 일직선이 되도록 들어 올린다.

> **Tip** 의자와 같이 높이가 있는 물체를 활용하거나 발아래 소도구를 활용해 강도 조절을 할 수 있다.

One Leg Bridge

1. 무릎의 각도를 90°로 굽히고 한쪽 다리를 무릎을 접고 들어 올린 상태로 눕는다.
2. 꼬리뼈부터 말아 올린다는 느낌으로 어깨와 무릎이 일직선이 되도록 들어 올린다.
3. 방향을 바꾸어 반대쪽도 실시한다.

> **Tip** 고관절의 균형을 유지하며 흔들림이 없이 실시한다.

Front Straight Leg Raise

1. 발목에 중량 주머니를 감고 누워 시작 자세를 취한다.
2. 누운 상태로 한쪽 다리를 곧게 들어 올린다.
3. 무릎을 굽히지 않으며 양손을 바닥을 누르며 한다.

Tip 고관절 굴곡근을 강화시켜서 앞차기의 높이 및 파워 향상에 효과적이다.

Inside Straight Leg Raise

1. 발목에 중량 주머니를 감고 옆으로 누워 시작 자세를 취한다.
2. 다리를 앞으로 무릎을 접어 내리고 아래에 다리를 들어 올린다.
3. 무릎을 굽히지 않고 지지하는 손은 바닥을 누르며 한다.

Tip 내전근 강화에 효과적이며, 위에 올라와 있는 다리를 뒤로 넘긴 상태로도 수행이 가능하다.

Back Straight Leg Raise

1. 엎드린 상태에서 한쪽 다리를 곧게 들어 올린다.
2. 허리반동 없이 둔부만 사용해 들어 올린다.

Tip 둔근과 햄스트링 강화에 효과적이다.

Outside Straight Leg Raise

1. 옆으로 누운 상태에서 위에 올라와 있는 다리를 들어 올린다.
2. 앞뒤 흔들림 없이 코어를 잡고 실시 한다.

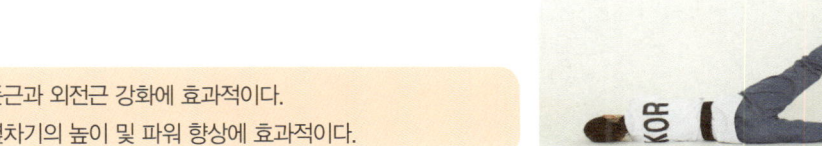

Tip 둔근과 외전근 강화에 효과적이다.
옆차기의 높이 및 파워 향상에 효과적이다.

Inchworm

1. 무릎을 편 상태로 바닥에 손을 짚고 한손씩 앞으로 뻗어 걷는다.
2. 팔이 지면과 수직이 되면 한발씩 움직여 주면서 손의 방향을 향해 걷는다.
3. 동작을 역순으로 하면서 시작 위치로 돌아간다

> **Tip** 무릎을 최대한 펴고 발목을 움직이면서 햄스트링을 늘려주는데 집중한다.

Russian Hamstrings

1. 바닥에 양 무릎을 대고 허리를 곧게 편 상태에서 시작 자세를 취한다.
2. 아래로 내려갈 때 햄스트링을 최대한 천천히 신장시키면서 내려간다
3. 바닥에 닿기 직전까지 손을 미리 뻗지 말아야 한다.
4. 충격을 완화할 수 있도록 손을 잘 짚어준다.

Tip 햄스트링 강화에 효과적으로 품새 선수에게 품새 선수에게 발차기 동작 중 부상 예방을 위한 필수 운동이다.

Push Up

1. 바닥에 엎드려 양손을 가슴 옆쪽에 위치시킨다.
2. 몸통이 고정된 상태에서 팔꿈치를 구부리며 상체를 내린다.
3. 바닥을 밀어낸다는 느낌으로 올라온다.

Tip 허리 중립을 유지하며, 대흉근 및 삼두근 강화 효과가 있다.

Plyo Push Up

1. 바닥에 엎드려 양손을 가슴 옆쪽에 위치시킨다.
2. 몸통이 고정된 상태에서 팔꿈치를 구부리며 상체를 내린다.
3. 바닥을 강하게 밀어 올려 점프를 뛰며 올라와서 박수를 치고 착지한다.

Tip 박수를 친 후 바닥에 떨어질 때 부드럽게 착지해야 팔목과 팔꿈치 부상을 예방한다.

Medicine Ball Push Up

1. 푸시업 자세에서 한 손은 바닥, 다른 한 손은 메디신 볼 위에 위치시킨다.
2. 메디신 볼이 손에서 벗어나지 않도록 중심을 잡아놓은 상태로 손이 밀며 올라온다.
3. 손이 바닥과 메디신 볼에서 떨어지는 순간 볼에 올라와 있는 손을 바꾸어 주며 푸시업을 반복한다.

Tip 대흉근 및 삼두근 강화, 운동제어 능력 향상에 효과적이다.

Crawl

1. 무릎을 굽힌 채로 양손은 어깨너비로 짚어 준비 자세를 취한다.
2. 4발로 걷듯이 앞으로 전진한다.
3. 동작을 시작하면 무릎이 땅에 닿지 않는다.
4. 한 번에 10cm 정도씩 짧게 이동하면서 등 허리는 평평한 상태를 유지한다

Tip 신체 협응력 향상 및 코어 근육 강화에 효과적인 운동이다.

Kick-Back

1. Crawl 준비 자세에서 대각선 방향의 팔과 다리를 쭉 뻗어준다.
2. 뻗었던 팔과 다리를 웅크려 무릎과 팔꿈치를 터치한다.
3. 가능한 몸이 회전하지 않도록 주의하며 실시한다.
4. 방향을 바꾸어 반대쪽도 실시한다.

Tip 팔의 위치에 따라 한쪽으로 치우치지 않고 정면을 유지하며 수행한다.

Band Push

1. 지르는 손으로 밴드를 잡고 지르기 예비 동작을 준비한다.
2. 허리를 활용해 지르기를 반복적으로 실시한다.

Tip 지르기 정확성 및 스피드 향상에 효과적이다.

Band Pull

1. 당기는 손으로 밴드를 잡고 지르기 예비 동작을 준비한다.
2. 반대 손을 지르며 허리를 활용해 당기기를 반복적으로 실시한다.

Tip 당김 손의 스피드 향상에 효과적인 동작. 지르기 정확성 및 스피드 향상을 위해서는 반대되는 트레이닝 또한 많이 해주어야 한다.

Band Rotation

1. 밴드의 한 쪽을 고정해 놓고 양손으로 다른 쪽의 밴드를 잡는다.
2. 팔을 쭉 펴주고 몸통을 반복해서 회전시킨 후 반대쪽 방향을 실시한다.

Tip 회전 발차기 시 몸통의 회전력 강화 및 초보자의 허리 사용방법 숙달에 효과적이다.

Assist Plyo Push Up

  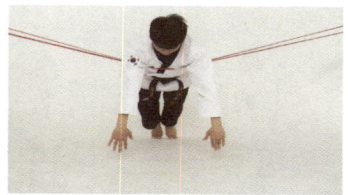

1. 양쪽에서 밴드를 잡아주고 밴드 위에서 푸시업 자세를 취한다.
2. 밴드의 탄력을 이용해 양팔로 점프한 후 착지한다.
3. 바닥을 밀어 점프를 할 때 손가락이 바닥을 향하도록 손목을 펴준다.

Tip 지르기 동작의 스피드와 파워 향상 및 측전 착지 시 바닥을 손으로 밀어내는 힘 강화에 효과적이다.

Power Band Push Up

1. 등 뒤로 파워 밴드를 걸고 양손으로 잡고 푸시업 자세를 취한다.
2. 밴드의 저항을 이겨내며 푸시업을 실시한다.

Tip 지르기 동작의 스피드 및 파워 향상에 효과적이며 점프하면서 하면 더 효과적이다.

Kick Back

1. 양손으로 밴드를 잡고 한 쪽 발바닥에 밴드를 걸어주어 삼각형 모양을 형성할 수 있게 한다.
2. 양손으로 밴드를 고정하고 밴드를 걸어놓은 다리를 뒤로 뻗어준다.
3. 골반이 틀어지지 않게 잡아두고 다리를 뒤로 뻗는다.
4. 코어 힘을 이용하여 운동 시 흐트러지는 균형을 잡도록 한다.

Tip 옆차기, 뒤차기 연습 및 코어와 엉덩이 근력 강화에 효과적이다.

Military Press

1. 양 발로 밴드를 밟은 뒤 어깨너비만큼 벌린다.
2. 밴드를 교차시켜 양손으로 잡는다.
3. 밴드의 저항을 이겨내며 머리 위로 양 팔을 밀어 올린다.

Tip 어깨 근력 강화에 효과적이다.

Overhead Squat

1. 양 발로 밴드를 밟은 뒤 어깨너비 보다 넓게 벌린다.
2. 밴드를 교차시켜 양손으로 잡아 머리 위로 올린다.
3. 밴드의 저항을 이겨내며 무릎을 굽혔다 펴는 동작을 반복한다.

Tip 전신 근력을 동시에 강화하는데 효과적이다.

Split Stance Press

1. 한 발로 밴드를 밟은 뒤 교차해서 양손으로 잡는다.
2. 양 발을 앞뒤로 배치한다.
3. 무릎을 굽히면서 동시에 양팔을 들어 올린다.
4. 무릎과 몸통이 정면을 유지한 상태로 실시한다.

Tip 삼각근 및 대퇴사두근 강화에 효과적이다.

Deadlift

1. 양 발로 밴드를 밟은 뒤 양손으로 잡는다.
2. 허리를 곧게 펴고 무릎을 굽혔다 편다.

Tip 척추기립근 및 대퇴사두근 강화에 효과적이다.

Band Hamstring Curl

1. 한쪽 발목에 밴드를 고정하고 엎드린다.
2. 발목을 들었다 내려놓는 동작을 반복한다.

Tip 무릎을 펴는 동작을 천천히 수행하며 햄스트링 강화에 효과적이다.

Band Front Kick

1. 한 개의 밴드를 활용해 한쪽 발에 감아 반대쪽 무릎 뒤에 건다.
2. 다른 밴드를 한쪽 발에 밟고 반대쪽 허벅지 위에 고정 후 앞차기 자세를 취한다.
3. 앞차기 동작을 실시한다.

Tip 앞차기 파워 및 스피드 향상에 필요한 기능성 트레이닝 운동이다.

Band Side Kick

1. 한 개의 밴드는 발에 밟고 반대쪽 허벅지에 돌려 건다.
2. 다른 밴드를 한쪽 발에 걸고 반대쪽 손에 잡고 옆차기 자세를 취한다.
3. 옆차기 동작을 실시한다.

Tip 가능한 실제 옆차기와 동일한 자세를 취하며 옆차기 파워 및 스피드 향상 운동이다.

Band Round Kick

1. 밴드를 한쪽 발에 밟고 반대쪽 발에 묶고 돌려차기 자세를 취한다.
2. 돌려차기 동작을 실시한다.

Tip 가능한 실제 돌려차기와 동일한 자세를 취하며, 돌려차기 파워 및 스피드 향상 운동이다.

태권도 품새 선수의 스피드, 민첩성, 순발력 통합 트레이닝의 필요성

태권도 품새 선수에게 전통적인 저항성 트레이닝의 한계점을 보안하기 위해서 스피드, 민첩성, 순발력 트레이닝의 개념을 유념하는 것이 매우 중요하다. 다시 말하면, 중량을 드는 동작을 빼라는 것이 아니라 추가해서 수행해야 한다는 것인데 이를 기초로 모든 동작이 이루어지며 자유품새에서 특히 중요성이 증가한다.

품새 선수들을 위한 운동 프로그램의 계획은 다양한 변수에 대해 심사숙고하는 것이 필요하며 첫 번째로 훈련의 기간, 운동 수준, 품새 선수가 어떻게 스피드, 민첩성, 순발력 트레이닝을 했었는지 고려해야 하며, 빈도, 강도, 훈련량을 각각 선수의 수준에 맞게 고려해야만 한다.

이러한 트레이닝은 모든 신체의 움직임에서 증가된 파워와 뇌 신호의 전달을 높여주며 공간 감각의 인지능력을 향상 시켜주어 품새 동작의 운동 기능을 높이고, 반응시간을 줄여 주는 이점을 가지고 있다. 이러한 향상된 반응 속도는 선수가 기술을 수행하는 데 적절한 자세를 유지할 수 있도록 만들어 주어 더 좋은 성적을 만들어 줄 수 있다. 이러한 훈련에서 가장 많이 활용되는 방법이 사다리를 활용하거나, 허들을 활용하는 방법이 있는데 다양한 패턴의 훈련을 통해 지속적인 변화를 주어야만 효과를 볼 수 있 다. 그렇기 때문에 품새 선수들에게도 사다리를 활용한 트레이닝 방법에 대해 공유하고자 한다.

Ladder Jumping Jack

  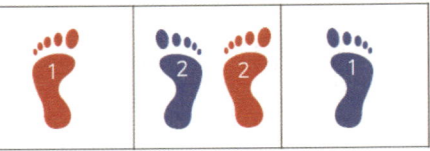

1. 스쿼트 점프 후 다리를 교차시켜 준다.
2. 점핑잭을 연속적으로 실시한다.

Tip 동작의 끊김 없이 연속적으로 수행하며 하체 근력 강화 및 파워 향상을 위한 운동이다.

Jumping Change Squat

   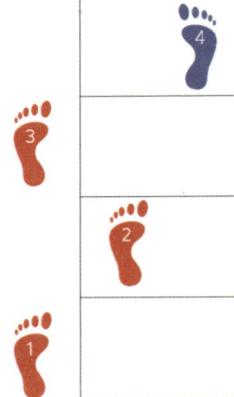 

1. 스쿼트 후 다음 칸으로 점프하여 한발로 착지한다.
2. 한 발 착지 후 즉시 다시 다음 칸으로 점프하여 스쿼트를 한다.
3. 스쿼트 후 다음 칸으로 점프하여 반대 발로 착지하는 과정을 반복한다.

Tip 동작의 끊김 없이 연속적으로 수행하며 하체 근력 강화 및 파워 향상을 위한 운동이다.

Hand Change Push Up Combination

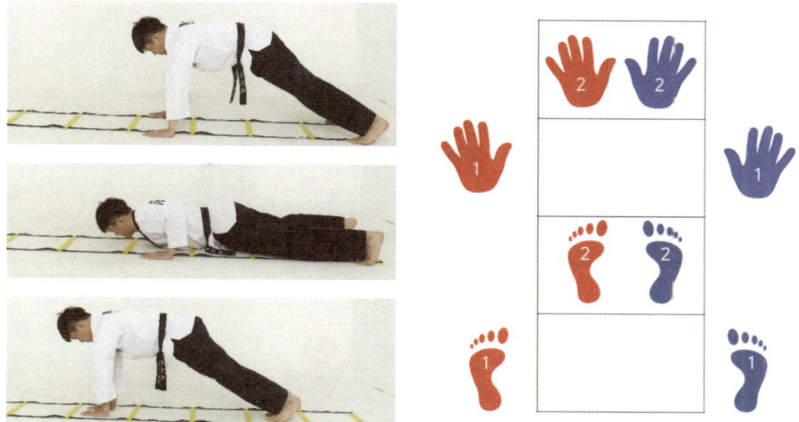

1. 발과 손을 래더 바깥쪽에 위치시킨 후 푸시업을 한다.
2. 올라오는 타이밍에 맞춰 힘껏 바닥을 밀어내어 다음 칸의 안쪽에 발과 손을 이동시킨다.
3. 내려갈 때 팔을 확실히 굽혀주어 충격 완화에 신경을 써야 한다.

Tip 어깨의 안정성 및 상체 근력 향상과 지르기 파워 및 스피드 향상에 효과적인 운동이다.

Ladder Lunge Side Jump

1. 한쪽 발을 앞으로 내민 상태에서 두 다리를 모두 굽혔다가 점프한다.
2. 사다리를 가로로 바라본 위치에서 측면으로 이동하면서, 두 다리를 고차하여 착지한다.
3. 양 다리에 균형 있게 무게를 실어야 하며 동작의 끊김 없이 연속적으로 수행한다.

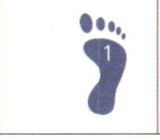 

Tip 점프는 높게 수행하며 파워 및 신체 제어 능력 향상시켜 준다.

Alternate Push Up

1. 한 손은 사다리 안쪽에 한 손은 사다리 바깥쪽에 위치한다.
2. 푸시업 점프와 동시에 양손의 위치를 서로 바꿔 반복한다.

Tip 어깨 및 코어근육 안정성 향상 운동이다.

Ladder Side Movement

1. 푸시업 자세에서 옆으로 손과 발을 함께 점프를 하면서 이동한다.
2. 같은 방향의 팔과 다리를 동시에 움직인다.

Tip 어깨가 들썩이지 않도록 해야 하며 어깨 및 코어의 안정성과 상체와 하체 협응성 향상 운동이다.

Ladder In and Out

1. 푸시업 자세에서 한손씩 사다리 안쪽으로 손을 넣는다.
2. 양손이 모두 사다리 안으로 들어오면 다시 한 손 씩 사다리 밖으로 뺀다.
3. 측면으로 연속적으로 이동한다.

Tip 어깨의 안정화를 위해 코어를 활성화해야 하며 어깨 안정성 강화 및 팔 근력 강화 운동이다.

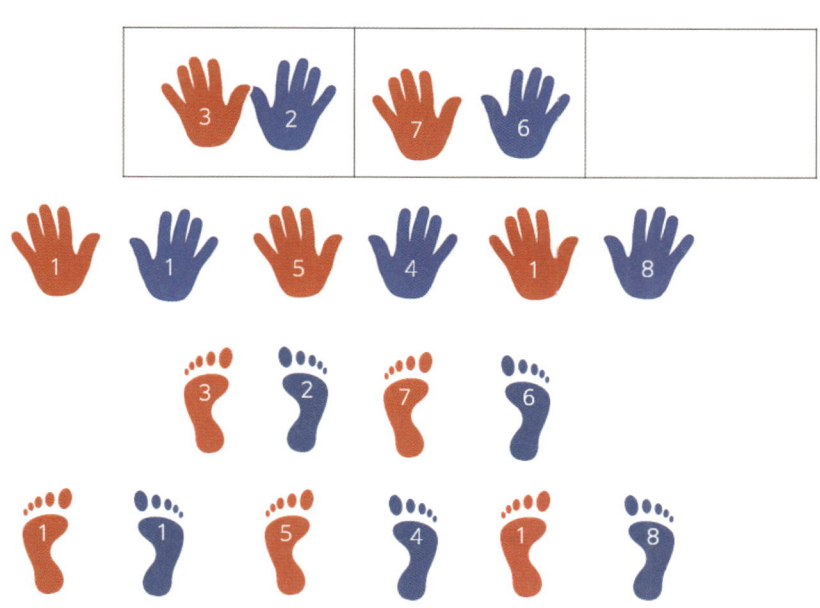

Ladder Plyo Push Up

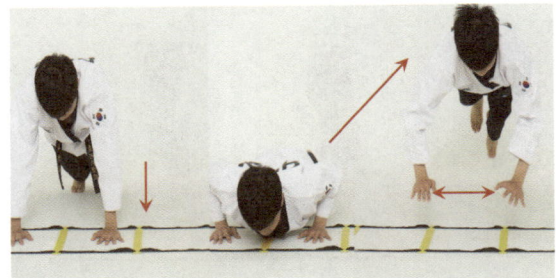
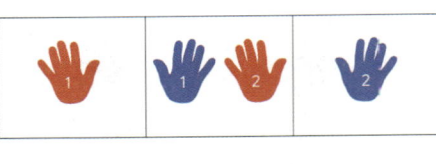

1. 푸시업 자세에서 양손으로 점프한 후 팔을 다음 칸에 착지한다.
2. 옆으로 이동하면서 1의 동작을 반복한다.
3. 가능한 최대 높이로 점프한다.
4. 부드럽게 착지하여 손목과 팔꿈치의 충격을 최소화한다.

Tip 전신 파워 강화 및 상체와 하체 협응성 향상 운동이다.

Ladder Squat

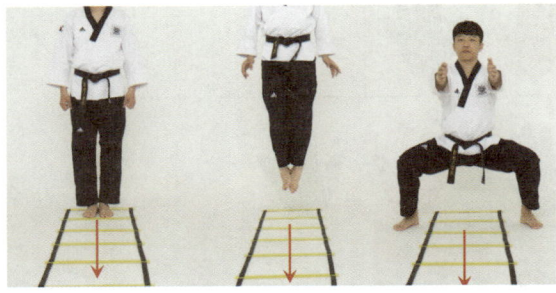

1. 두 발을 모은 상태에서 발목의 힘으로 점프한다.
2. 착지할 때 두 발을 벌려 스쿼트 자세로 착지한다.
3. 스쿼트 자세에서 다시 점프하여 두발을 모아 착지한다.
4. 진행 방향은 사다리 방향이며 최대 높이로 점프한다.
5. 동작의 끊김 없이 연속적으로 수행해야 한다.

Tip 발목 파워 강화 및 대퇴사두근 강화 운동이다.

Ladder Side Squat

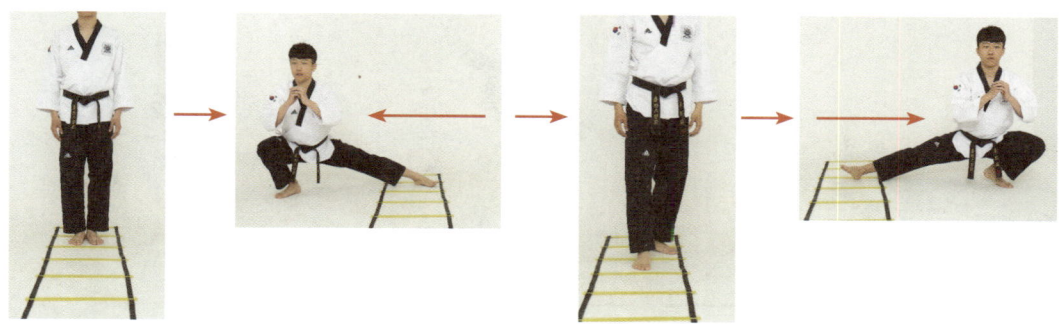

1. 사다리 밖으로 한 발을 빼며 사이드 스쿼트를 한다.
2. 사다리를 한 칸씩 나아가며 양쪽 모두 사이드 스쿼트를 한다.

Tip 대퇴부 강화 및 내전근 유연성 향상 운동이다.

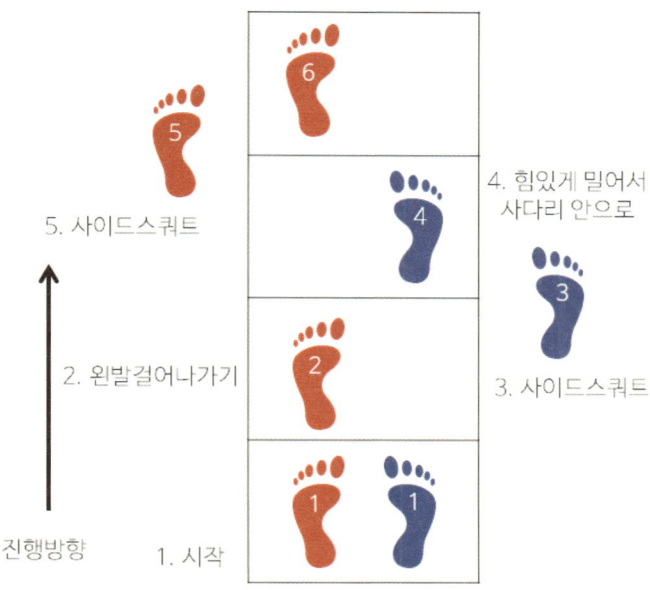

Ladder Hand Stand

1. 사다리 밖에 두 발을 두고, 양손은 사다리 한 칸 씩 사용하여 물구나무를 선다.
2. 처음 위치로 돌아오면 다시 물구나무 동작을 반복한다.
3. 발이 땅에 닿는 시간 짧게 하고, 정확한 힘 조절로 뒤로 넘어가지 않도록 한다.

Tip 신체 협응력 및 파워 향상 운동이다.

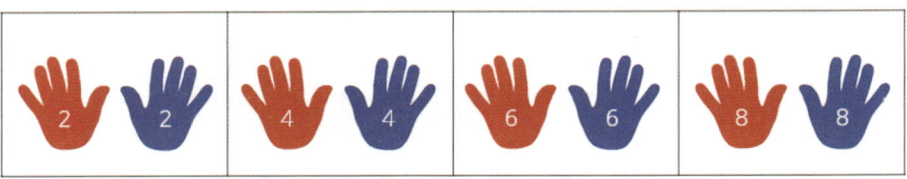

Ladder Hopping

   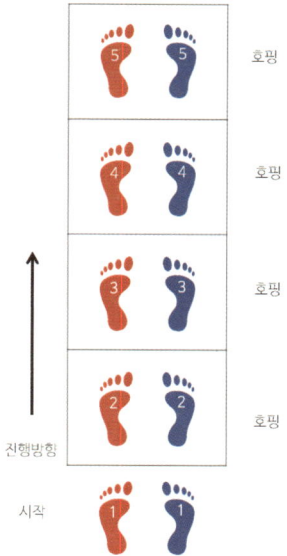

1. 두 발을 모아 서서 발목의 힘으로 앞으로 나아가며 점프한다.
2. 연속적으로 이 동작을 반복한다.

Tip 발목이 접지르지 않게 주의하며 발목 파워 향상 운동이다.

Ladder One Leg Hopping

1. 한 쪽 발목의 힘으로 앞으로 나아가며 점프한다.
2. 연속적으로 이 동작을 반복한다.
3. 발 바꿔서 수행한다.

Tip 발목이 접지르지 않게 주의하며 발목 파워 향상 운동이다.

Ladder One Leg Jump

1. 한쪽 무릎을 들어 올리면서 한 발로 점프하며 앞으로 나아간다.
2. 착지 직후 바로 점프를 한다.

진행방향   시작

Tip 신체 협응력 향상 및 코어근육 강화 운동이다.
자유품새 경기 시 점프를 포함한 발차기 동작 기능 향상에 효과적이다.

Icky Shuffle

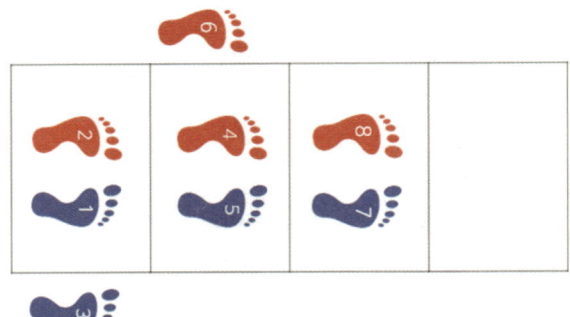

1. 사다리 왼쪽에 서서 시작 자세를 취한다.
2. 오른발을 옆으로 옮겨 사다리 첫 번째 사각형 안에 놓고 왼발을 오른발 옆으로 가져온다.
3. 오른발을 오른쪽 측면 사다리 밖으로 옮긴 후 왼발을 두 번째 사각형으로 전진 시킨다.
4. 오른발을 두 번째 사각형 안의 왼발 옆으로 가져온다.
5. 왼발을 왼쪽 측면의 사다리 밖으로 옮긴 후 오른발을 사다리의 세 번째 사각형 안으로 전진시킨다.

Tip 하체 스피드, 민첩성, 평형성 및 협응력 향상 운동으로 이 패턴을 반복해서 실시한다.

In-Out Shuffle

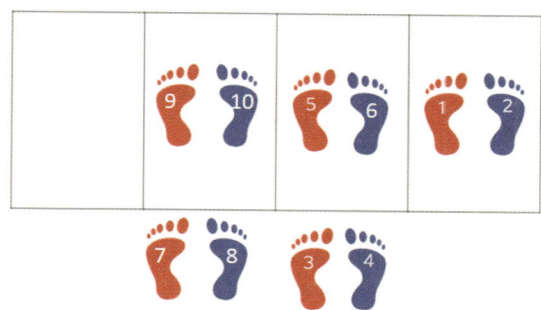

1. 사다리를 자신의 앞쪽에 가로로 놓고 왼발을 사다리 안쪽으로 가져간다.
2. 오른발을 왼발 옆으로 가져가고 대각선 뒤로 왼발을 빼고 오른발을 나중에 가져간다.
3. 이 패턴을 반복하며, 각 발은 사다리 안을 한 번씩 꼭 밟아야 한다.

Tip 하체 스피드, 민첩성, 평형성 및 협응력 향상 운동으로 이 패턴을 반복해서 실시한다.

Side Right – In

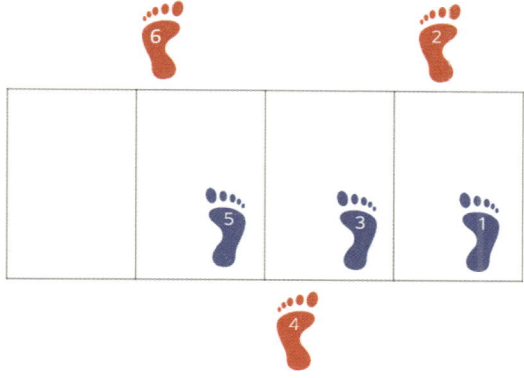

1. 사다리를 자신의 앞쪽에 가로로 놓고 시작한다
2. 오른발을 사다리의 첫 번째 사각형 안에 가져다 놓는다.
3. 왼발을 사다리를 건너 바깥쪽에 가져다 놓는다.
4. 옆으로 움직이며 오른발을 사다리의 두 번째 사각형 안에 놓는다.
5. 왼발을 뒤로 빼서 사다리 뒤쪽 밖으로 가져다 놓는다
6. 오른발을 옆으로 사다리의 세 번째 사각형 안에 가져다 놓는다.
7. 왼발을 사다리를 건너 바깥쪽에 가져다 놓는다.

Tip 하체 스피드, 민첩성, 평형성 및 협응력 향상 운동으로 이 패턴을 반복해서 실시한다.

Crossover Shuffle

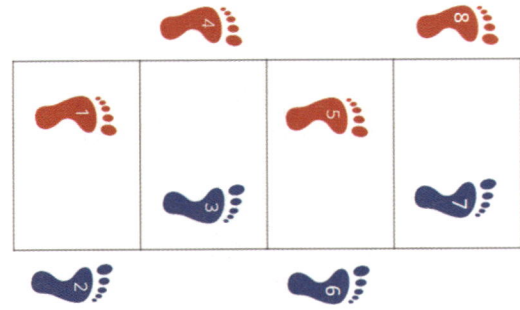

1. 사다리를 자신의 앞쪽에 세로로 놓고 시작한다.
2. 왼발로 점프를 하여 한 칸 앞 사각형 안에 왼발로 착지를 하고 오른발은 사각형 밖에 위치를 함과 동시에 점프를 하여 한 칸 앞으로 나아간다.
3. 사각형 안에 오른발로 착지를 하고 왼발은 사각형 밖에 위치를 함과 동시에 점프를 하여 한 칸 앞으로 나아간다.

> **Tip** 하체 스피드, 민첩성, 평형성 및 협응력 향상 운동으로 이 패턴을 반복해서 실시한다.

Zigzag Crossover Shuffle

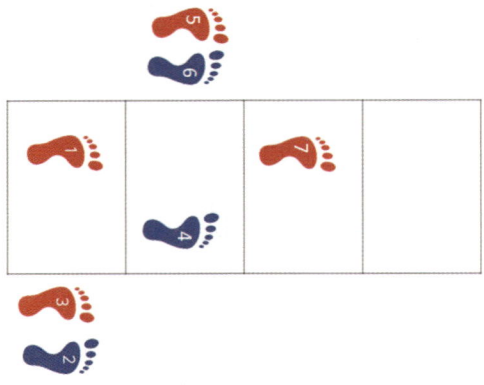

1. 사다리 왼편에서 시작하고 왼발을 오른발 위로 교차시켜 사다리 안에 놓는다.
2. 오른발을 왼발 뒤로 해서 사다리 오른편 밖에 놓는다.
3. 왼발도 오른발 따라가 사다리 오른편 밖에 놓는다.
4. 오른발을 왼발 위로 교차시켜 사다리의 두 번째 사각형 안에 놓는다.
5. 왼발을 오른발 뒤로 해서 사다리 두 번째 사각형 왼쪽 밖으로 놓는다.
6. 오른쪽 발을 옆으로 움직여 왼발 옆으로 가져온다.

> **Tip** 하체 스피드, 민첩성, 평형성 및 협응력 향상 운동으로 이 패턴을 반복해서 실시한다.

Snake Jump

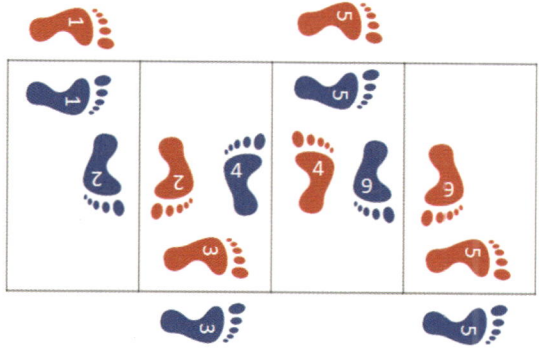

1. 양발을 사다리 옆쪽으로 걸치고 선다.
2. 양발을 붙이고 1/4 턴 점프를 하며 그림과 같이 나아간다.

> **Tip** 하체 스피드, 민첩성, 평형성 및 협응력 향상 운동으로 이 패턴을 반복해서 실시한다.

180-Degree

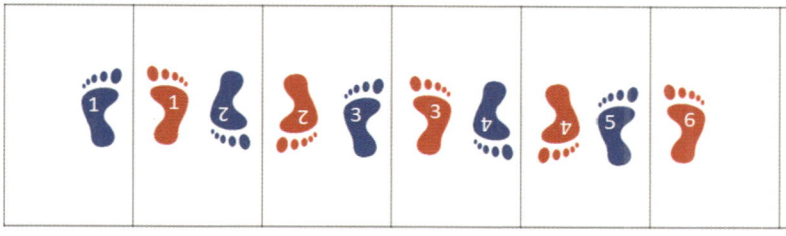

1. 양발을 사다리 첫 번째 선에 걸치고 선다.
2. 옆으로 점프하며 180도 돌아 다음 선에 걸치고 선다.
3. 이 패턴을 반복하며 옆으로 이동한다.

> **Tip** 하체 스피드, 민첩성, 평형성 및 협응력 향상 운동으로 이 패턴을 반복해서 실시한다.

Skiers with Reaction

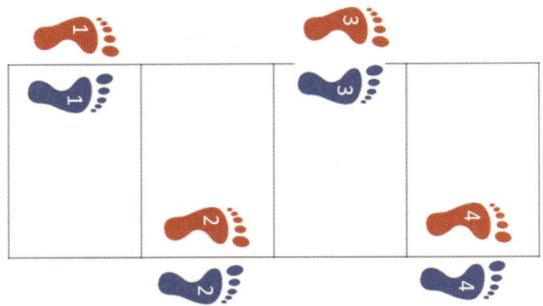

1. 오른발이 사다리 안으로 들어가고 왼발은 사다리 밖에 둔다.
2. 대각선 앞으로 뛰어 왼발이 다음 칸 사다리 칸 안쪽으로 들어가게 하고 오른발은 그 밖에 둔다.
3. 착지하자마자 대각선 앞으로 뛰어 오른발이 그 다음 사다리 칸 안에 오게 하고 왼발은 그 밖에 둔다.

Tip 하체 스피드, 민첩성, 평형성 및 협응력 향상 운동으로 이 패턴을 반복해서 실시한다.

Hop-Scotch with Reaction

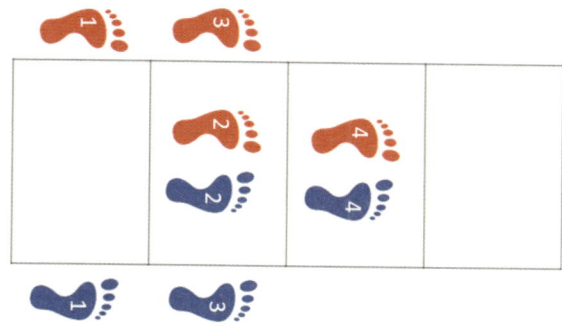

1. 양발을 첫 번째 칸 사다리 양 옆 밖으로 보낸다
2. 착지하자마자 양발로 뛰어올라 두 번째 사다리 칸 안쪽으로 들어간다.

Tip 하체 스피드, 민첩성, 평형성 및 협응력 향상 운동으로 이 패턴을 반복해서 실시한다.

Icky Shuffle with Reaction

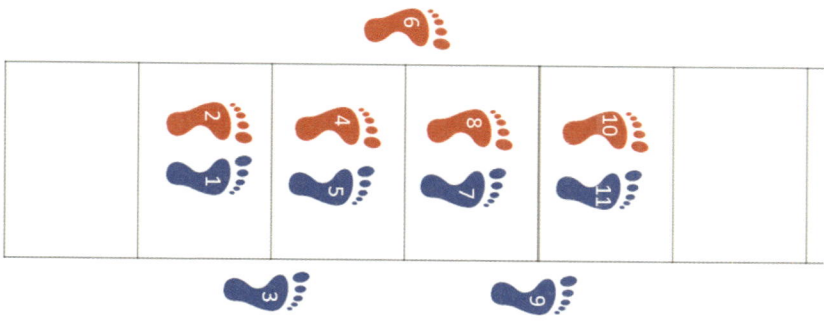

1. 사다리 왼쪽에 서서 시작 자세를 취한다.
2. 오른발을 다리를 옆으로 옮겨 사다리 첫 번째 칸에 가져다 놓는다.
3. 왼발도 마찬가지로 옮긴 후 오른발을 사다리 오른편으로 빼고 왼발을 다음 칸으로 옮긴다.
4. 오른발을 왼발이 있는 칸으로 옮긴다.
5. 왼발을 사다리 왼쪽으로 빼고 오른발을 다음 칸으로 옮기며 이 동작을 반복한다.

Tip 하체 스피드, 민첩성, 평형성 및 협응력 향상 운동으로 이 패턴을 반복해서 실시한다.

태권도 품새 선수의 밸런스 트레이닝의 필요성

우리 몸의 밸런스 시스템은 3가지로 구성이 되어 있으며, 시각, 청각 그리고 고유 수용성 감각이 있다. 한발로 선채로 균형을 잘 잡고 있어도 눈을 감는 순간 밸런스가 무너 지게 되며, 또한 부상을 당한 부위가 있다면 밸런스를 잡기는 쉽지가 않을 것이다.

청각이나 시각은 굳이 설명하지 않아도 알겠지만 고유 수용성은 쉽게 설명하자면, 근육, 힘줄, 인대에 있는 센서라고 할 수 있으며 이 센서는 움직임에 즉각 반응하여 중추 신경계로 신호를 보내어, 올바르게 움직이고 반응할 수 있도록 한다. 하지만, 부상을 당한 경우, 이 고유 수용성의 기능이 떨어지거나 사라지기 때문에 근력 운동을 통하여 이 센서를 다시 작동할 수 있도록 한다. 그래서, 부상 후, 밸런스가 무너지게 되지만, 여러 가지 단계적 재활 운동을 통하여 차츰 밸런스를 되찾을 수 있게 된다.

또한, 나이가 들면, 청각과 시각의 기능이 떨어지게 되고 근력의 약화로 인해서 고유 수용성의 기능이 저하됨으로 인해 자주 넘어지거나 움직일 때 흔들림이 많을 수밖에 없다. 밸런스 운동도 다른 운동들처럼 초급 단계에서 고급 단계까지 강도의 차이가 있기 때문에 기본적인 밸런스가 잡혀 있지 않은 상태에서 무작정 고급 단계의 운동을 했다간 오히려 부상을 당할 수 있기 때문에 각별히 주의해야 하며 실제 엘리트 태권도 선수들에 대한 밸런스 트레이닝 연구 결과를 살펴보면 저항 운동만 한 그룹과 밸런스 트레이닝만 한 그룹을 8주간 비교해 본 결과 이미 신체 레벨이 최대치에 가까운 엘리트 선수들에게는 저항 훈련으로 최대치를 갱신하는데 무리가 있었고, 밸런스 트레이닝만 한 그룹은 2.5배의 능력 향상 결과를 볼 수 있었는데, 그 이유는 밸런스 훈련을 통해 근신경계의 민감도가 증가하여 중추신경으로 전달되는 운동 단위의 양이 많아진 결과로 볼 수 있는데 이러한 연구를 근거로 품새 선수에게 밸런스 트레이닝은 필수적이다. 그래서 가장 낮은 난이도의 밸런스 트레이닝부터 단계별로 높이는 방법에 대해 공유하고자 한다.

Balance Training 접근법

밸런스 트레이닝을 시킬 때 고려해야 하는 것은 시각의 제한을 주거나, 전정기관의 자극을 통하거나, 체성감각을 이용하는 방법이 있는데 품새 선수에게는 특히 이 체성감각의 발달을 위해 다양한 불안정한 상황에서 품새의 실제 손기술과 발기술을 연습해 보는 것이 필요하며 특히 자유 품세의 체조 동작 이후 밸런스가 무너진 상태에서 얼마나 빨리 균형을 잡고 정확한 동작을 수행해 나아가는 것이 관건이기 때문에 미리 수많은 훈련을 해야 한다.

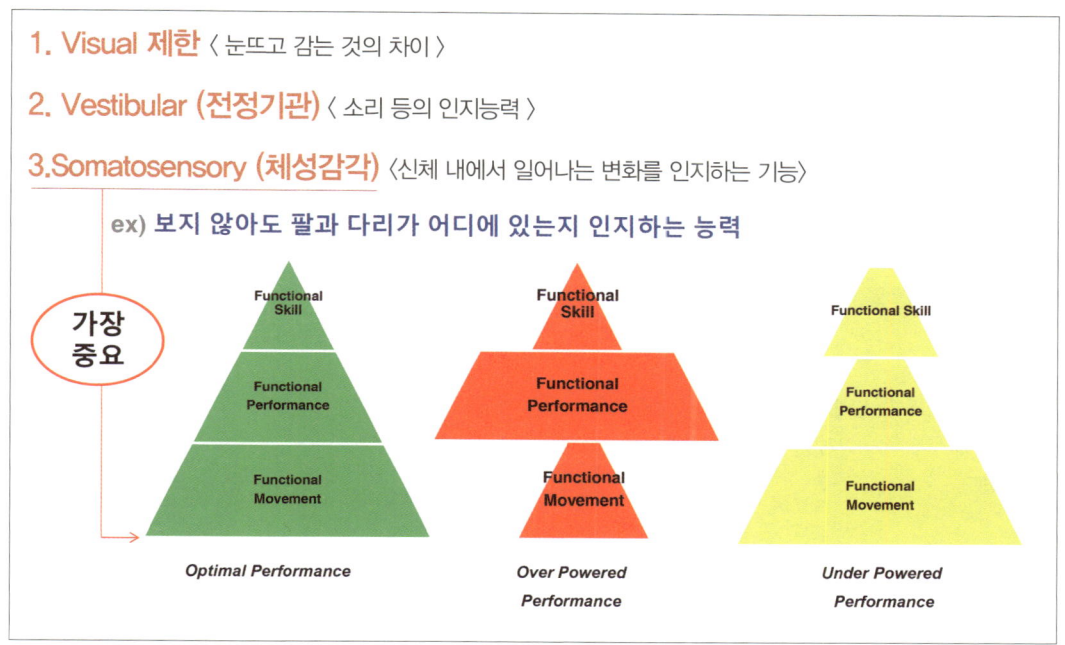

이외에도 중량을 이용한 밸런스 운동들이 있으며 케틀벨이나 덤벨과 같은 중량을 활용하거나, 요즘은 물을 이용한 소도구들을 활용해 안에 들어 있는 물의 불안정성을 통해 감각기관들을 더 자극하기도 한다. 그리고 바닥의 불안정성을 위해 한발로 서거나, 밸런스 패드나 밸런스 디스크, 보수 등을 활용하기도 하며, 불안정해질수록 운동의 난이도가 높아지지만 훈련 도중 부상의 위험도 높아질 수 있기 때문에 주의해서 단계별로 난이도를 조절해서 적용하는 것이 필요하다.

One Leg Squat

1. 한 발로 선 후 그 반대 발을 앞으로 뻗어주면서 내려간다.
2. 등이 굽어지지 않게 한다.
3. 좌/우 흔들림을 최소화하며 실시해야 한다.
4. 많이 흔들리는 쪽을 집중적으로 연습한다.
5. 눈을 감아 난이도를 높일 수 있다.

> **Tip** 하체 근력 강화와 균형 감각 및 발목 안정성 향상에 효과적이다.

One Leg Balance

1. 한 발로 서서 중심을 잡는다.
2. 좌/우 흔들림을 최소화하며 실시해야 한다.
3. 많이 흔들리는 쪽을 집중적으로 연습한다.
4. 눈을 감아 난이도를 높일 수 있다.

> **Tip** 가장 기초적인 단계의 훈련으로 응용 동작으로 고개를 앞/뒤로 숙이거나 좌/우로 기울이거나 회전하면서 중심을 잡는 것 또한 훈련의 방법이다.

Rotation Geumgangmakgi 1

1. 한 발은 지탱하여 서고, 반대 발은 앞으로 뻗어준다.
2. 뻗은 발을 끌어오는 것과 동시에 90° 회전하여 학다리서기, 금강 막기를 실시한다.
3. 끌어온 발을 다시 뻗었다가 끌어오면서 90° 회전하여 학다리서기, 금강 막기를 실시한다.
4. 4방향을 모두 실시하며 많이 흔들리는 쪽을 집중적으로 연습한다.

> **Tip** 발목의 안정성과 균형감각 향상을 위한 훈련으로 금강품새에서의 실수 최소화에 효과적인 훈련 방법이다.

Rotation Geumgangmakgi 2

    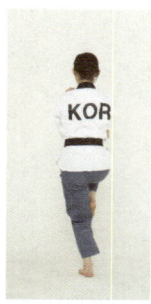 

1. 주춤 서기, 산틀막기 자세를 취하고 축이 되는 발의 방향으로 90° 회전하며 학다리서기 자세를 만든다.
2. 중심을 잡으며 금강막기의 8초를 그대로 실시한다.
3. 끌어온 발을 다시 내려놓으며 주춤서기, 산틀막기 자세를 취한다.
4. 방향을 모두 실시하며 많이 흔들리는 쪽을 집중적으로 연습한다.
5. 눈을 감아주어 난이도를 높일 수 있으며 효과를 극대화시킬 수 있다.

Tip 균형감각 및 발목의 안정성 향상과 금강에서의 실수 최소화에 효과적이다.

Jump Geumgangmakgi

1. 한 발로 선 후 옆으로 높게 점프하여 착지한다.
2. 착지하자마자 중심을 잡아주면서 학다리서기 자세를 만든다.
3. 중심을 잡으며 금강막기의 8초를 그대로 실시한다.
4. 많이 흔들리는 쪽을 집중적으로 연습한다.
5. 눈을 감아주어 난이도를 높일 수 있으며 효과를 극대화시킬 수 있다.

Tip 균형감각 및 발목의 안정성 향상과 금강에서의 실수 최소화에 효과적이다.

Star Excursion Exercise

1. 바닥에 테이프를 이용해 별 모양을 만들어준다.
2. 한 발로 가운데에 서서 준비한다.
3. 한 선의 끝으로 점프를 하고 중심으로 돌아온다.
4. 각 8개의 선을 한 발로 반복한다. 많이 흔들리는 쪽을 집중적으로 연습한다.
5. 눈을 감아 난이도를 높일 수 있다.
6. 발목의 안정성과 균형감각 향상을 훈련이다.

Tip 하체 근력 강화와 균형감각 및 발목의 안정성 향상에 효과적이다.

Star Excursion Balance Exercise

1. 바닥에 테이프를 이용해 별 모양을 만들어준다.
2. 한 발로 가운데에 서서 준비한다.
3. 중심을 잡고 있는 발의 반대 발로 모든 각 꼭짓점을 찍는다.
4. 많이 흔들리는 쪽을 집중적으로 연습한다.
5. 눈을 감아 난이도를 높일 수 있다.
6. 발목의 안정성과 균형감각 향상을 훈련이다.

Tip 어떠한 방향에서 스스로 균형 능력이 떨어지는지 체크해서 훈련할 수 있어 효과적이다.

Gymball Core Balance

1. 짐볼 위에 양 무릎으로 서서 양팔을 벌려 중심을 잡는다.
2. 좌우로 움직이면서 무게중심을 잡는다.
3. 짐볼에서 떨어지지 않도록 한다.
4. 눈을 감아주어 난이도를 높일 수 있으며 효과를 극대화 시킬 수 있다.

Tip 균형감각 및 코어의 안정성 향상에 효과적이다.

Gymball Core Stabilizing

1. 짐볼 위에 앉아 한쪽 무릎을 들어 올린 상태에서 중심을 잡는다.
2. 반대쪽 무릎을 들어 올린 상태로 중심을 잡는다.
3. 양 무릎을 들어 올린 상태에서 중심을 잡는다.
4. 짐볼에서 떨어지지 않도록 한다.
5. 각 동작들의 끝부분에서 운동수행능력에 따라 버텨준다.
6. 눈을 감아주어 난이도를 높일 수 있으며 효과를 극대화 시킬 수 있다

Tip 균형감각 및 코어의 안정성 향상에 효과적이다.

Gymball Basic Action Balance

1. 짐볼 위에 양 무릎으로 서서 균형을 잡는다.
2. 계속해서 균형을 잡으며 태권도의 기본 손동작을 한다.
3. 짐볼에서 떨어지지 않도록 한다.
4. 눈을 감아주어 난이도를 높일 수 있으며 효과를 극대화 시킬 수 있다.

Tip 속도와 완급을 조절하며 실시하며 코어의 안정성과 균형감각 향상에 효과적이다.

Bosu Basic Action Balance

1. 보수 위에서 주춤 서기를 서고 균형을 잡는다.
2. 계속해서 균형을 잡으며 태권도의 기본 손 동작을 한다.
3. 눈을 감아주어 난이도를 높일 수 있으며 효과를 극대화 시킬 수 있다.

Tip 속도와 완급을 조절하며 실시 하며 코어의 안정성과 균형감각 향상에 효과적이다.

Bosu Geumgangmakgi

1. 보수 위에서 균형을 잡으며 금강 막기를 한다.
2. 좌/우 흔들림을 최소화하며 실시해야 한다.
3. 많이 흔들리는 쪽을 집중적으로 연습한다.
4. 눈을 감아 난이도를 높일 수 있다.
5. 보수를 반대로 두고 할 수도 있다.

Tip 균형감각 및 발목의 안정성 향상으로 금강에서의 실수 최소화에 효과적이다.

Bosu One Leg Squat

1. 보수 위에 한 발로 서서 중심을 잡는다.
2. 발을 앞으로 뻗으며 한발 스쿼트를 한다.
3. 좌/우 흔들림을 최소화하며 실시해야 한다.
4. 많이 흔들리는 쪽을 집중적으로 연습한다.
5. 눈을 감아 난이도를 높일 수 있다.
6. 보수를 반대로 두고 할 수도 있다.
7. 중심 잡기가 힘들다-면 처음에는 벽을 잡고 실시해도 좋다.

Tip 하체 근력 강화와 균형감각 및 발목의 안정성 향상에 효과적이다.

Bosu Spuat

1. 다리를 어깨너비로 벌려 보수 위에 선다.
2. 양 발은 살짝 바깥쪽을 향하게 한다.
3. 무릎이 발끝의 방향을 향할 수 있도록 하면서 내려간다.
4. 무릎이 안으로 들어가지 않게 주의한다.

Tip 하체 근력 및 균형감각, 코어 강화에 효과적이다.

Bosu One Leg Balance

1. 보수 위에 한 발로 서서 중심을 잡는다.
2. 좌/우 흔들림을 최소화하며 실시해야 한다.
3. 많이 흔들리는 쪽을 집중적으로 연습한다.
4. 눈을 감아 난이도를 높일 수 있다.
5. 보수를 반대로 두고 할 수도 있다.
6. 중심 잡기가 힘들다면 처음에는 벽을 잡고 실시해도 좋다.

Tip 하체 근력 강화와 균형감각 및 발목의 안정성 향상에 효과적이다.

Bosu Kettlebell Spin

1. 보수 위에서 무릎을 살짝 구부린 상태로 똑바로 선다.
2. 중심이 무너지지 않게 유지하며 케틀벨로 원을 그린다는 느낌으로 돌려준다.
3. 상체가 심하게 흔들리지 않게 주의한다.
4. 무릎은 과도하게 굽히지 않고 살짝만 굽혀준다.

Tip 균형감각 및 발목의 안정성 향상에 효과적이다.

Balance Pad One Leg Squat

1. 밸런스 패드 위에 한 발로 서서 중심을 잡는다.
2. 발을 앞으로 뻗으며 한발 스쿼트를 한다.
3. 좌/우 흔들림을 최소화하며 실시해야 한다.
4. 많이 흔들리는 쪽을 집중적으로 연습한다.
5. 눈을 감아 난이도를 높일 수 있다.

Tip 하체 근력 강화와 균형감각 및 발목의 안정성 향상에 효과적이다.

Balance Pad Geumgangmakgi

1. 밸런스 패드 위에서 균형을 잡으며 금강막기를 한다.
2. 좌/우 흔들림을 최소화하며 실시해야 한다.
3. 많이 흔들리는 쪽을 집중적으로 연습한다.
4. 눈을 감아 난이도를 높일 수 있다.

Tip 균형감각 및 발목의 안정성 향상으로 금강에서의 실수 최소화에 효과적이다.

Kettlebell T-Balane with Balance Pad

1. 밸런스 패드 위에 한 발로 서서 양손으로 케틀벨을 잡는다.
2. 지탱하고 있는 발의 반대 발을 뒤로 빼며 가슴을 아래쪽으로 낮춘다.
3. 이때 상체와 뒤로 뻗은 다리는 일직선이 되도록 한다.
4. 많이 흔들리는 쪽을 집중적으로 연습한다.

Tip 균형감각 및 발목의 안정성 향상과 햄스트링 부상 예방에 효과적이다.

Kettlebell Side T-Balance with Balance Pad

1. 옆차기 자세로 한 발로 선 후 한 손으로 케틀벨을 잡는다.
2. 접고 있는 무릎을 들어 올리며 고관절을 밀어준다.

Tip 균형감각 및 발목의 안정성 향상과 내전근 부상 예방에 효과적이다.

태권도 품새 선수의 펑셔널 트레이닝의 필요성

태권도 품새는 다양한 신체 기능의 종합 예술이라고 할 수 있는데 이러한 종합적인 기능을 향상시키기 위해서는 펑셔널 트레이닝이 필요한데 그중에서도 케틀벨을 추천한다.

10년 전까지만 해도 케틀벨은 전 러시아연방에서만 사용되었지만 지금은 모든 트레이너들이 활용하고 있는데 케틀벨은 기존의 덤벨들과는 달리 무게 중심이 손까지 뻗치게 되는데 이와 같은 배열 덕분에 빠른 회전 운동을 시킴으로써 심폐조절력과 근력, 유연성 훈련을 동시에 결합하여 시킬 수 있으며 전신 근육계를 한번에 훈련 할 수 있는 탄도학적인 운동이 가능하다.

펑셔널 트레이닝에서 케틀벨을 활용하면, 실용성과 범용성, 고유성, 경제성, 재미, 효율성, 경기수행력 효과를 얻을 수 있는데, 케틀벨은 근긴장도와 심폐조절력, 근육의 내구성, 근력과 힘의 발달, 동작의 가동 범위와 유연성 향상, 체지방 감량, 스트레스 감소 등의 효과들을 모두 통합 시킬 수 있기 때문에 실용성이 높고, 다양한 동작으로 신체의 모든 근육을 자극할 수 있기 때문에 범용성이 높으며, 케틀벨 모양의 특성을 활용한 케틀벨 클린과 저크, 스내치, 스쿼트와 같은 기존의 운동 동작 뿐만 아니라 저글링과 할로우 등과 같은 독창적인 운동을 통해 고유성을 살린 트레이닝 또한 가능하며 도장뿐만 아니라 차에 하나씩 챙겨 다닌다면 전지훈련이나, 집에 하나 구비해 두고 언제든지 보강 훈련으로 사용이 가능하다.

이에 태권도 품새 선수들을 위한 펑셔널 트레이닝에 대해 공유하고자 한다.

Kettlebell Push Up

1. 케틀벨을 어깨너비 또는 조금 더 넓힌 정도로 놓는다.
2. 케틀벨을 쥔 채로 푸시업을 실시한다.
3. 손목이 꺾이지 않도록 중심을 잘 잡으면서 실시한다.

Tip 코어와 가슴근육 근력 강화에 효과적이다.

Kettlebell Low

1. 케틀벨을 쥔 채로 푸시업 자세를 취한다.
2. 한쪽 씩 가슴 높이까지 들어 올린다.
3. 손목이 꺾이지 않도록 중심을 잘 잡으면서 실시한다.
4. 팔꿈치가 너무 벌어지지 않도록 주의한다.

Tip 코어와 등 근육 강화와 어깨 안정성 향상에 효과적이다.

Kettlebell Swing

1. 팔을 쭉 펴서 케틀벨을 두 손으로 잡고 선다.
2. 데드리프트 자세처럼 엉덩이를 뒤로 빼고 상체를 숙인다.
3. 고관절을 신전하여 케틀벨을 지면과 수평이 되도록 스윙 한다.
4. 상체를 숙일 때 등이 굽어지지 않게 해야 한다.
5. 팔의 힘으로 케틀벨을 들어 올리지 않도록 해야 한다.
6. 마지막 자세에서 허리가 과도하게 신전되는 것을 주의한다.

Tip 전신 근력 강화 및 파워 향상에 효과적이다.

One Hand Kettlebell Swing

1. 팔을 쭉 펴서 케틀벨을 한 손으로 잡고 서서 다른 한 손은 옆으로 자연스럽게 뻗어준다.
2. 데드리프트 자세처럼 엉덩이를 뒤로 빼고 상체를 숙인다.
3. 고관절을 신전하여 케틀벨을 잡은 한 팔이 지면과 수평이 되도록 스윙한다.
4. 상체를 숙일 때 등이 굽어지지 않게 한다.
5. 팔의 힘으로 케틀벨을 들어 올리지 않도록 한다.

Tip 양손을 이용한 케틀벨 스윙과 비교해 대각선 코어에 집중을 할 수 있다.

Kettlebell Snatch & Press

1. 무릎은 발끝을 향하게 하고 엉덩이를 뒤로 빼며 케틀벨을 잡아준다.
2. 고관절을 앞으로 밀어주는 느낌으로 신전함과 동시에 케틀벨을 가슴 쪽으로 끌어온다.
3. 케틀벨을 잡은 양손을 위로 뻗어준다.
4. 팔을 위로 뻗을 때 너무 뒤로 가지 않게 주의한다.

Tip 전신 근력 강화 및 파워 향상에 효과적이다.

One Arm Kettlebell Lunge

1. 런지 준비 자세에서 한 손에 케틀벨을 잡고 위로 들어 올린다.
2. 케틀벨을 잡은 손이 흔들리지 않게 고정한 상태로 런지를 실시한다.
3. 케틀벨을 잡은 손이 너무 뒤로 가지 않도록 주의한다.

Tip 하체 근력 강화 및 어깨 안정성 향상에 효과적이다.

Kettlebell Deep Squat

1. 양손으로 케틀벨을 잡고 양 발은 살짝 바깥쪽을 향하게 한다.
2. 무릎이 발끝을 향하도록 하며 최대한 깊게 내려간다.
3. 무릎이 안으로 들어가지 않게 주의한다.

Tip 하체 근력 강화와 고관절을 늘려주는데 효과적이다.

Kettlebell One Arm Squat

1. 한 손으로 케틀벨을 잡고 양 발은 살짝 바깥쪽을 향하게 한다.
2. 무릎이 발끝을 향하도록 하며 내려간다.
3. 무릎이 안으로 들어가지 않게 주의한다.

Tip 하체 근력과 상체의 코어 강화에 효과적이다.

Squat

1. 다리를 어깨너비로 벌린다.
2. 양 발은 살짝 바깥쪽을 향하게 한다.
3. 무릎이 발끝을 향하도록 하며 내려간다.
4. 무릎이 안으로 들어가지 않게 주의한다.

Tip 하체 근력 강화에 효과적이다.

Jump Squat

1. 스쿼트 동작을 한다.
2. 스쿼트 동작 마지막에 올라오면서 높게 점프한다.
3. 무릎이 안으로 들어가지 않게 주의한다.

Tip 하체 근력 강화 및 파워 향상에 효과적이다.

Smo Squat

1. 다리를 넓게 벌린다.
2. 무릎이 발끝을 향하도록 하며 최대한 깊게 내려간다.

Tip 하체 근력 향상에 효과적이다.

Side Squat

1. 다리를 넓게 벌린다.
2. 엉덩이를 옆으로 이동하면서 사이드 스쿼트를 한다.

Tip 하체 근력 향상에 효과적이다.

Kettlebell Squat

1. 케틀벨을 잡고 가슴 쪽에 위치 후 다리를 어깨너비로 벌린다.
2. 양 발은 살짝 바깥쪽을 향하게 한다.
3. 무릎이 발끝을 향하도록 하며 내려간다.
4. 무릎이 안으로 들어가지 않게 주의한다.

Tip 중량을 잡고 하면 고관절 가동성에 더 효과적이다.

Kettlebell Jump Squat

1. 케틀벨을 잡고 스쿼트 동작을 한다.
2. 스쿼트 동작 마지막에 올라오면서 높게 점프한다.
3. 무릎이 안으로 들어가지 않게 주의한다.

Tip 하체 근력 강화 및 파워 향상에 효과적이다.

Smo Squat Walk

1. 양손으로 케틀벨을 잡고 스모 스쿼트 시작 자세를 취한다.
2. 자세를 낮춘 상태로 전진한다
3. 난이도를 높이려면 후진을 하는 것이 둔근 강화에 더 효과적이다.
4. 케틀벨을 바닥에서 살짝 들어 올려 그 높이를 유지하며 전진한다.

Tip 하체와 둔근 근력 강화에 효과적이다.

Kettlebell Snatch

1. 어깨너비로 다리를 벌리고 다리 사이에 케틀벨을 둔다.
2. 케틀벨을 고관절을 신전함과 동시에 어깨까지 가져온다.
3. 무릎이 안으로 들어가지 않게 주의한다.
4. 팔의 힘으로만 하지 않도록 주의한다.

Tip 전신 근력 강화 및 파워 향상에 효과적이다.

Kettlebell Wide Squat

1. 케틀벨을 잡고 다리를 넓게 벌린다.
2. 양 발은 살짝 바깥쪽을 향하게 한다.
3. 무릎이 발끝을 향하도록 하며 내려간다.
4. 무릎이 안으로 들어가지 않게 주의한다.

Tip 하체 근력 강화에 효과적이다.

Kettebell Deadlift

1. 케틀벨을 잡고 다리를 어깨너비로 벌린다.
2. 양 발은 살짝 바깥쪽을 향하게 한다.
3. 무릎이 발끝을 향하도록 하며 내려간다.
4. 무릎이 안으로 들어가지 않게 주의한다.

Tip 하체 근력 강화에 효과적이다.

Kettlebell Single Arm Shoulder Press

1. 두 발을 어깨너비로 벌리고 케틀벨을 어깨 앞에 위치한다.
2. 케틀벨을 잡은 손을 머리 위로 들어 올린다.
3. 케틀벨을 든 손이 뒤로 넘어가지 않도록 주의한다.
4. 몸이 앞뒤로 흔들리지 않게 주의해야 한다.

Tip 삼각근 근력 강화에 효과적이다.

Kettlebell Windmill

1. 한 손으로 케틀벨을 잡고 머리 위로 들어올린다.
2. 다리를 어깨너비로 벌린다.
3. 한쪽 옆으로 상체를 숙인다.
4. 이때 시선은 케틀벨을 향한다.

Tip 어깨 안정성 향상 및 코어 근력 강화, 옆차기 시 상체의 버티는 힘을 기르는데 효과적이다

One Arm Kettlebell Row

1. 런지 자세에서 한 손으로 케틀벨을 잡는다.
2. 상체를 앞으로 살짝 숙인 후 케틀벨을 당긴다.
3. 팔꿈치가 과도하게 벌어지지 않도록 주의한다.

Tip 등 근육 근력 강화에 효과적이다.

Kettlebell Overhead Triceps Extension

1. 양손으로 케틀벨을 잡고 양 팔을 귀 옆에 붙인 후 머리 위로 들어 올린다.
2. 위 팔을 움직이지 않도록 고정한 상태에서 팔꿈치만 구부린다.
3. 팔꿈치가 과도하게 벌어지지 않도록 주의한다.

Tip 삼두근 근력 강화에 효과적이다.

Kettlebell Lying Triceps Extension

1. 양손으로 케틀벨을 잡고 누워 양 팔이 지면과 수직이 되도록 뻗어준다.
2. 위 팔을 움직이지 않도록 정한 상태에서 팔꿈치만 구부린다.
3. 팔꿈치가 과도하게 벌어지지 않도록 주의한다.
4. 내릴 때 이마 부상에 주의하며 실시한다.

Tip 삼두근 근력 강화에 효과적이다.

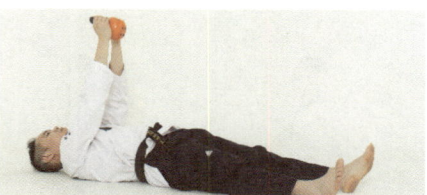

Kettlebell Curl

1. 케틀벨을 양손으로 잡는다.
2. 위 팔을 움직이지 않도록 고정한 상태에서 팔꿈치만 구부린다.
3. 손목이 과도하게 꺾이지 않도록 한다.

Tip 전완근, 이두근 근력 강화에 효과적이다.

Kettlebell Walking

1. 한 손으로 케틀벨을 잡고 중심이 흐트러지지 않게 유지하며 걷는다.
2. 한쪽으로 무게중심이 쏠리는 것을 잡으며 걷는다.

Tip 코어 안정성 향상에 효과적이다.

Kettlebell Spin

1. 무릎을 살짝 구부린 상태로 똑바로 선다.
2. 중심이 무너지지 않게 유지하며 케틀벨로 원을 그린다는 느낌으로 돌려준다.
3. 상체가 심하게 흔들리지 않게 주의한다.
4. 무릎은 과도하게 굽히지 않고 끝까지 신전된 상태에서 살짝만 굽혀준다.

Tip 코어의 안정성 향상에 효과적이다.

Kettlebell Move

1. 케틀벨을 한 쪽 손 옆에서 살짝 뒤에 위치시킨다.
2. 그 반대 손으로 케틀벨을 잡고 그 손의 옆쪽 뒤에 갖다 놓는다.
3. 양손을 번갈아 가면서 반복한다.

Tip 코어 및 어깨 안정성 향상에 효과적이다.

Medicine Ball Sit Up

1. 메디신 볼을 잡은 두 팔을 위로 뻗은 상태로 윗몸 일으키기 자세를 준비한다.
2. 두 팔을 반동 없이 끌어옴과 동시에 상체가 같이 올라온 후 메디신 볼을 가슴 쪽으로 가져온다.
3. 메디신 볼을 다시 머리 위로 들어 올리며 상체를 내려준다.

Tip 메디신 볼을 놓치지 않도록 주의하며 코어 근력 향상 및 광배근 강화에 효과적이다.

Medicine Ball Trunk Rotation

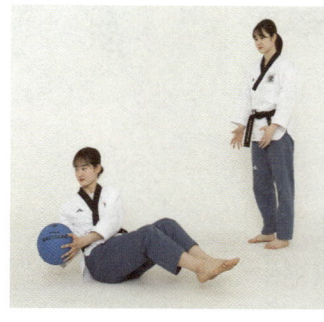  

1. 싯업 자세에서 메디신 볼을 잡고 던질 수 있는 자세를 만들어 준비한다.
2. 폭발적으로 상체를 회전하며 메디신 볼을 던진다.
3. 상대방은 던져진 메디신 볼을 받자마자 다시 던져준다.
4. 메디신 볼을 받을 때 자연스럽게 처음 자세로 돌아가면서 받는다 (충격 완화).
5. 메디신 볼을 놓치거나 잘못 던지지 않도록 한다.

Tip 코어 근력 및 회전 발차기 시 상체 회전의 힘 강화에 효과적이다.

Lunge

1. 다리를 앞뒤로 벌려 런지 자세를 취한다.
2. 양쪽 다리를 동시에 구부려 내려간다.
3. 무릎이 발끝을 향하도록 한다.

Tip 하체 근력 강화에 효과적이다.

Jump Lunge

1. 런지 자세를 만든다.
2. 다리를 구부려 내려가면서 양손을 뒤로 뻗는다.
3. 양손을 들며 무릎과 허리가 펴지도록 높게 점프한다.

Tip 하체 근력 강화 및 파워 향상에 효과적이다.

Kettlebell lunge

1. 양손으로 케틀벨을 잡고 다리를 앞뒤로 벌려 런지 자세를 취한다.
2. 양쪽 다리를 동시에 구부려 내려간다.
3. 무릎이 발끝을 향하도록 한다.

Tip 하체 근력 강화에 효과적이다.

태권도 품새 선수의 플라이오 메트릭 트레이닝의 필요성

근육이 짧은 시간 안에 최대 힘을 발휘하는 능력을 '순발력(Power)'이라고 한다. 태권도 품새 선수로서 근육이 발휘할 수 있는 힘이 아무리 크더라도 필요한 단위 시간 안에 그 힘을 발휘할 수 없다면 시합 상황에서 적절한 동작의 수행을 할 수 없을 것이다.

자유품새에서 체조 동작이 많이 필요한데 여기서 순발력이 중요한데 이 '순발력'을 발달시키기 위해 가장 적절한 훈련이 '플라이오 메트릭' 방법이다. 플라이오 메트릭 트레이닝이란 점프처럼 근육의 이완과 수축이 빠르게 변형되는 동작을 사용하는 운동방법이다. 플라이오 메트릭은 3가지 단계로 구성되며 그 단계는 편심기, 전환기, 수축기로 구별된다.

1). 편심기
목표가 되는 근육의 길이가 늘어나고 있는 편심성 수축이 일어나는 단계이다. 다리가 구부러지면서 엉덩이가 바닥 쪽으로 향하는 단계이다. 이 단계 동안 근육의 탄력 성분에 에너지가 저장된다.

2). 전환기
편심기 끝과 수축기 시작 사이에 존재하는 중간 단계이다. 발로 바닥을 밀어내기 직전의 단계이며, 이 단계를 짧게 할수록 더 강력한 반응을 만들 수 있다.

3). 수축기
동심성 근수축이 일어나는 단계이다. 다리가 펴지면서 발바닥으로 바닥을 밀어내는 단계이며, 이 단계 동안 근육이 에너지를 방출한다.

이런 과정을 통한 플라이오 메트릭 훈련은 짧은 시간에 최대한의 힘을 발휘하게 하여 힘 생산 능력과 신경근 조절 능력을 향상시킨다. 그뿐만 아니라, 일상생활이나 스포츠 상황 중 더 빠르게 움직여야 하는 순간에 반응시간을 단축시켜 주며, 근육과 힘줄, 인대가 더 강한 부하에도 견딜 수 있게 해준다. 신체 기능 향상과 더불어 부상 방지에도 효과적인 것이다.

플라이오메트릭 훈련은 적당한 관절가동범위, 코어 근력, 관절 안정성을 확보한 사람에게 진행하는 것이 효율적이다. 따라서 태권도 품새 선수 트레이닝의 중, 후반부에 위치하는 것이 바람직하다고 생각된다. 다른 트레이닝 방법들처럼 통증이 없고, 움직임을 조절할 수 있는 범위 내에서 훈련을 진행하고, 점진적으로 훈련량을 높여나가는 것이 중요하다.

Plyobox Jump

1. 양 발을 어깨너비 혹은 어깨너비보다 약간 넓게 벌린다.
2. 양 발로 점프하여 박스 위에 착지한 후 다시 뒤로 가볍게 뛰어내려온다.
3. 뛰어 내려오자마자 다시 박스 위로 점프한다.
4. 위 동작을 연속해서 반복한다.

Tip 하체 근력 강화 및 점프력 향상에 효과적이다.

One Leg Plyobox Jump

1. 박스 앞에 한 발로 서서 시작 자세를 취한다.
2. 한발로 점프하여 박스 위에 착지한 후 다시 뒤로 가볍게 뛰어내려온다.
3. 뛰어 내려오자마자 다시 박스 위로 점프한다.
4. 위 동작을 연속해서 반복한다.

Tip 하체 근력 강화 및 점프력 향상에 효과적이다. 자유품새에서 한 발로 점프하는 동작과 연관성이 깊다.

Long Jump and Plyobox Jump

1. 양 발을 어깨너비 혹은 어깨너비보다 약간 넓게 벌린다.
2. 양발로 도약하여 점프할 때 팔도같이 이용하여 박스 앞에 두발로 착지한다.
3. 착지하자마자 고관절을 폭발적으로 신전하며 점프하여 박스 위로 착지한다.
4. 최대한 멀리 도약하며 착지하자마자 바로 점프한다.

Tip 하체 근력 강화 및 점프력 향상에 효과적이다.

One Leg Long Jump and Plyobox Jump

1. 박스와 간격을 두고 한발로 선다
2. 한 발로 도약하여 박스 앞에 두발로 착지한다.
3. 착지하자마자 고관절을 폭발적으로 신전하며 점프하여 박스 위로 착지한다.

Tip 하체 근력 강화 및 점프력 향상에 효과적이다.

Drop and Long jump

1. 박스 위에 한발로 서서 떨어질 준비를 한다.
2. 가볍게 떨어져 박스 앞에 착지하자마자 고관절을 폭발적으로 신전하며 최대한 멀리 점프한다.

> Tip 하체 근력 강화 및 점프력 향상에 효과적이다.

Side One Leg Long Jump and Plyobox Jump

1. 박스를 옆에 두고 간격을 주어 한 발로 선다.
2. 회전하며 한 발로 도약하여 박스 앞에 두 발로 착지한다.
3. 착지하자마자 고관절을 폭발적으로 신전하며 점프하여 박스 위로 착지한다.

> Tip 하체 근력 강화 및 점프력 향상에 효과적이다.

Drop and High Jump

1. 박스 위에 한발로 서서 떨어질 준비를 한다.
2. 가볍게 떨어져 박스 앞에 착지하자마자 고관절을 폭발적으로 신전하며 점프한다.
3. 무릎을 가슴까지 끌어당긴다.

Tip 하체 근력 강화 및 점프력 향상에 효과적이다.

Maximum Jump

1. 박스 앞에 선다.
2. 내려감과 동시에 고관절을 폭발적으로 신전하여 자신이 뛸 수 있는 최대 높이로 점프하여 박스 위로 착지한다.

Tip 반동을 주어도 된다. 하체 근력 강화 및 점프력 향상에 효과적이다.

Run and Maximum Jump

1. 박스와 거리를 두고 달려가 고관절을 신전하여 점프하여 박스 위로 착지한다.
2. 최대한 멀리 도약하며 착지하자마자 바로 점프하고 점프할 때 팔도같이 이용한다.

Tip 하체 근력 강화 및 점프력 향상에 효과적이다.

Plyobox Skate Jump (side)

1. 박스를 옆에 두고 박스에 한 발을 올려두고 선다.
2. 박스 위에 있는 발로 점프를 한다.
3. 반대쪽으로 착지한다.
4. 위 동작을 연속해서 반복한다.
5. 최대한 높이 점프한다.
6. 착지하자마자 바로 점프한다.
7. 점프할 때 팔도같이 이용한다.

Tip 하체 근력 강화 및 점프력 향상에 효과적이다.

Plyobox Step Jump (front)

1. 박스를 앞에 두고 박스에 한 발을 올려두고 선다.
2. 박스 위에 있는 발로 점프를 한다.
3. 발을 바꿔 착지한다.
4. 위 동작을 연속해서 반복한다.
5. 최대한 높이 점프한다.
6. 착지하자마자 바로 점프한다.
7. 점프할 때 팔도같이 이용한다.

Tip 하체 근력 강화 및 점프력 향상에 효과적이다.

Stage Plyobox Jump

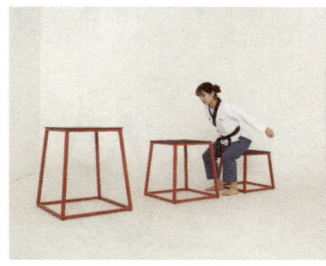  

1. 단계별로 박스를 진행 방향으로 놓고 처음 시작 부분에 선다.
2. 한 단계씩 점프하며 나아간다.

Tip 하체 근력 강화 및 점프력 향상에 효과적이다.

태권도 품새 선수의 서스펜션 트레이닝의 필요성

서스펜션 트레이닝 도구는 랜디 핸드릭(Randy Hetric)과 네이비씰 동료들이 미션을 수행하는 동안 최상의 신체 컨디션을 유지할 방법이 필요했고, 공간이 제한되고 피트니스 장비를 사용할 수 없어서 이때 아이디어로 낙하산 줄, 낡은 주짓수 벨트 등으로 만들어서 훈련에 사용한 것인데 이렇게 시작된 도구는 나중에 서스펜션 트레이너로 발전하였고, 현재는 전 세계적으로 헬스, 요가, 필라테스, 홈 트레이닝으로 널리 활용되고 있으며, 관련된 교육 또한 활발하게 이루어지고 있다. 언제 어디서든 효율적으로 다양하게 운동이 가능한 운동 기구로써 다른 운동 기구에 비해 부피나 무게가 적고, 휴대가 가능하다는 장점이 있는데 태권도 품새 선수에게 이러한 서스펜션을 활용한 트레이닝을 통해 도장 뿐만 아니라 전지훈련을 가거나 집에서도 보강 훈련이 가능하다. 서스펜션 트레이닝은 전신의 기능적 움직임을 향상시켜 주며 바닥과 신체의 각도에 따라 난이도 조절이 가능하며, 각도가 커질수록 난이도가 쉬워지고 작아질 수록 어려워지며, 지지면의 안정성에 따라서도 난이도 조절이 가능한데, 지지면이 넓어 질수록 난이도가 쉬워지고, 좁아질수록 어려워 지기 때문에 품새의 다양한 지지면에서 필요한 밸런스 능력을 키우는데 효과적이다.

서스펜션 트레이닝의 주의사항

· 운동을 하기 전 고정이 되어 있는지 꼭 확인 후 운동을 실시한다.
· 서스펜션 트레이닝을 하기 전 5~10분 정도 워밍업과 준비운동을 시행한다.
· 미끄러짐에 주의하며, 사용 전 핸드크림이나, 오일을 바르지 않는다.
· 운동 시 미끄럼 방지가 되어 있는 매트 사용을 권장한다.
· 운동 시 편안한 옷을 입고, 머리카락이 걸리지 않도록 단정하게 하고 실시한다.
· 운동 후 청결 유지를 위해 핸들과 바닥의 땀을 닦아야 한다.
· 과도한 동작을 피하고, 단계별 동작을 충분히 숙달한 후 높여 가도록 한다.
· 서스펜션 트레이닝을 하는 동안 균형을 잃어 넘어지지 않도록 주의한다.
· 과거나 현재 부상이 있는 부위에는 무리한 운동을 피한다.
· 서스펜션 도구가 피부에 쓸려 찰과상을 입지 않도록 주의한다.

TRX Plank

1. 발을 발걸이에 위치하고 플랭크 자세를 취한다.
2. 어깨뼈를 발바닥 쪽으로 내린다.
3. 몸이 일직선이 되도록 한다.
4. 허리가 꺾이지 않게 코어를 잡아준다.

Tip 푸시업 자세에서도 할 수 있으며 코어 근력 강화에 효과적이다.

TRX Side Plank

1. 발을 발걸이에 위치하고 사이드 플랭크 자세를 취한다.
2. 어깨뼈를 발바닥 쪽으로 내린다.
3. 몸이 일직선이 되도록 한다.

Tip 팔꿈치를 펴고도 할 수 있으며 측면의 코어 근력 강화에 효과적이다.

TRX Supine Plank

1. 발을 발걸이에 위치하고 엉덩이를 든다.
2. 양손으로 바닥을 누르며 몸이 일직선이 되도록 한다.
3. 허리가 꺾이지 않게 코어를 잡아준다.

Tip 코어와 둔근 근력 강화에 효과적이다.

TRX Crab Plank

1. 발을 발걸이에 위치하고 팔은 그림과 같이 위치한다.
2. 어깨를 발바닥 쪽으로 내리고 엉덩이를 든다.
3. 몸이 일직선이 되도록 한다.

Tip 코어 근력 강화에 효과적이며 다리를 벌렸다 모아 주면 내전근 강화도 할 수 있다.

TRX Side Oblique Crunch

1. 발을 발걸이에 위치하고 사이드 플랭크 자세를 취한다.
2. 어깨뼈를 발바닥 쪽으로 내린다.
3. 몸이 일직선이 되도록 한다.
4. 골반을 천천히 아래로 내렸다 시작 위치로 되돌아온다.

Tip 팔꿈치를 펴고도 할 수 있다. 코어 근력 강화에 효과적이다.

TRX Side Crunch

1. 발을 발걸이에 위치하고 사이드 플랭크 자세를 취한다.
2. 어깨뼈를 발바닥 쪽으로 내린다.
3. 몸이 일직선이 되도록 한다.
4. 균형을 잡으며 무릎을 가슴 쪽으로 당겼다 시작 위치로 되돌아온다.

Tip 팔꿈치를 펴고도 할 수 있으며, 한쪽 다리씩 번갈아 가면서 하면 더 효과적이다.

TRX Reverse Crunch

1. 발을 발걸이에 위치하고 푸시업 자세를 취한다.
2. 어깨뼈를 발바닥 쪽으로 내린다.
3. 균형을 잡으며 무릎을 가슴 쪽으로 당겼다 시작 위치로 되돌아온다.

Tip 플랭크 자세에서도 할 수 있으며 엉덩이를 들어 올리면 더 효과적이다.

TRX Bicycle Crunch

1. 발을 발걸이에 위치하고 푸시업 자세를 취한다.
2. 어깨뼈를 발바닥 쪽으로 내린다.
3. 균형을 잡으며 양 무릎을 번갈아 가슴 쪽으로 당긴다.

Tip 플랭크 자세에서도 할 수 있으며 무릎을 많이 잡아 당길수록 효과적이다.

TRX Suspended Push-Up

1. 발을 발걸이에 위치하고 푸시업 자세를 취한다.
2. 어깨뼈를 발바닥 쪽으로 내린다.
3. 균형을 잡으며 푸시업을 실시한다.

> **Tip** 플라이오 푸시업도 할 수 있다. 코어와 가슴근육 근력 강화에 효과적이다.

TRX Chest Press

1. 핸들을 손으로 잡고 푸시업 자세를 취한다.
2. 어깨뼈를 발바닥 쪽으로 내린다.
3. 균형을 잡으며 푸시업을 실시한다.

> **Tip** 코어와 가슴근육 근력 강화에 효과적이다.

TRX Chest Fly

1. 핸들을 손으로 잡고 푸시업 자세를 취한다.
2. 어깨뼈를 발바닥 쪽으로 내린다.
3. 균형을 잡으며 양손을 서로 바깥쪽으로 밀어냈다 시작 위치로 되돌아온다.

Tip 코어와 가슴근육 근력 강화에 효과적이다.

TRX Rotational Crunch

1. 발을 발걸이에 위치하고 푸시업 자세를 취한다.
2. 어깨뼈를 발바닥 쪽으로 내린다.
3. 무릎을 가슴 쪽으로 당기며 엉덩이를 회전한다.
4. 양쪽 방향을 번갈아 가며 실행한다.

Tip 플랭크 자세에서도 할 수 있으며 복사근과 코어 근력 강화에 효과적이다.

TRX Roll Out

1. 핸들을 손으로 잡고 무릎을 꿇어앉는다.
2. 균형을 잡으며 팔을 위로 밀어 올렸다 시작 위치로 되돌아온다.
3. 허리가 꺾이지 않게 코어를 잡아준다.

Tip 무릎을 펴고 선 자세에서도 할 수 있으며 코어와 전거근 강화에 효과적이다.

TRX Inverted Row

1. 핸들을 손으로 잡고 기댄다.
2. 어깨뼈를 모으고 발바닥 쪽으로 내린다.
3. 팔을 당기며 올라왔다 시작 위치로 되돌아간다.
4. 코어를 잡아 몸이 일자로 유지되게 한다.

Tip 코어와 등 근육 근력 강화에 효과적이다.

TRX Squat

1. 핸들을 손으로 잡고 스쿼트 자세를 취한다.
2. 무릎과 허리를 접으며 내려갔다 시작 위치로 되돌아온다.
3. 허리가 과도하게 굽어지지 않도록 한다.

> **Tip** 올라오면서 점프도 할 수 있으며 하체 근력 강화 및 점프력 향상에 효과적이다.

TRX One Leg Squat

1. 핸들을 손으로 잡고 스쿼트 자세를 취한다.
2. 한 발을 들고 무릎을 펴준다.
3. 반대 발 무릎과 허리를 접으며 내려갔다 시작 위치로 되돌아온다.

> **Tip** 올라오면서 점프도 할 수 있으며 하체 근력 강화 및 점프력 향상에 효과적이다. 점프 시 착지할 때에는 무릎 부상에 주의하며 부드럽게 충격을 흡수하며 내려온다.

TRX Y-raise

1. 핸들을 손으로 잡고 기댄다.
2. 어깨뼈를 모으고 발바닥 쪽으로 내린다.
3. 팔을 Y자 모양으로 벌렸다 시작 위치로 되돌아온다.

> **Tip** 코어와 하부 승모근과 등 근육 근력 강화에 효과적이다.

TRX T-raise

1. 핸들을 손으로 잡고 기댄다.
2. 어깨뼈를 모으고 발바닥 쪽으로 내린다.
3. 팔을 T자 모양으로 벌렸다 시작 위치로 되돌아온다.

> **Tip** 코어와 등 근육 근력 강화에 효과적이다.

TRX Rotational Row

1. 핸들을 한 손으로 잡고 기댄다.
2. 손잡이를 잡지 않은 손을 멀리 뻗으며 몸통을 회전한다.
3. 코어를 잡아 몸이 일자로 유지하며 시작 위치로 되돌아온다.

Tip 코어와 등 근육 근력 강화에 효과적이다.

TRX Bicycle curl

1. 발을 발걸이에 위치하고 엉덩이를 든다.
2. 허리가 꺾이지 않게 코어를 주며 몸이 일직선이 되도록 한다.
3. 균형을 잡으며 양 무릎을 번갈아 가슴 쪽으로 당긴다.

Tip 코어와 햄스트링 근력 강화에 효과적이다.

TRX Hip Raise

1. 바닥에 누워서 발을 발걸이에 위치한다.
2. 무릎을 접어 당기며 엉덩이를 들어 올린다.
3. 접었던 무릎을 펴면서 시작 위치로 되돌아온다.
4. 무릎을 90° 구부린 상태에서 시작하여 엉덩이를 들어 올려도 된다.

Tip 코어와 햄스트링 근력 강화에 효과적이다.

TRX One Leg Hip Raise

1. 바닥에 누워서 한 발을 발걸이에 위치한다.
2. 엉덩이를 들고 반대 발을 위로 들어 올린다.
3. 무릎을 접어 당기며 엉덩이를 들어 올린다.
4. 시작 위치로 되돌아온다.

Tip 반동 없이 수행하며 늘리는 동작에 집중하면 더 효과적이다.

TRX L-sit Pullup

1. 앉은 상태에서 핸들을 손으로 잡는다.
2. 어깨뼈를 모으고 발바닥 쪽으로 내린다.
3. 팔을 당기며 올라왔다 시작 위치로 되돌아간다.
4. 코어를 잡아 L 모양이 유지되도록 한다.

> **Tip** 코어와 등 근육 근력 강화에 효과적이다.

자유품새, 애매한 경기규정과 기술... 과연 '태권도'인가?

현재 품새는 많은 국제종합 대회에 채택되면서 빠르게 성장하고 있는 태권도 종목중 하나이다.
 태권도 품새경기는 공인품새와 자유품새 부분이 나뉘어 경기가 치러져왔다. 하지만 하계유니버시아드대회와 아시안게임에서는 공인품새, 자유품새, 경기용품새(새 품새)를 모두 시연한 후 합산 점수로 순위가 결정되는 방식으로 진행되었다. 이 중 자유품새는 국내 대회에서도 실시되며 품새의 새로운 막을 열기 시작했다.
 자유품새는 2012년 콜롬비아 투하에서 개최된 제7회 세계태권도품새선수권대회에서 정식종목으로 채택하여 현재는 아시아품새선수권대회, 하계 유니버시아드 대회, 아시안게임까지 자유품새가 도입되어 경기를 실시하고 있다. 한국 선수들이 국제대회의 자유품새 종목에 출전하기 시작한 것은 2017년 타이베이 하계 유니버시아드대회이다. 이후 아시안게임에 공인품새, 새 품새, 자유품새를 동시에 경연하는 경기 규칙으로 경기가 개최되었고, 2018년 '제11회 대만 세계태권도품새선수권대회'에 단일 종목으로서 자유 품새에 한국 선수들이 출전하게 되었다.
 물론, 기량면에서 월등하였고, 다수의 선수가 우승을 하게 되었다. 이처럼 현재 국내 대회뿐만 아니라 국제 대회에서도 자유 품새의 도입이 활성화가 되고 있으며, 2019년에는 'KTA 품새 최강전'이 개최되어 상금과 함께 여러 매체를 통한 홍보 전략으로 나름 흥행하고 있는 모습을 볼 수 있다.
자유 품새에서의 가장 눈에 띄는 경기 규칙은 품새의 시간 60~70초의 제한 시간, 5가지의 기술, 3가지의 서기 자세가 대표적인 경기 규칙이다. 국내 지도자들도 이 정도의 기본적인 경기 규칙을 숙지하고 있다. 하지만, 2019년 대한태권도협회에서 개최한 경기규칙 강습회에서 지도자 한 분이 자유품새에 대한 경기규칙을 자세히 설명해달라고 요구했으나 질문에 맞는 답변은 나오지 않았다. 아직 경기 규칙에 대해 구체적으로 알 수 없었고, 지도자들은 경기 규칙에 대해 구체적으로 알고 싶어 한다. 자유품새에 대한 경기를 관람하고 지도하였을 때 지도자들이 느낄 수 있는 부분을 두 가지로 구분해 보았다.

첫째, 자유품새는 태권도인가?

의구심을 품는 지도자들이 굉장히 많이 생기기 시작했다. 가장 큰 이유는 다양한 아크로바틱 기술 때문이다. 흔히 여러 무술의 기술을 종합하여 퍼포먼스를 보여주는 트릭킹 혹은 익스트림이라는 종목이 있다. 현재 자유품새에서는 트릭킹 또는 익스트림 기술이 70% 이상 차지하는 부분이 강하고, 정말 적게는 태권도 기본 발차기가 3번 이하, 태권도 손기술은 10동작 이하로 구성하여 자유품새를 실시한다. 이처럼 '태권도 동작이 적을뿐더러 태권도 동작인가?' 라는 생각하는 하게 만드는 여러 동작들로 구성을 하게 된다.

WT경기규정 제9조 자유품새 항목을 보면 2. 자유품새 구성 (2-3 태권도 기술이라 볼 수 없는 기술은 감점 대상이며 태권도 기술의 정의는 참가 선수가 사전 품새 계획서 제출 시 품새 위원회가 태권도 기술로 인정하는 기술) 국내 대회에서는 이 부분조차 이루어지지 않고 있으며, 태권도 동작이라 보기 어려운 동작. 즉, 춤 또는 아크로바틱 동작들로만 구성하는 경우 채점을 어떻게 실시하는지에 대한 의문점을 갖게 된다.

또 하나의 예를 들어보겠다. 흔히들 시범을 하는 태권도 선수들은 하우스 벨트, 하이퍼 훅 등 여러 가지 용어들을 사용하여 자유품새에 기술을 접목시키는 경우가 많다.

이 부분에 있어 이 기술들이 태권도 기술들이라고 정확하게 말할 수 있을까? 이처럼 정확한 태권도 명칭이 주어지지 않은 기술들을 포함시켜 자유 품새를 구성하고 다양한 기술을 선보인 선수들이 상위권 등수에 위치하게 된다.

여기서 말하고 싶은 것은 앞차기, 옆차기, 돌려차기 등 국기원 교본에 명시되고있는 발차기를 구성한 선수와 아크로바틱에 가까운 기술을 구성하여 시연하는 선수와 과연 어느 쪽에 손을 들어줘야 할 것인가이다. 물론, 화려함과 창작에서는 높은 점수를 줄 수도 있다고 평가할 수 있겠지만 현재로서는 태권도 동작이 아닌 동작들을 실시하는 것이라고 판단이 서는 입장이다. 심지어 이제는 자유품새에 춤의 한 부분인 웨이브와 같은 동작이 포함되고 정확하지 않은 서기 자세를 여러 번 하는 경우가 있다. 이 부분에 있어 정확히 태권도 용어로 표기가 된 동작들로만 실시해야 점수를 부여하고 그렇지 않은 동작에서는 점수를 부여하지 말아야 한다고 생각이 든다.

두 번째, 자유 품새를 시연할 때 발차기 혹은 기술의 난이도 구분이 정확한가?

모든 선수와 모든 지도자들이 조금은 의아하게 생각되는 판정이 간혹 나타난다. 이때 지도자들과 선수들은 난이도 채점에 대해 의문점을 가지게 된다.

예를 들면 '옆으로 회전하는 것과 뒤로 회전하는 것에 어떤 기술의 난이도가 높을까?', '도움닫기인 옆돌기 혹은 측전을 사용하여 수평회전, 수직회전, 모회전의 난이도를 구사할 때와 도움닫기 없이 시연 할 때의 난이도는 어떻게 구분이 될까?' 등 기술의 난이도에 대한 궁금증이 많이 생긴다.

만일, 난이도 구분을 제시해준다면 '지도자 및 선수들이 고득점을 받을 수 있는 자유품새 구성을 하지 않을까?' 라는 생각을 해본다.

또한, 마지막 아크로바틱이라는 기술을 시연할 때 발차기 개수가 포함이 되어야 점수로 인정된다고 제시되어있다. 만약에 뒤공중돌기에 발차기를 못하게 된다고 하면 흔히 말하는 석고라는 기술을 했을 때 점수의 차이는 어떻게 구성해야 할 것일까? 또한, 석고라는 기술이 과연 뒤후려차기라는 발차기가 포함되어 있는 기술일까?

모양은 발차기가 포함되어 있어 보이지만 발차기를 겨냥하고 시연했다고는 생각하지 않는다. 정확한 타켓팅을 할 수 있는 힘이 포함되어야 발차기라고 생각을 한다.

현재 국내외적으로 많은 시합이 개최되고 있는 상황에서 태권도 품새 지도자들에게 정확한 명칭과 정확한 경기 규칙을 제시해준다면 태권도 품새 지도자에게 크게 도움이 되고 자유품새가 조금이나마 태권도 품새 같은 모습을 갖출 수 있지 않을까 생각해본다.

- 글 - 지호철 [현) World Taekwondo Poomsae Trainer Association 교육이사]